巻頭言

ラオス刑事訴訟法における被害者の地位
―― 私のラオス法体験 ――

同志社大学大学院司法研究科教授
洲 見 光 男

　インドシナ半島に位置するラオス人民民主共和国（以下、単に「ラオス」という。）では、2010年7月から、独立行政法人国際協力機構（JICA）の技術支援の一環として、「法律人材育成強化プロジェクト」が実施されている。法・司法分野の人材育成能力の強化を目標として、法律基本分野等について、それぞれサブワーキンググループ（SWG）を構成して所要の支援活動を行う、というのがその内容である。私は、プロジェクト開始当初から、刑事訴訟法分野におけるSWGを対象とした、ラオスでのセミナーや日本での研修に参加する機会を与えられてきた。この間、わが国における被害者をとりまく環境は進化を続けており、私がラオス刑事訴訟法における被害者の地位について関心をもったのも、自然の成行きとでもいうべきであった（ラオス刑事訴訟法の邦訳及び概説につき、伊藤浩之（検事・元ラオス長期派遣専門家）「～外国法令紹介～ラオス改正刑事訴訟法の概要」法務省法務総合研究所国際協力部報（ICD NEWS）第61号19頁（2014年）参照）。

　ラオスでは、刑事手続への関与者は、「刑事手続の組織」と「刑事手続参加者」とに大別されている（刑事訴訟法45条・63条。以下、条数のみ挙げる。）。前者は、捜査機関（警察捜査機関、軍捜査機関等）、検察院及び裁判所であり、後者は、被疑者、被告人、被害者、民事原告（損害賠償を受けるために被疑者・被告人に対して民事上の訴えをしている者）、証人、弁護人、保護者、専門家、熟練者及び通訳人等である。刑事訴訟法は、被害者の権利を明文で規定し、加害者である被疑者・被告人に対し損害賠償を請求する権利、証拠を提出する権利、捜査終了後、事件ファイル（いわゆる一件記録）を閲覧し、必要な部分を謄写・書写する権利、公判審理に参加する権利、捜査官、検察官及び裁判官等の忌避を申し立てる権利、捜査機関の長及び検察院の長の命令等に対して不服を申し立てる権利、弁護人及び保護者を選任する権利などを認めている（67条2項）。

　被害者は、裁判所の発する召喚状により、公判に参加する（176条）。法廷正面に裁判官席、その右手に検察官席、左手に書記官席が、それぞれ配置されている。法廷の中央やや右側のところに被告人席が置かれ、被害者席はその左横にある。裁判は、すべて裁判官3名の合議制に

より（18条）、裁判所主導で進められる（職権主義）。裁判長は、被害者に対し、その人定のほか、被害状況、被害弁償状況、賠償を求める意思の有無等について質問する（196条）。被害者は、弁論手続で、意見を述べる機会を与えられる（202条2項）。被害者は、被告人への質問権を有しないが、裁判官が被告人に対し、被害者に陳謝するよう促すことも行われているようである。

　ラオスでは、犯罪によって生じた損害の賠償に関する「検討」は、原則として刑事事件の審理と同時に行われる（16条1項）という制度が採用されており、被害者に一定の権利が保障されているのは、被害者の民事原告としての手続関与が想定されていることによると見られている。この制度は、フランスの私訴制度を想起させるが、ラオス法では、被害者は、直接私訴を提起して公訴権を発動させることができない。民事原告とならない被害者が、「刑事手続参加者」として、民事原告と同様の権利を保障されている（民事原告は被害者と同様の権利を有するという規定ぶりとなっている。68条2項参照）ことも、注目されてよい。SWGメンバーとの意見交換を、私の学問的生活の大きな幸運の一つに数えているが、これまでのSWGメンバーとの会合において、私訴制度を含め、被害者参加の理念や刑事手続における被害者の位置づけが検討課題とならなかったことは、私にとっては残念というほかない。

　ところで、内田貴東京大学名誉教授は、「法文化が水のように高い方から低い方へと流れるとすれば、その水位の差は、時間とともに小さくなるはずであ［り］、…やがて水位の差がなくなれば、水は流れなくな［る］。…もし、法整備支援という活動が、アジアにおける日本のプレゼンスを高めるという有用な役割を果たしているならば、その法文化の水位をより高めるべく、不断の努力が求められる」と述べている（「巻頭言—法文化の水位」ICD NEWS 第51号3頁（2012年））。これまでの法整備支援におけるわが国の比較優位性は、外国法継受の成功体験によって支えられてきたところが大きいといわれているが、わが国は、被害者支援の分野においても、課題解決先進国として、大きな役割を果たすことができるだけの豊富な経験と層の厚い研究成果を蓄積してきている。

　日本の法整備支援は、対象国の要請に基づいて実施されることとなっており、ラオスへの支援もその例外ではない。わが国の「水」がラオスに流れるには、ラオス側によって水門が開かれなければならない。幸いにも、法制度を生み出す理念とそれを支える基本原理に関する理解が制度の健全な運用・発展にとって必要不可欠であるという認識は、ラオス側と共有することができるようになった（このことも、プロジェクトの無形ではあるが大きな成果の一つであると、私は思っている。）。ラオス側が被害者に関する様々な課題をアジェンダに載せ、意見交換の機会を与えてくれることを期待したいし、そうなれば、欣快至極である。

　最後に、ラオス刑事訴訟法における被害者の位置づけ等につき、須田大ラオス長期派遣専門

家（チーフアドバイザー・検事）のご教示を得た。記して、深甚なる謝意を表したい。

基調講演

被害者学と被害者政策

田　村　正　博（京都産業大学）

　被害者学会学術大会の基調講演をさせていただくことは、実務家出身の私にとって大変名誉なことであり、まずもって感謝申し上げます。被害者学と被害者政策の関係に焦点をあて、歴史的な経過を踏まえて、私なりに、被害者学の意義を論じてみたいと思います。

I　はじめに

　本論に入る前に、被害者・被害者学・被害者政策と私との個人的かかわりについて、若干お話をさせていただきます。なお、本日の講演では、年長の研究者を含めて、すべて「さん」付けで呼ぶ（以下では「氏」と記載する）ことにしますので、ご了承下さい。

　私にとっての出発点は、何よりも被害者の方との出会いです。私は、警察庁給与厚生課理事官であった1991年10月に、黒澤正和課長の下で、課長補佐の安田貴彦氏とともに、犯罪被害給付制度10周年を記念したシンポジウム「被害者救済の未来像」の企画・準備に当たりました。マリーン・ヤング氏（NOVA事務局長）の基調講演と宮澤浩一氏らによるパネルディスカッションが行われたのですが、フロアから、交通死事件遺族の大久保恵美子氏が次のように発言されました[1]。

　「私の息子は、去年の10月12日、飲酒運転者に殺されました。殺された後数ヶ月間、私はどうやって生きていけばいいのか分からず、本当に無我夢中で、日本には何か私を精神的に助けてくれるところがないのかと必死になって探しましたけれども何もありませんでした。（中略）今の日本は大きな声で泣きたくても泣けないんです。ただじっと自分で我慢しなければならないのが今の日本における被害者の姿だと思います。（中略）この機会に、是非、一歩でもいいんです。一歩だけでも踏み出して下さい。お願いします。」

　大久保氏のこの発言は、私にとっての原点です。私は、警察行政官として、被害者のための政策に取り組まなければならないと思いました。犯罪被害者実態調査に協力し、犯罪被害者相

　1）　シンポジウムは、「特集・犯罪被害給付制度10周年」警察学論集44巻12号（1991年）に全発言が掲載されている。当時の被害者学会会員では、宮澤氏のほか、大谷實氏、諸澤英道氏、田口守一氏がパネリスト又はコーディネーターとして参加した。大久保恵美子氏の発言は、警察庁ウェブサイト「警察による犯罪被害者支援の経緯」及び全国被害者支援ネットワークのウェブサイトにも要旨が掲載されている。

談室設置等についての相談も受けました。また、警察庁の上層部に、被害者をめぐる問題への取組みの重要性を説明してまわりました。1994年7月から、私は、警察庁総務課企画官として、國松孝次警察庁長官の下で、被害者施策のとりまとめに当たり、96年2月に、警察庁次長通達である「被害者対策要綱」を発出しました。この通達の策定に当たっては、宮澤氏を座長とする「警察の「被害者対策」に関する研究会」の提言を大いに参考にさせていただきました[2]。被害者学の成果を活用させていただいたわけです。

このように、私にとっての三者の関係は、被害者がまず存在し、被害者のための政策実現を目指し、その際に被害者学の成果を活用させてもらう、というものでした。

被害者の方々との関係は、被害者の思いを体した警察行政という面でも重要です。全国交通事故遺族の会の会長であった井手渉氏らとは、1994年11月に開催された「犯罪関係4学会合同大会」のラウンドテーブル後に会って以来、交流をしてきました。警察庁運転免許課長になったときは、同会の事務所を訪問し、亡くなられた方々の写真が飾られている「忘れじの壁」の前にも立ちました。そのころ、政府の規制緩和委員会から、運転免許の更新制度の廃止を含めた規制緩和が求められたのですが、遺族の方の重い思いを体することで、被害防止に向けた制度を堅持することができたと思っています[3]。

II　先行する被害者学

1　被害者補償制度実現に向けた大谷實氏の研究と実践

「政策とつながる被害者学」という見地からは、大谷實氏の研究と実践[4]の偉業をまずお話すべきものだと思います。

大谷氏は、イギリスの被害者補償制度の本格的紹介を行い、理論化に努めるとともに、京都府の殺人事件遺族の実態調査を行いました。そして、13人の殺人事件遺族の方に呼びかけ、「犯罪被害者補償制度を促進する会」を1972年に結成し、その代表となり、市民運動を展開します。また、メディアに向けて制度の必要性について発信・説明をしていきます。研究者の枠を大きくはみ出す行動です。

そして、何よりもすごいのが、遺族運動家の取り込みです。1974年8月に三菱重工ビル爆破事件が起きました。東京のど真ん中で、8人が死亡、380人が負傷するという大惨事（今でいえば大規模無差別テロ事件）です。被害者補償制度について大谷氏が事件の前に一部の新聞等の

---

2)　田村正博「警察の被害者対策の在り方について」警察学論集49巻4号（1996年）4頁参照。「警察の『被害者対策』に関する研究会」報告書も同号96頁に掲載。
3)　田村正博「運転免許制度の改正と今後の課題」警察学論集54巻9号（2001年）6頁参照。
4)　この項は、大谷實「犯罪被害者問題の30年」警察学論集55巻3号（2002年）102頁を基に記述している。

被害者学と被害者政策——5

記者に解説していたこともあって、それが大きく報道されました。報道を受けて、大谷氏と市瀬朝一氏が出会います。市瀬氏は、1966年に長男を少年によって殺され、翌年に「殺人犯罪の撲滅を推進する遺族会」を結成して活動されていた方です。大谷氏が説得して、市瀬氏が「犯罪被害者補償制度を促進する会」の会長になり、運動と理論とを2人で分担して進めることになりました。行動力があり、発信力の強い人を先頭に立てることで、事件で高まった機運を最大限に活用することを狙ったものだと言えるでしょう。

　大谷氏は、被害者補償制度について、啓蒙書と学術書の双方を出版します[5]。被害者の悲惨な状況を放置することが刑事司法への国民の信頼の喪失に至ることを指摘し、制度の理論的な基盤を提供したものといえます。刑事法研究者や弁護士会からの批判や警戒感に応えるものでもありました。そして、「通り魔的事件の被害者」という救済対象のキーワードを創出します。市瀬氏は、まさにそれを体現する人物でした。大谷氏の研究と実践は、政治的課題の設定（世論形成）と理論的基礎付けの双方において、制度化の基盤を形成したといえるでしょう。すぐには立法に至りませんでしたが、80年の警察庁による制度化において、大谷氏の蓄積が大きく貢献したことは間違いないことだといえます。

2　「空白の10年」における「被害者の権利」に向けた蓄積

　1981年に犯罪被害者等給付金支給法が施行され、犯罪被害救援基金が設立されましたが、その後10年間、国内で政策展開の動きはありませんでした。牽引役の消失（市瀬氏の77年の死去）、社会的関心の低さ、責任組織・支援組織の不在（少数派の人権問題に関心を寄せるはずのメディア・弁護士（会）・研究者の多くが加害者・被疑者に着目し、被害者を無視）が背景としてあげられます。そして、今からすれば驚きですが、警察においても、被害者をめぐる問題は関心外でした[6]。

　この時期、国際的には、「被害者の権利」の確立に向けて、各国で制度化が進んだほか、国連で「犯罪と権力濫用の被害者の司法（正義）における基本原則宣言（被害者人権宣言）」が採択されています。日本において被害者学を牽引していたのは宮澤浩一氏でしたが、同氏は、法律家の間では孤立無援の戦いで、「国内の動きに失望し」、「世界被害者学会の誕生を促し、その成長の軌跡を歩んだ」と後に述べています[7]。国内で展望がないから、海外と結び、海外で

---

5)　大谷實『犯罪被害者と補償—いわれなき犠牲者の救済』（日経新書、1975年）及び『被害者の補償—刑事司法と被害者救済論—』（学陽書房、1977年）。なお、他に、宮澤氏との共編で『犯罪被害者補償制度』（成文堂、1976年）も出版している。

6)　犯罪被害給付制度の創設時にも、警察全体として被害者の問題を重視しようとした形跡はみられない。制度の創設そのものも、単なる「犯罪捜査・鎮圧機関」からの脱却（犯罪事象に関する総合政策官庁化）を目指すという警察庁官僚集団の意図が大きかったように思われる。

7)　宮澤浩一・國松孝次監修『講座　被害者支援　第1巻』（東京法令出版、2000年）22頁（宮澤浩一執

の進展の側面支援をしたということでしょうか。日本の法律学研究者の世界では外国法が重要な意味を持ちますから、外国での被害者立法等の動向は、研究者の拡大につながります。この学会が1990年に発足したのも、その結果といえるでしょう。

3　被害者学の拡大（精神医学領域での研究と実践）

精神医学の研究者である山上皓氏による1992年の犯罪被害者相談室の設立は、被害者学に新たな展開をもたらしました。それは、単なる外国制度の紹介や外国の「学問」の輸入とは異なる、現実の被害者に向き合う研究であり、被害者に役立つ実践です[8]。きっかけとなったのは、先ほど述べた91年のシンポジウムに山上氏が参加したことでした。相談室には翌年小西聖子氏が参画しています[9]。

4　「犯罪被害者の権利宣言」の公表

東京の犯罪被害者相談室に続いて、水戸被害者支援センターが95年、大阪被害者相談室が96年に開設されました。その後に開設された石川、北海道、和歌山、愛知、京都の支援センターを合わせた8組織を構成員として、1998年に、全国被害者支援ネットワーク（理事長・山上皓氏）が設立されます。

ネットワークでは、犯罪被害者の権利を擁護し、その利益を代弁する活動として、被害者の権利委員会を設け、「犯罪被害者の権利宣言」を翌年に公表しました。「公正な処遇を受ける権利」から始まる七つの権利を明らかにしたものです。被害者学の研究と同時に被害者の支援組織の運営に当たっている冨田信穂氏らによって起草されたこの権利宣言は、国際的な動向を背景に、被害者のあるべき権利を明確化させたものです。内容自体は、外国制度を詳しく知っている研究者にはそれほど目新しいものではないかもしれませんが、被害者のあるべき権利を一覧できる形で示したことで、多くの人に伝え、理解を広げていく上で、大きな実践的意義をもつものといえます。この起草に際して、被疑者被告人の権利と衝突しないように配慮されていた[10]ことは、忘れてはいけない視点だと思います。

　　筆）参照。なお、以下の注では、本講座の各巻は「講座第○巻」と略称する。

　8）「犯罪被害者支援活動の原点は、被害者・遺族の声にある。被害者支援活動とは、その願いにこたえて被害者を支援し、犯罪被害者の権利の確立と不幸な事件の再発予防を目指す、一つの社会運動である。」（講座第5巻9頁（山上皓執筆））。

　9）96年から99年まで「被害行動学（セコム）研究部門」がセコム科学技術振興財団の資金で東京医科歯科大学に設置された。当時の著作として、小西聖子『犯罪被害者の心の傷』（白水社、1996年）がある。

　10）講座第5巻130頁（冨田信穂執筆）参照。

5 『講座 被害者支援』の発刊

2000年（第4巻のみは2001年）に、宮澤浩一・國松孝次両氏の監修[11]により、『講座 被害者支援』が東京法令出版より発刊されました。「犯罪被害者支援の基礎」、「犯罪被害者対策の現状」、「犯罪被害者支援と弁護士」、「被害者学と被害者心理」、「犯罪被害者に対する民間支援」の全5巻です。被害者学に先導された被害者政策が展開しているまさにその時期に、「被害者支援の諸問題について、研究者と実務家の総力を挙げた企画」[12]として、幅広い分野を網羅した本講座が出版されたことの意義は大変大きかったといえるでしょう。

III 被害者学に先導された被害者政策の展開

1 警察の「被害者対策要綱」の制定

被害者学に先導された被害者政策の展開の最初は、1996年に警察庁が「被害者対策要綱」を定めたことです[13]。先ほども述べましたが、1991年のシンポジウムにおける大久保氏の発言を受けて、私は、「犯罪被害者をめぐる問題に警察が取り組むことが必要だ」との認識をもちました。しかし、当時、警察に被害者の問題全体に対する責任部署はありませんでした。行政組織は、自らの責任範囲以外の仕事を引き受けることはできません。また、被害者をめぐる問題は警察行政全般にわたることになります。このため、警察組織の最上層部に個人的に説明をしてまわりました。説明をした相手の1人が國松孝次氏です。國松氏は、刑事警察の責任者として、犯罪捜査は本来被害者のための活動であるとの見解をもっていたこともあり、当時執筆した論文の中で刑事警察の課題として犯罪被害者の問題を取り上げ[14]、さらに、1994年7月に警察庁長官に就任して間もなく、警察運営の柱として被害者の問題を取り上げ、長官官房総務課企画官であった私にとりまとめを指示しました。國松氏の考えは、「警察は、犯罪の被害者に最初に接し、最も濃密に関わる官庁である。警察が犯罪被害者の人権保護に当たらないで、他にだれがそれに当たるというのであろうか。警察こそ被害者の人権の第一の擁護者でなければならぬ。」[15]に現れています。

長官の方針を受けて、組織内の検討を経て、1996年に警察庁次長通達として、「被害者対策要綱」を発出しました。一部に誤解をしている人がいるようですが、「外からの指摘で迫られた」ものではありません。この要綱には、宮澤氏を座長とする「警察の「被害者対策」に関す

---

11) 編集代表は大谷實、山上皓の両氏、編集委員は、諸澤英道、椎橋隆幸、瀬川晃、小西聖子の各氏。
12) 講座第1巻392頁（被害者学文献集の欄で宮澤浩一執筆）。
13) 「我が国の被害者への支援の動きは、正式には、（中略）「被害者対策要綱」に始まる。」講座第1巻25頁（宮澤浩一執筆）参照。
14) 國松孝次「刑事警察の歴史と今後のあり方」河上和雄ほか編『講座日本の警察第2巻』（立花書房、1993年）1頁。
15) 國松孝次「犯罪被害者の人権と警察」警察学論集48巻1号（1995年）1頁（引用は7頁）。

る研究会」（被害者学会の会員としては、宮澤氏のほか、山上晧、細井洋子、田口守一、奥村正雄の各氏が参加しています[16]。）の提言、言い換えると被害者学の成果が多く反映しています。要綱は、警察が被害者の視点に立った施策を組織的総合的に推進するという観点から、何よりもまず、犯罪被害者のための活動が「警察本来の仕事」であることを明確にした上で、被害者の救援（被害者への情報提供、精神的被害回復支援、被害補償と被害品回復等）、捜査過程における被害者の第二次的被害の防止・軽減、被害者等の安全の確保と被害者対策推進体制の整備（担当部署の明確化[17]と民間被害者支援団体等との連携）を進めることとしています。「被疑者・被告人の人権保障」主張と衝突しない、誰からも反対されないもので構成しているのが特徴です（権限行使による被害防止は、本来、警察としてとても重要な事柄ですが、この通達にはあえて盛り込まないことにしました。）。

　被害者対策要綱は警察組織内の通達ですが、前年に阪神淡路大震災と地下鉄サリン事件があって被害者とPTSDが社会の注目の対象となっていたこともあり、警察外からも「画期的」として大きな反響がありました。要綱を受けて、多くの都道府県警察が被害者支援団体の結成の支援に当たったことも、被害者支援の広がりにつながったといえます。

2　行政施策の展開

　警察では、その後も、被害者支援の充実に向けて様々な行政施策が展開されます。代表的なものとして、1999年の指定被害者支援要員の制度化と犯罪捜査規範の改正を挙げることができます。特に犯罪捜査規範の改正は、実質的に研究会の提言を受けたものといえます。

　一方、検察庁では、1999年に、事件の処理結果、公判期日、判決結果等を通知することが制度化されるなど、被害者のための施策が始められました（出所情報の提供は2001年）。被害者支援員制度、不起訴記録開示の弾力的運用もこのころからです。

　また、1999年に、政府に「犯罪被害者対策関係省庁連絡会議」が設置され、翌年に、各省庁の施策を掲げた報告書がまとめられています。

3　犯罪被害者保護二法の制定

　刑事訴訟法及び検察審査会法の改正と、犯罪被害者等の保護を図るための刑事手続に付随する措置に関する法律が、2000年に制定されました。ビデオリンクや遮へい措置を含めた証人の負担軽減、被害者の意見陳述、公判の優先傍聴、公判記録の閲覧及び膳写などが定められています。被害者学研究の成果の反映といえるでしょう。国会では、多数の被害者学研究者が参考

---

16)　被害者学会会員以外は、弁護士、女性相談センター相談員、外国人記者が参加している。
17)　警察庁では1996年5月に犯罪被害者対策室（現在の犯罪被害者支援室）が設置された。

人として発言しています[18]。

犯罪被害者への注目は、「刑事法の立法は困難」というそれまでの「業界常識」を一変させました。法制審議会刑事法部会への諮問が1999年11月、2000年1月に要綱骨子案が採択され、3月に法案提出、5月12日に成立（全会一致）するというスピードです。

4 犯罪被害給付法の改正

犯罪被害給付法の改正も2001年に行われました。1991年のシンポジウムを私とともに企画・準備した安田貴彦氏が警察庁の犯罪被害者対策室長になってなし遂げた改正です。給付対象の拡大、重傷病給付金の新設という給付の充実以上に、警察本部長等の被害者に対する援助措置と民間支援団体に関する新たな仕組みの創設（一定の要件を満たす団体を犯罪被害者等早期援助団体として指定し、被害者情報を警察から提供して、能動的な支援を可能とした。）を盛り込み、警察における総合被害者支援法としたことが画期的だといえます[19]。民間支援団体の行動の実績と研究の蓄積があってこそ、ここまでの改正ができたといえるでしょう[20]。

先ほど述べた刑事訴訟法等の改正と本法の改正で被害者のための制度の創設は一通り成し遂げられた（これ以上の立法は困難）というのが、当時の私の正直なイメージでした。

IV 被害者政策推進役の交代

1 犯罪被害者等基本法の制定

2004年12月、犯罪被害者等基本法が成立し、犯罪被害者政策は新たな段階に入りました。同法は、被害者の権利利益の保護として、再び平穏な生活を営むことができるようにすることと、刑事手続に適切に関与することを定めています。被害者の権利が基本理念として明記されたことを含め、内容の多くは被害者学研究者の声に応えるものといえますし[21]、被害者学の知見を反映させた「犯罪被害者の権利宣言」が実質的に影響を与えているといえるでしょう。もっとも、被害者の刑事手続参加に関しては、専門家内の支持は極めて限定的であったと思われます。

---

18) 法案付託前を含めて、岩井宜子、瀬川晃、田口守一、山上皓、諸澤英道、宮澤浩一、小西聖子の各氏が、衆参法務委員会の参考人として発言をしている（ほかに、日弁連被害者対策委員会の弁護士、被害者遺族らが参考人となっている。）。

19) 1980年の同法の制定時には、目的規定はおかれておらず、警察の一般事務と切り離された給付金支給に関する事務を公安委員会が行う（警察はその補佐をする）という構成であったものが、被害の早期軽減という目的を達成するために、給付金支給、警察の活動と民間支援団体への支援とを含めて、警察が取り組む行政であると位置づけたものといえる。

20) 参議院内閣委員会では、山上皓、川本哲郎両氏が参考人として発言している。

21) 基本法の必要性は多くの者が述べていた（例えば、講座第1巻29頁（宮澤浩一執筆）参照）。

この法律は、2000年に結成された被害者当事者団体である全国犯罪被害者の会（代表・岡村勲氏、通称「あすの会」）の強い主張を受けたものでした。同会代表から小泉内閣総理大臣に要請が行われたことを受けて、自民党で検討をして法案を具体化したもので、各党の賛同を得て、衆議院内閣委員長から提案されています。被害当事者が社会的な支持を集め、政権政党が要望元を含む各方面からの聴取を基に内容を決定したもので、理念と基本的施策の方向性を明らかにした上で、具体化と推進状況の報告を政府に義務付けるという、政策決定の新たなスタイルを作ったものといえるでしょう[22]。

　1980年の被害給付法制定では市瀬氏、90年代半ば以降の被害者政策の展開では大久保氏、基本法とこれを受けた改正では岡村氏と、いずれも遺族が重要な存在であったとの指摘があります。確かにそうともいえますが、遺族（被害者）と専門家の関係はまったく違っています。20世紀は、専門家である研究者・行政実務家が方向を決めていて、市瀬氏と大久保氏は新たな政策内容には関与していません。これに対し、21世紀では、遺族が支援弁護士とともにあるべき政策内容を主張し、政治部門の応答として政策の基本が決定されています。政府（とそれに参画する専門家）は、被害者のために政策を決める存在から、被害者が参加して決められた政策を具体化する存在になった、といえるでしょう。

2　第一次基本計画の策定

　基本法を受けて犯罪被害者等基本計画が翌年策定されます。被害者等から提出された意見・要望のすべてについて、基本計画検討会における検討が行われてまとめられたもので、258の具体的施策が掲げられています。検討会は、専門家等9人（当事者団体の代表、支援団体の代表及び弁護士も含まれています。）と行政官6人で構成され、座長を宮澤浩一氏が務めました[23]。法律で基本的方向が示されているとはいえ、これだけ豊富な内容が計画に盛り込まれたのは、宮澤氏の尽力[24]と担当大臣であった村田吉隆氏の強いコミットメント[25]によるものといえるでしょう。

---

22)　国（行政）の強い反対を押し切って「権利」を規定化したことを、立案者が述べている（上川陽子『かみかわ陽子流　視点を変えると見えてくる』（静岡新聞社、2013年）80頁以下）。

23)　被害者学会から、宮澤氏のほか、山上皓、小西聖子、中島聡美の各氏が参加している。

24)　検討会が予定時間を大幅に超えた際、宮澤氏が座長として詫びつつ、「数十年間被害者の方々はこれを待っていたわけでありますので、その時間と比べれば、やはりこの1、2時間はいただければと思います。」と発言し、ムードを一変させた（加地隆治「第一次犯罪被害者等基本計画の策定を振り返って」30周年記念誌（2011年）53頁）のはその例である。

25)　村田大臣は、全会議に出席し、前向きの方針を明確に示していた（加地前注参照）。

3　被害者参加を含めた刑事訴訟法改正

　全国犯罪被害者の会の強い要望を受けて、「刑事に関する手続への参加の機会を拡充するための制度の整備等」が基本法に規定されました（基本法18条）。基本法制定前は、被害者参加制度は難しいというのが一般的な理解であったはずでした[26]。全国犯罪被害者の会の要望を受けた法務省の対応の一環として、法務総合研究所に設置された「犯罪被害者のための施策を研究する会」は、研究者と行政・裁判所関係者で構成されていますが、2004年12月に公表した中間とりまとめでも、在廷はともかくとして、他の要望事項に前向きなものとはなっていませんでした。

　刑事訴訟法等改正法案として具体化された日本型の参加制度は、全国犯罪被害者の会の要望に対して、刑事訴訟法の体系との間でぎりぎりの調和を図ったものと言えると思います。この法案には、法制審議会答申の段階から、日頃は政府提出法案に理解を示す報道機関を含めて[27]、多くの報道機関から懸念が表明されます。一方、国会では、当事者団体らを含めて、賛否ないし積極消極の双方の見解も述べられました[28]が、民主党が懸念を表明しつつも最終的に賛成したこともあり、圧倒的多数で可決されています。

4　遺族側主張への応答としての立法

　故意による致死事件の原則逆送等を含めた少年法の改正が、議員提案により2000年に行われたのを皮切りに、被害者、ことに遺族の強い主張に応える立法が行われていきます。危険運転致死傷罪の創設を定める刑法改正（2001年）、少年審判の傍聴を被害者に認める少年法の改正（2008年）、そして、殺人罪等における公訴時効の廃止（2010年）です。多くは、弁護士会等の反対はあっても、政府から提案され、国会でも圧倒的多数の賛成がえられています。それまでの専門家の常識を超えたものも含まれています[29]。

5　第三次計画の策定と内閣府事務の国家公安委員会への移管

　2011年には第二次犯罪被害者等基本計画が策定され、その期間内に多くの改善施策が実現さ

---

26)　小林奉文「我が国における犯罪被害者支援の現状と今後の課題」レファレンス2003年4月14頁は、それまでの論議の状況を踏まえ、「刑事手続における被害者の地位は、刑事訴訟の基本構造に関わる根本的な問題であり、この問題を含めた場合には、総合的な犯罪被害者支援施策の方向性を見出すことは、早急には望めない。」と述べていた（37頁）。

27)　読売新聞は、2007年2月3日の社説で、「被害者参加制度　導入には慎重な議論が必要だ」との見解（反対論）を明らかにしています。産経新聞も、同年2月1日に、「被害者参加裁判　拙速は厳に避けるべきだ」との見解を社説で明らかにしています。

28)　参加以外の論点を含め、椎橋隆幸、奥村正雄両氏など11人が参考人として意見を述べた。

29)　その前まで「わが国での公訴時効制度の廃止は想定しがたい。」という見解が述べられていた（田口守一『刑事訴訟法（第5版）』（弘文堂、2009年）179頁）。

れました。特に全都道府県とほとんど全ての市町村に、被害者のための総合的対応窓口整備が図られたことは、これからの被害者支援において重要な事柄だと思われます。

これに引き続き、第三次犯罪被害者等基本計画が、2016年4月に決定されました。椎橋隆幸氏が基本計画策定・推進専門委員等会議の議長を務め、安田貴彦氏が内閣府の犯罪被害者等施策推進室の室長として、取りまとめに当たっています[30]。自ら被害を訴えることが困難な被害者の存在への着目、加害者の損害賠償責任の実現に向けた調査の実施、自治体における専門職の活用など、新たな視点、新たな取組みも盛り込まれています。

時を同じくして、犯罪被害者等施策に関する内閣府の事務（基本計画の作成及び推進に関する事務等）が内閣府から、警察庁に移管されました。2015年1月の与党提言を受けた内閣府のスリム化（9事務を各省等に移管するもの）の一環です。犯罪被害者にかかる問題に関心をもっている者であれば、衝撃を受けるべきことだと私は思います。「現場に近いところで犯罪被害者等と密接に関わる各種施策を行っている、国家公安委員会（警察庁）に移管することで、よりきめ細やかな取組を図ることができるとされたこと等による。」[31]との説明がなされていますが、被害者支援の推進のために行われたものではなく、要は内閣府の仕事減らしでしかありません。警察が先行した犯罪被害者支援ですが、だからこそ、他の行政組織にも真剣に取り組んでもらうことが必要です。国家公安委員会のように内閣から独立していることを本来とする組織が、内閣の事務を助けて司令塔的な役割を担うというのが本当にできるものなのか、危惧をいだかざるを得ません（一例をあげれば、内閣府や各省の場合は、大臣を含めた政務三役が重要な場面で関わるのが普通ですが、国家公安委員会には副大臣も政務官もおらず、政治的なプレゼンスを発揮することはそれだけ難しさがあります。）。また、都道府県や政令指定都市への指導を国家公安委員会（警察庁）がすることになるのですが、特に都道府県の側が「警察に任せてしまえばいい」という方向になってしまうことが懸念されます。既に移管されてしまっている以上は、そういった懸念が現実のものにならないように、関係者は関心をもち、国家公安委員会（警察庁）の被害者支援のためのしっかりとした取組みを求め続けていく必要があると思います。

今回の移管は、自民党の策定した方針で決められました。被害者の権利を明確にした犯罪被害者等基本法の制定のように、政治過程優位の結果、大きな進展がもたらされたのは事実ですが、同時に、政治過程優位は、行政の在り方を不安定なものにし、前進だけでなく、後退もあり得ることを意味します。被害者に関心をもつ者たちが世の中に響く声を上げ続けることができるかどうかが、問われているのだと思います。

---

30) 本計画に関しては、安田貴彦「これからの犯罪被害者支援施策（上）（下）」警察学論集69巻9号（2016年）96頁、同巻10号（2016年）103頁参照。
31) 犯罪被害者白書（平成28年版）15頁。

Ⅴ　被害者学の意義（被害者学に期待されるもの）

1　政策への貢献

　これまでの経過を踏まえ、被害者学の意義というか、被害者学に期待されることについてお話してみたいと思います。

　被害者学の真骨頂は、政策への貢献にあると私は思います。実際、被害者学が政策志向であることは70年代の大谷氏の研究と実践以来の伝統といえるでしょう。政策を実現するには、被害者の現実に立脚し、実際に意義があり、かつ成功の可能性があることが必要です。コストがそれほど高くなく、多くの人の支持が獲得できるアピール力があり、そして実現に複数の道があることが、成功につながるものとなります。

　鴻巣たか子氏らが中心となっている「被害者が創る条例研究会」では、被害者の視点から、必要な条例規定事項を考え、現場で支援に携わっている行政関係者の意見も加えて、「市町村における犯罪被害者等基本条例案」を作成し、これを基に働きかけを行っています。被害者の声を基にしつつ、単なる願望ではなく、行政現場が受け入れ可能な（導入コストがそれほど高くない）ものにし、かつ「条例」案という具体的な形で、一覧性のあるものにしたことで、自治体関係者にとって何をして欲しいのかが大変分かりやすくなっています。多数ある市町村のうちの一部でも取り入れてくれればそれが成果ですし、またそれが次の市町村での条例の改善にもつながるでしょう。このような実践的で、政策実現につながる取組みに、被害者学研究者はもっともっと関わっていくべきだと思います[32]。これに対し、被害者の切実な声から始まるのではなく、「外国にこんな制度があるから日本も」といっただけの要望・主張を行っている[33]ようでは、多くの人々の支持は望めないでしょう。被害者、行政専門家、被害者学研究者の連携が政策を展開してきたことを、研究者は改めて想起すべきだと思います。

2　より広い分野にまたがる研究・知見

　次に、被害者学の範囲の実質的な拡大の必要性を述べたいと思います。

　一つは、被害者の被害要因分析に立った被害予防への貢献です。被害者学は、かつて、犯罪に対する被害者の関わりの分析を主要な研究対象の一つとしてきました。その後の批判を受け、近年は専ら被害者の救済支援を論じています。しかし、例えば振り込め詐欺被害を考えると、被害者の行動が被害に至る大きな要因であり、被害防止に向けて、被害過程を分析して、

---

32)　このような評価は、基本条例案の内容が全て妥当であるという意味ではない。当事者団体側が望むにしても、自動的に公益的な存在として位置づけることには無理があると言わざるを得ないのであって、こういった点を看過しないことが、専門家の責任であると思われる。

33)　その例として、「被害者庁設置」主張が挙げられる。

有用な知見を得ることが望まれます。災害や労災などに比べ、被害者像・被害リスク・被害過程の理解が進んでおらず、「犯罪被害のリスクを削減するためには、被害者も含む犯罪の理解が必要」とする指摘[34]は、重要だと私は思います。被害者学においても、社会心理学の知見も活用した被害者側の分析と被害防止への貢献が期待されます。

もう一つは、生活者としての被害者への支援に対する貢献です。日本で被害者支援を切り開いてきたのが、いずれも遺族であったことから、精神的な面に着目した支援と補償、加害者への処罰（刑事手続への参加を含む。）がこれまで中心的な問題関心となっていました。犯罪被害者等施策推進会議委員の構成も、被害者・支援団体のほかは、刑事法と精神医学研究者、弁護士だけでした。第三次計画の検討段階の途中から、ソーシャルワークの専門家（伊藤冨士恵氏）が初めて参加し、本年5月からは、社会保障法の専門家（岩村正彦氏）が加わっています。そういった学問分野の広がりが、被害者支援の展開にもつながります。例えば、犯罪被害者等暮らし・支援検討会（くらしえん）の発行した「犯罪被害者等相談支援マニュアル　はじめて担当になったあなたへ〈行政職員編（第一版）〉」（執筆責任者・大岡由佳氏）は、社会福祉士・精神保健福祉士の方々の知見を基に、これまでにない内容のものになっていると思えます。

役立つ被害者学であるために、より広い分野にまたがる研究・知見が必要なのです。

3　世に広める責任

被害者に関わる刑事立法が政治課題として急速に進められたとはいっても、それは一面でしかなく、被害者に対する関心は元々限定的であって、被害者をめぐる問題に対して幅広い理解が存在するとは言い難いのが現状です。

研究者の任務は、研究、著作、講義ですが、それらを通じて、被害者と政策の在り方に関する学問的知見を、学生を含めた多くの人々に向けて、積極的に提供していくべきものだと思います。大谷氏が、被害者補償実現に向けて学術書と啓蒙書の双方を執筆していたことを想起しましょう。

大学での講義もそれほど広がっていません。配偶者暴力などジェンダー系の科目は広がっていますが、被害者学はそうなっていないのです。私の所属する京都産業大学では、新恵里氏が被害者学を講義されているので私の出る幕はありませんが、被害者学会の会員で、自分の所属する大学に被害者学の講義がないという方は、自らの負担を増やすものだったとしても、被害者関係科目をぜひ講義していただきたいと思います。警察官希望者を含め、社会の安全に関する職業に就きたいと思う学生には、被害者学の講義は大いに歓迎されると思いますし、そういった努力が世の中に被害者学を広め、冷静な論議の拡大につながるのだと思います。

---

34)　島田貴仁「犯罪被害者の対処行動」（関西社会心理研究会第420回例会（2015年）報告）資料公開参照。

合わせて、本学会へのお願いをします。3年後に本学会は発足30年になります。新しい『講座 被害者支援』の刊行ができるように、関係の方々のご尽力を切に願っています。

VI　おわりに（被害者学に関する個人的な感想）

近年、学問研究において、「社会実装」（成果の社会への活用・展開）という新しい評価軸が唱えられています。私とともに京都産業大学社会安全・警察学研究所メンバーが社会技術研究開発センター（RISTEX）の研究開発プロジェクトとして参加しています[35]が、そこでは、社会問題解決、自然科学と人文・社会科学の双方の知識、ステークホルダーの関与、社会実装が求められています。まさに、被害者学はその先駆けだと感じます。

被害者学は、実践的な学問として、被害者政策の進展に大きく寄与してきました。当事者の行動とそれに応えた専門家（研究者及び行政関係者）の結びつきが成果に結実したものといえます。今世紀に入り、被害者政策の推進役の交代と当事者の要求の高まりの中で、専門家の存在感は低下しているように見えます。しかし、被害当事者の声だけでは、長期的に市民の支持を得て政策を進めていくことはできないでしょう。実りある被害者政策が進展するためには、専門家の側が、狭い枠に閉じこもるのではなく、より広い分野の研究と知見を結集し、世に広めていく責任があると思います。新しい『講座 被害者支援』の刊行が待ち望まれるゆえんです。

被害者と距離を置く被害者学では、原動力を失って、やせ細ってしまいます。一方、その場その場での被害者の主張に単に迎合していては、長期にわたる健全な市民社会のための貢献はできません。現実の被害者に対する関心と、被害者を含めた市民に対する責任感の双方が、被害者学の研究の前提として求められると思うのです。

ご清聴ありがとうございました。

35）「親密圏内事案への警察の介入過程の見える化による多機関連携の推進」https://ristex.jst.go.jp/pp/project/h27_2.html 参照。

論　説

犯罪行為者と被害者による
自律的な紛争解決が有する刑事政策上の意義とその限界
——ドイツ刑法 46条 a は過剰な法律化だったのか？——

土　井　和　重

〔**Abstract**〕

　In the restorative justice movement in the end of the twentieth century, the German legislator demonstrated symbolic enactments of how to integrate victim-offender-mediation (VOM) into both penal code and criminal procedure. In particular it introduced a special clause defining victim-offender-mediation as an alternative to penal sanctions (Art. 46-a of the German penal code). Nevertheless, some empirical studies indicate that VOM has still not been effectively and widely put into practical use in Germany. In fact, many practitioners of restorative justice in Japan are also skeptical of the institutionalization of the VOM into the traditional criminal justice system. Against these backdrops, this paper examines practical obstacles for the "legalization" of victim-offender-mediation.

I　はじめに

　修復的司法については、日本でもすでに議論が積み重ねられ、今日刑事政策の分野では主要なテーマの一つとして広く認識されるようになっている。当該主張の中心的な内容は、刑事法との関連でいえば、犯罪行為者と被害者との間に生じた紛争の沈静化こそが、究極的には法秩序の妥当ないしは法的平和を回復することにつながり、その限りで事件関係者間の和解は伝統的な刑事制裁の役割を縮減ないしは代替しうるとする点にある[1]。歴史的に見ても、「修復的司法の第一の源流」は1974年にカナダで始まった「被害者・加害者和解プログラム」にあるとされており、ここからは犯罪行為者と被害者の和解が修復的司法の原型であると解されることになる[2]。

　このような刑事司法と修復的司法の統合論は、20世紀後半には刑事政策上一つの国際的な潮流を形成するようになった。とりわけドイツでは、事件の当事者による和解に対して、刑事手続上、各種の配慮を制度化したのに加えて、実体法上も特別な刑の減軽、さらには刑の免除ま

DOI Kazushige　　　　　Associate Professor, Faculty of Law, The University of Kitakyushu
　　　　　　　　　　　北九州市立大学法学部准教授

1)　修復的司法概念の一般的な説明については、例えば、川出敏裕＝金光旭『刑事政策』（成文堂、2012年）316頁を参照。
2)　瀬川晃「修復的司法（Restorative Justice）論の混迷」同志社法学56巻 6 号（2005）567頁。

で認めることが明文化された。それが、1994年の犯罪対策法により導入されたドイツ刑法46条
aである。

　ここで当該規定の新設は、被害者利益の実現と行為者による責任の引受けが刑罰の賦課に
（部分的にであっても）代替しうるということを正面から認めた点で、比較法的にみても、従来
の修復的司法論の一つの到達点を示すものと考えられる。とりわけ、被害者にとっては、形式
と役割に縛られた裁判手続と比べて、犯罪事象を克服する過程により直接的に関与することが
可能となり、さらには刑罰という法的効果の確定にも自らの意向をより広範に反映させること
ができるので、伝統的な刑事司法での対応よりも望ましいと説明されていた[3]。しかしなが
ら、制度導入から20年以上経た最近の研究においても、ドイツ刑法46条aが想定する犯罪行
為者と被害者の和解は、適用の可能性が認められる事案においてさえ十分に考慮され、実践さ
れるにいたっていないという認識が示されているのが実情である[4]。

　そこで、本稿では、刑事司法と修復的司法の統合ないしは連携の象徴的な立法例としてドイ
ツの犯罪行為者と被害者の和解制度に注目し、当該関連立法が前述した被害者利益の実現に成
功しているといえるのかについて、検討する。まず、（Ⅱ）ドイツ刑法46条aを中心に、刑法
上の損害回復に関する法的枠組みを説明し、次に（Ⅲ）その運用実態について全国的な統計報
告書と最近の研究を手がかりとして検討する。その上で、（Ⅳ）日本における和解プログラム
の現状についても素描し、最後に、ドイツと日本の実情に共通する、（Ⅳ）紛争当事者の任意
性・自律性を基調とする和解の構成要件化、つまり「法律化」（Verrechtlichung）に関する実
際上の障害について考察する。

Ⅱ　ドイツにおける犯罪行為者と被害者による自律的な紛争解決の法的枠組み

　まず、ドイツ刑法46条aは、刑法上考慮に値する犯罪行為者と被害者との和解について、
次のように定義している。すなわち、

行為者が、

1．被害者との和解の達成に努力して（行為者と被害者の和解）、その行為の全部または大部分
　について損害回復をしたとき、若しくは、その損害回復に真剣に努めたとき、又は、

　3）　Kilchling, M, "Aktuelle Perspektiven für Täter-Opfer-Ausgleich und Wiedergutmachung im
　　　Erwachsenenstrafrecht", *Neue Zeitschrift für Strafrecht* (NStZ) 1996, 309; vgl. auch Meier, B.-D,
　　　"Täter-Opfer-Ausgleich und Schadenswiedergutmachung im Strafrecht", *Juristen Zeitung* (JZ) 2015,
　　　494.
　4）　Vgl. Winter, F. & Matt, E, "Restorative Justice und Täter-Opfer-Ausgleich in Deutschland", *Neue
　　　Kriminalpolitik* 2012, 74.

２．物的損害回復が行為者に著しい個人的給付若しくは個人的断念を要求する事例において、
被害者に全部若しくは大部分を補償したとき、

裁判所は、刑法49条１項により、その刑を減軽し、若しくは、１年以上の自由刑または360日
までの日数罰金額を上回らない刑が科せられる場合には、刑を免除することができる。

としている[5]。

　ここで第一に注目されるのは、ドイツの立法者が、１号の「犯罪行為者と被害者の和解」の
類型とは区別して、２号に行為者による「物的損害回復」を規定したことである。この点につ
き、同条の下では、要求される損害回復の給付が単なる民事上の損害賠償以上の意味を持たな
ければならないと解されており、このような基本思想を明示するために、立法者はあえて二つ
の類型を規定したと、学説では説明されている[6]。つまり、２号の類型はあくまでも「和解に
向けた努力の特別な事例」と捉えられており[7]、１号の「加害者と被害者の和解」を通じた包
括的な紛争解決こそが、やはり本来の理想形として示されているのである[8]。以上のような理
解は、判例の態度の中にもみられ、例えば、性犯罪の場合には「物的・経済的な損害回復」に
よる刑の減軽をはじめから考慮の対象外とする傾向が認められる[9]。これらの事情から、２つ
の損害回復行為類型を規定するドイツ刑法46条ａの下にあっても、実務では、１号における和
解の達成を第一に念頭に置いて当該制度を運用していると考えられる。
　そこで、１号が規定する「加害者と被害者の和解」について具体的な内容を確認すると、そ
の中核的な要素は「行為の損害回復」（Wiedergutmachung der Tat）とされている。ここで刑事
和解の実質を紐解く鍵は、犯罪「行為」を「紛争の表れないしは発端」と捉えることにあ
る[10]。つまり、ドイツ刑法46条ａ１号において「行為」を回復するというのは、犯罪行為の持
つ「意味」を事後的に減じることであり、つまり行為の背後にある紛争状態を正常に戻すこと

　5）　条文の訳については、高橋則夫『刑法における損害回復の思想』（成文堂、1997年）52頁註（46）、山
　　　中友理「刑事司法における修復的司法の定着に向けて」岩瀬徹ほか編『刑事法・医事法の新たな展開
　　　（下）─町野朔先生古稀記念』（信山社、2014年）512頁以下を参照した。
　6）　Kilchling (Fn. 3), 312, Meier, B.-D, "Täter-Opfer-Ausgleich und Wiedergutmachung im allgemeinen
　　　Strafrecht", *Juristische Schulung* 1996, 438, Kindhäuser, U. u. a. (Hrsg.), *Nomos Kommentar Strafgesetzbuch*,
　　　Band 1, 4. Aufl. Nomos, 2013, §46a Rn. 11 (Streng, F.).
　7）　Rudolphi u. a. (Hrsg.), *Systematischer Kommentar zum Strafgesetzbuch*, 7. Aufl. Carl Heymanns,
　　　2001, §46a Rn. 7 (Horn, E.).
　8）　Kilchling (Fn. 3), 312.
　9）　BGH NStZ 1995, S. 492. Dazu vgl. auch Kaspar, J, Anmerkung, *Strafverteidiger* (StV) 2002, S. 651;
　　　Schöch, H, Die „unterbelichtete" Schadenswiedergutmachung gemäß §46a StGB, in: Bernsmann, K. &
　　　Fischer, T. (Hrsg.), *Festschrift für Ruth Rissing-van Saan*, Walter De Gruyter, 2011, 640.
　10）　Kilchling (Fn. 3), 310.

として理解されるのである[11]。それゆえ、有力説によれば、完全か部分的かに関わらず、両当事者間における合意の成立が和解の達成にとって原則必要ということになる[12]。もっとも、合意内容それ自体の取り決めについては、専ら当事者の意向に委ねられることになるので、金銭的な賠償はもちろんのこと、謝罪や役務の提供などの非物質的な給付でもよいということになる[13]。

さらに、判例実務では、合意の結果のみならず、それに至るプロセスが極めて重視されている。すなわち、当事者間における「平和創設的な紛争解決」という目的からすると、形式的な合意文書の存在だけでは足りず、合意を形成する過程に被害者が協力すること、つまり積極的に関与することが必要とされている[14]。その意味において、判例は、当事者相互が意思疎通を図るプロセス、つまり当事者間の相互作用関係を刑事和解の不可欠の要素として強調している[15]。もっとも、和解実務の経験からは、行為者と被害者が直接対面するケースはむしろ例外的であり、また常に有意義であるともいえないとされており[16]、判例も、仲裁人など中立的な第三者の立会・指揮による当事者の直接対話は必ずしも必要ではないとしている[17]。つまり、弁護士の仲介による形態でも十分とされている。

他方で、ドイツの立法者は、「裕福な行為者の特権化」の問題にも配慮している[18]。それは、一面において、1号で、合意に至らなくとも、和解に向けた真摯な努力が認められる場合には、例外的に刑の減軽の効果を与えるとしている点に見られる。他方、2号では、真摯な努力要件に対応する形で、「著しい個人的給付ないしは個人的断念」という特別な行為事情が要求されている。そこでは、役務の提供によって自由時間が顕著に制約される場合など厳しい要件が課されているのである。さらに、立法者は、法的効果の面でも、必要的減軽ではなく、任意的減軽に留めている。つまり、和解の努力が構成要件レヴェルにおいて高度な要求を満たしたとしても、さらに特別予防および一般予防の観点から刑の減軽の可否が審査されることにな

---

11) この点については、拙稿「ドイツ刑法46条 a における『行為者と被害者の和解』と『物的損害回復』について」明治大学大学院法学研究論集35号（2011）79頁も併せて参照。

12) Rössner, D. & Klaus, T, "Rechtsgrundlage und Rechtspraxis", in: Dölling, D. (Hrsg.), *Täter-Opfer-Ausgleich in Deutschland*, Forum-Verlag, 1998, 50, NK-Streng (Fn. 8), §46a Rn. 12, 15. Vgl. auch BGH StV 2002, 651.

13) Kilchling (Fn. 3), 314.

14) BGH StV 2002, 650. Dazu vgl. auch Meier, B.-D, "Konstruktive Tatverarbeitung im Strafrecht", *Goltdammer's Archiv für Strafrecht* (GA), C. F. Müller, 1999, 8, Lackner K. & Kühl, K, *Strafgesetzbuch Kommentar*, 28. Aufl., C. H. Beck, 2014, §46a Rn. 3 (Kühl).

15) BGH NStZ 1995, 492. Vgl. auch Kilchling (Fn. 3), 310, Meier (Fn. 16), 3.

16) Schöch, H, "Täter-Opfer-Ausgleich und Schadenswiedergutmachung gemäß §46a StGB", in: Roxin, C. & Widmaier, G. (Hrsg.), *50 Jahre BGH — Festgabe aus der Wissenschaft*, Band IV, C. H. Beck, 2000, 318, NK-Streng (Fn. 6), §46a Rn. 12.

17) BGH StV 1999, 89, BGH *Neue Juristischer Wochenschrift* (NJW) 2001, 2557, BGH StV 2002, 649.

18) Bundestag-Drucksache 12/6853, 22.

るのである[19]。結局、このような立法者の慎重な態度とも呼応して、判例も、悪質な粗暴犯や強姦罪に刑の減軽を認めることには慎重な姿勢を示しており、その意味で46条 a が適用される事例は限定的であると評価することができる。

　もっとも、量刑の一般原則を定める46条の下では、犯罪行為者に不利な事情と併せて、和解の努力もなお量刑事由の一つとして考慮されることになる（２項２文）。また、ドイツ刑事訴訟法153条 a １項及び同条２項によれば、検察官が遵守事項として和解ないし犯罪被害の回復を命じこれが履行された場合には、公訴提起を放棄するか、あるいは公訴提起後は裁判所が決定することによって、刑事手続を打ち切ることができるとされている。さらに、刑訴法155条 a は、検察と裁判所に対して、手続のあらゆる段階において、和解の可能性を検討しなければならず、相当と考えられる場合には積極的に助力するよう求めている。この規定は、和解の実施を促進する目的で1999年に新たに導入されたものであり、今日では刑事和解に関する手続法上の基本規定と解されている[20]。

Ⅲ　ドイツにおける刑法上の損害回復制度の運用実態

　以上のように、ドイツの判例は刑事和解の成立要件につき比較的厳格な解釈を行っていたが、それでは、和解が実際に行われる現場では、いかなる傾向が見られるのであろうか。損害回復を実体法にも手続法にも体系的・効果的に組み入れようとした立法者の狙いは、刑事和解の現場でも一定程度実を結んでいるといえるのであろうか。ここでは、①連邦司法省の委託による連邦レヴェルでの「犯罪行為者と被害者の和解」に関する統計報告書、とりわけ2016年に公刊された最新の2013年と2014年分の報告書（以下、原語に基いて連邦 TOA 統計と呼ぶ）[21] と、②ヴィンターとマットがまとめたブレーメン州の検察と裁判所の運用実態に関する研究調査[22] が参考になる。

1　連邦 TOA 統計

ドイツにおける刑事和解の運用状況については、連邦司法省の委託に基づいて、1993年以来、

---

19)　Vgl. Kilchling（Fn. 3）, 315, Meier（Fn. 6）, 441, Rössner & Klaus（Fn. 12）, 59.
20)　これら手続法上の規定の趣旨等については、加藤克佳「『行為者と被害者の和解』の手続的基礎と最近のドイツ刑事訴訟法改正」捜査研究587号（2000年）65頁以下を参照。
21)　Hartmann, A, Schmidt, M, Ede, K. & Kerner, H.-J, *Täter-Opfer-Ausgleich in Deutschland. Auswertung der bundesweiten Täter-Opfer-Ausgleichs-Statistik für die Jahrgänge 2013 und 2014*, Forum-Verlag, 2016, 1 ff.（http://www.bmjv.de/SharedDocs/Downloads/DE/PDF/Berichte/TOA_in_ Deutschland_2013_2014.pdf;jsessionid=DC2E72AE5E8C60570B2A764BFEAD0BD0.1_cid297?__ blob=publicationFile&v=1, 最終アクセス：2017年９月29日）.
22)　Winter & Matt（Fn. 3）, 73 ff.

チュービンゲン大学のハンス・ユルゲン・ケルナーを中心とした研究グループによって「連邦TOA統計」が作成されてきた[23]。連邦司法省の助成を受けて、仲裁者の育成等にも努めるTOAサービス事務所（TOA-Servicebüro）が研究グループと各和解施設とのパイプ役を積極的に果たし、①民間施設を中心に、②少年局・少年審判補助（Jugendämter und Jugendgerichtshilfen）に属する施設、③司法当局・裁判所補助（Soziale Dienste der Justiz und Gerichtshilfe）に属する施設がアンケート調査に参加している。調査への参加は各施設の任意であり、1993年には51あった参加施設が2007年には12施設まで一時落ち込んだ[24]。しかし、2009年以降は再び持ち直して、2014年調査では67施設が協力するに至っている。そのうち55施設が民間団体であり、和解の実施件数についても、調査参加施設全体の89.6%をこれらの団体が担っている[25]。

そこで、2014年の調査で報告された和解手続の実施状況を詳しく見てみると、合計7,393件、8,847人の被害者と8,577人の被疑者・被告人について、和解手続の実施が潜在的に可能な事例として把握されている[26]。これは、連邦刑事局による2014年の警察統計における約600万件の認知件数と比べた場合[27]、わずか0.12%にしか当たらない数字であり、必ずしも多いとはいえないであろう。さらに、被害者と加害者のいずれか一方に連絡がとれなかったり、あるいは一方が最初から参加を拒んだりした場合を除いて、実際に両者が対話ないし相互交渉プロセスに参加したのは3,614件である[28]。これは、適用相当事例のおよそ半分である。とりわけ、被害者から見た和解手続の意義を考える上では、調査対象となった被害者全体のうち、「和解手続に参加する用意がある」と答えた被害者の割合が57.8%と約半数であったことが重要である[29]。1996年の調査では、71%の被害者が「参加の用意がある」と答えていたことを考えると[30]、この間に和解という選択肢に対して被害者側の関心が低下してしまったことが伺える。

もっとも、当事者双方が和解手続への参加を表明した事案に限っていえば、合意の成立と合意内容の履行については、良好な結果が表れている。具体的には、両者が和解に参加した3,545件のうち88.1%の事案で、完全（83.6%）ないしは部分的な（4.5%）合意に至ったとする回答が得られている[31]。また、それらの中で被疑者・被告人側から回答が得られた1,844件の

---

23) 堀田晶子「ドイツにおける『加害者・被害者和解（TOA）』の現状」罪と罰53巻2号（2016年）63頁参照。

24) 同上。

25) TOA-Statistik（Fn. 21), 9.

26) Ebenda, 7.

27) Vgl. Bundeskriminalamt（BKA), Polizeiliche Kriminalstatistik 2014, 4（https://www.bka.de/DE/AktuelleInformationen/StatistikenLagebilder/PolizeilicheKriminalstatistik/PKS2014/pks2014_node.html, 最終アクセス：2017年9月29日).

28) TOA-Statistik（Fn. 21), 47.

29) Ebenda, 37.

30) Ebenda, 38, Fn. 55.

31) Ebenda, 52. ただし、被疑者・被告人からの回答に基くものである。

うち、87％の事案について、「完全ないしは部分的に履行された」と報告されている[32]。他方で、和解の試みが開始される時期に注目すると、7,052件中、起訴前が85.6％で、起訴から公判開始までの間が8.1％、公判期間中が２％、公判終了後が2.6％となっている[33]。実際に和解を提案するのも、検察官が72.4％と高い割合を占めており[34]、刑事司法上の取扱いとしても、和解が成功している場合は検察官が手続を打ち切る事例が多い[35]。これらの事実から、被害者と加害者の和解は、第一にダイバージョンの可能性として位置付けられ、その場面では一定程度機能しているといえることについては、併せて言及しておく必要があるであろう[36]。

　以上の諸点を考慮した場合、2011年と2012年を対象とする同統計報告書を紹介した堀田講師による総括がなお、ここでは妥当しているといえよう。すなわち、ドイツにおける和解実務の現状は、「TOA が加害者に対するダイバージョンの可能性の一つとして定着する一方で、TOA に対する被害者の関心は薄れつつあり、被害者と加害者の対等な立場を標榜する TOA の当初のスタンスは、翳りを帯びはじめている」と評価することができる[37]。

２　ブレーメン州の和解斡旋調査

　他方、和解手続の運用実績が上昇しない理由に関しては、被害者側の関心の低下に加えて、修復的司法の実効性に対する刑事司法関係者側の懐疑が指摘されており、注目される。

　ブレーメン州で和解の仲介に携わるフランク・ヴィンターとエドアード・マットは、刑事制裁を代替する回復的で治癒的な犯罪対応のあり方を支持し、一定の成果を上げながらも、修復的司法の潜在的な可能性はなお十分に発揮し尽くされていないと考えていた[38]。もっとも、加害者と被害者の和解の促進は、本来刑事訴訟法が求める法的な要請であるから、その実現は、むしろ関係する刑事司法諸機関からの仲裁施設への斡旋（Zuweisung）に依存していると推察されることになる。彼らは、従来から、和解仲介施設が紛争を認知できることが和解の実施にとって基本的な前提条件であると考えていたこともあって、手続移行の契機となる検察官と裁判官による斡旋の数に注目して調査分析を行った[39]。

　まず刑事訴訟法155条 a の第一の名宛人である検察官については、ブレーメン検察庁の中で

---

32)　Ebenda, 56.
33)　Ebenda, 17.
34)　Ebenda, 18.
35)　Ebenda, 59.
36)　堀田・前掲註（23）66頁も参照。
37)　堀田・前掲註（23）71頁。
38)　Winter & Matt（Fn. 3), 76. なお、彼らが関与しているブレーメンの和解仲裁団体は、1988年の設立後、近年では毎年約800件の仲裁を取りまとめており、そこには1,000人以上の被疑者・被告人と900人の被害者が参加している。
39)　Winter & Matt（Fn. 3), 74, 76.

比較的多くの事件を和解へと斡旋している３つの部にあっても、その斡旋数が2002年から2011年までの10年間に大きく変動していることが明らかになった[40]。また、そのような変化は犯罪の認知件数とは無関係に生じたものであった。さらに、検察官個人レヴェルでの斡旋数に注目すると、その数の相違がより顕著な形で現れた。すなわち、同一の部内において、片や６年の間に140件もの和解を斡旋した検察官がいる一方で、10年間で10件にも満たない件数しか斡旋していない者が何人もいることが分かった[41]。なお、各検察官には、被疑者・被告人の苗字の頭文字に応じて、あくまでも機械的に担当事件が割り振られており、担当事件の処理にかかる負担は総じて均等であるということも併せて言及されている。

　また、ブレーメン区裁判所の少年事件担当の裁判官たちに関する調査でも、同様の傾向が指摘されている。調査対象となった32名の裁判官のうち、４人の判事は毎年５件から15件の和解施設への斡旋を行っている一方で、10年間でわずか３件しか斡旋していない者が多くいると報告されている[42]。なお、ここでヴィンターとマットは、教育的配慮や保護者の同席など一部の例外を除けば、和解手続を進める可能性やその方法に関して、加害者が成人の場合と少年の場合でそれほど大きな違いはないという理解を前提としている[43]。

　以上の調査結果から、ヴィンターとマットは、大多数の刑事司法関係者が、和解の有する刑法上の積極的意義に対する個人的な留保からその活用を拒み、それが加害者と被害者の和解の適用拡大にとって大きな障害の一つになっていると結論づけている[44]。そして、聞き取り調査の結果も踏まえて、修復的司法の考え方が、ドイツの刑事司法関係者の間では、法の期待に反して極めて限定的にしか受け入れられていないとする見方を示している。多くの検察官や裁判官たちは、加害者と被害者の和解による事件処理をなお法治国家の枠外にあるものとして捉え、立法者によって認められた裁量の枠内において、和解の斡旋を行う必然性はそもそもないと解する者まで見受けられる。そこでは、刑罰が有する一般予防効果との結びつきが疑問視され、加害者と被害者の和解促進のための法的枠組みは、結局のところ「死せる法」に転じていると評価されている[45]。

Ⅳ　日本における加害者と被害者の和解プログラムの実践と制度化の必要性

　停滞を続けるドイツの刑事和解実務の現状に比べて、日本では修復的司法プログラムはどの

40）　Ebenda, 76.

41）　Ebenda.

42）　Ebenda, 77.

43）　Vgl. ebenda, 74.

44）　Vgl. ebenda, 77.

45）　Ebenda.

程度実践されているのであろうか。総じて言えば、加害者と被害者の和解を仲介する組織の数自体が少なく、全国的に展開するまでに至っていないのが現状である[46]。それゆえ、2004年に実施された比較的大規模な実務家調査では、加害者と被害者の和解の実践例はそれほど多くないとする認識が示されている[47]。

　しかしながら、NPOや弁護士会などいくつかの民間団体は、日本においても修復的司法プログラムの実践を継続的に積み重ねている。その代表例が、2001年に千葉県で設立された①NPO法人被害者加害者対話の会運営センター（以下、「千葉対話の会」）の取り組みであり、その他には、②岡山県弁護士会主宰の岡山仲裁センターや③兵庫県弁護士会犯罪被害者・加害者対話センターなどの活動が挙げられる[48]。

　このうち、千葉対話の会と岡山仲裁センターが比較的多くの実例を積み重ねている。もっとも、前者は対象を少年事件に限定しているのに対して、後者は損害賠償のADRに被害者の心の癒やしの要素を取り入れるものであって、成人事件も対象とする点で異なる[49]。しかしながら、いずれの取り組みにあっても、一方当事者およびその関係者からの申立と両当事者による参加への同意を前提として、本人ないしはその家族や代理人が、進行役や調停者をはさんで話し合いをもつ形がとられている。したがって、日本の現在の修復的司法プログラムは、その利用の有無から完全に任意的なものであって、従来の司法制度にとって代わるものではなく、あくまでもその機能を補充するものとして位置付けられている[50]。

　これに対して、刑事手続の内部においては、従来から、示談や被害弁償がダイバージョン的機能を果たすことで手続上の非犯罪化的効果を有しているということが、一般に知られている[51]。そして、このような実務上の取り扱いが、加害者による贖罪や被害者の損害回復を一定程度促していることもまた事実である。しかしながら、示談や被害弁償については、司法手続上、加害者の責任の軽減が中心的な関心事となり、「もっぱら加害者志向的に把握されている」点が、修復的司法との関連で問題とされている[52]。むしろ、被害者にとっては、被疑者・被告人側の弁護人による弁護活動によって二次被害を受ける危険が極めて大きいということさえ

46）　前野育三「修復的司法」犯罪社会学研究27号（2002年）23頁参照。
47）　樫村志郎＝辰野文理「実務家調査」細井洋子ほか編『修復的司法の総合的研究』（風間書房、2006年）356頁。
48）　宿谷晃弘＝安成訓『修復的正義序論』（成文堂、2010年）106、108頁参照。
49）　千葉対話の会については、山田由紀子「修復的司法のNPOからのアプローチ」細井洋子ほか編『修復的司法の総合的研究』（風間書房、2006年）116頁以下、岡山仲裁センターについては、高橋則夫『修復的司法の探求』（成文堂、2003年）64頁以下、高原勝哉「紛争処理仲裁センターにおける試み」細井洋子ほか編『修復的司法の総合的研究』（風間書房、2006年）125頁以下参照。
50）　前野・前掲註（46）20頁。
51）　高橋（則）・前掲註（49）63頁、山中（友）・前掲註（5）507頁。
52）　高橋（則）・前掲註（49）63-64頁。

指摘されている[53]。また、加害者にとっても、両当事者次第という「偶然性ゆえに、平等原則に反し」、かつ非犯罪化の効果が刑事司法機関の裁量に大きく依存しているため、法的安定性の面からも問題があるとされている[54]。それゆえ、日本の刑事司法における示談や被害弁償の考慮は、ドイツ型の加害者と被害者の和解プログラムと必ずしも同視できるものではない[55]。

　そこで、学説の一部では、示談や被害弁償を「加害者と被害者の和解」として法制度化することの必要性が唱えられている[56]。それにより、被害者への被害弁償の機会を確実なものにし、かつ加害者に対しても非犯罪化の効果についての判断基準を明確化するべきであるとされている。

　しかし、前述した日本の修復的司法プログラムに携わっている弁護士たちは、むしろ制度化には否定的な見方を示しており、刑事司法との関係では補足的な位置付けを維持するべきであると考えている[57]。そこでは、和解を刑事司法へ制度的に組み入れることの弊害の方が問題視され、特に「被害者が事実上対話を強制される」危険性が指摘されている[58]。対話の実践においても、進行役が「被害者に『物わかりのよい"いい子"』を演じさせ」てしまわないようにすることへの配慮が重視されており、被害者の真の任意性を担保することの難しさは経験上も示されているといえよう[59]。

　以上のことから、日本における修復的司法の実践者たちは、ドイツ刑法46条aのような加害者と被害者の和解の刑事司法への統合よりも、むしろドイツ刑事訴訟法155条aのような、司法機関が必要に応じて和解仲介施設に対話を委託する仕組みの導入を強く望んでいる[60]。

V　刑事司法と修復的司法の連携論に内在する制度的限界

　以上のように、ドイツと日本における実践からは、加害者と被害者の和解を既存の刑事司法に組み入れようとする場合、被害者の真意を損なわずに彼らの利益を充足するのは容易ではないということが明らかであろう。そして、このような事実的認識を背景として、ドイツ国内でも、刑法46条aの立法、つまり犯罪行為者と被害者の和解の「法律化」（Verrechtlichung）それ自体に無理があったのではないかを問う論者さえみられる[61]。このような見解とも関連し

53）　高原・前掲註（49）135頁。
54）　高橋（則）・前掲註（49）64頁。
55）　高橋（則）・前掲註（49）63頁。なお、宿谷＝安・前掲註（48）109頁も参照。
56）　例えば、高橋（則）・前掲註（49）64頁。
57）　山田・前掲註（49）122頁、高原・前掲註（49）136頁。
58）　山田・前掲註（49）123頁。学説上、この問題を指摘するものとして、瀬川・前掲註（2）579頁。
59）　山田・前掲註（49）122頁。
60）　前野・前掲註（46）23頁、山田・前掲註（49）123頁。

て、紛争解決過程の「法律化」とそれに対応する「非法律化」（Entrechtlichung）ないしは「脱形式化」（Entformalisierung）の現象については、法社会学者のグンター・トイブナーがかねてから批判的な考察を加えていた[62]。そこで、最後に、この2つの観点から、刑事司法と修復的司法との連携論が抱える原理的な制約を論じたい。

　まず、犯罪行為者と被害者の和解を刑事訴追に優先させようとするドイツ法の試みは、一面において犯罪対応の「脱形式化」の一つとして捉えることができる[63]。ドイツの関連立法の基礎にある修復的司法論が問題としたのは、まさしく犯罪事象の克服が一面的に「法形式化」されたことにより、人間同士の紛争が本来の生活関係から剥ぎ取られてしまったという点にあった[64]。それゆえ、和解による犯罪対応は、供述や立証の方法などが限定されている刑事訴訟に比べて、特に被害者の側から見た場合、より柔軟な関与を可能にする点で望ましいと考えられたのである。

　しかしながら、トイブナーは、このようなインフォーマルな紛争処理への回帰について、結果として紛争の成り行きを現に存在する力関係に委ねることになると警鐘を鳴らしていた[65]。ここでは、被害者が、被害や加害者と直ちに向き合うことについて、一般に心理的ハードルが高いとする指摘が想起される。このような観点からすると、結局のところ、「脱形式化」された紛争解決の方法を選択できるのは、ある程度、意思の強い被害者に限定されることになるといえるのではないだろうか。

　また、それ以上に問題なのは、和解の刑事司法への組み入れが、実のところインフォーマルな犯罪対応を「法律化」ないしは「形式化」しているということである。その結果、本来の利点である手続の進行や合意内容の柔軟性と任意的性格とをかえって失わせてしまう虞れが認められるのである。この点、ドイツ刑法46条aは、例外的とはいえ、被害者との合意が成立しない場合でも加害者が真摯に努力したことにも刑の減軽の可能性を認めている。その上で、刑事訴訟法上も155条aが刑事訴追機関に和解の斡旋を求めているので、これらが被害者への道徳的な圧力として作用する可能性は否定できない[66]。それらの事情を踏まえて、刑事政策学者のミヒャエル・クービンクは、刑罰に代わる損害回復は、被害者に犯罪事象克服への主体的な関与の可能性を与えるだけではなく、同時にそれに対して共同して責任を負わせるようにな

---

61)　Vgl. Maiwald, M, „Zur Verrechtlichung des Täter-Opfer-Ausgleich in §46a StGB", GA 2005, 339.

62)　Teubner, G, "Verrechtlichung", in: Kübler, F. (Hrsg.), *Verrechtlichung von Wirtschaft, Arbeit und sozialer Solidarität*, Nomos 1984, 289 ff.

63)　Dazu vgl. Zabel, B, "Strafrecht und Governance", JZ 2011, 619.

64)　Vgl. Teubner (Fn. 62), 296.

65)　Teubner (Fn. 62), 297.

66)　Kubink, M, "Das Prinzip der Selbstverantwortung", in: Hirsh, H. J. u. a. (Hrsg.), *Festschrift für Günter Kohlmann*, Verlag Dr. Otto Schmidt 2003, 61. Vgl. auch NK-Streng (Fn. 6), §46a Rn. 14.

ると指摘するのである[67]。

　前述したブレーメンの調査で見られた刑事司法関係者の和解に対する消極的態度にも、被害者の真意を犠牲にしてしまうかもしれないことへの躊躇が影響しているのではないだろうか。それに加えて、ドイツの判例が、とりわけ強姦罪の事案において46条aの適用に慎重であることと、合意文書に加えて被害者の真意を厳格に審査していることにも、このことは表れていると考えられる。

VI　おわりに

　本稿では、刑事実体法上も手続法上も各種の立法措置を講じて、犯罪行為者と被害者との和解の実現を促進しようとしたドイツの立法例について、和解実務の現状に注目して考察してきた。そこでは、立法者による一連の努力にもかかわらず、修復的司法の理念が、被害者たちから、あるいは刑事訴追を担う法律家たちから、当初の期待通りには受け入れられていないことが示唆される結果となった。とりわけ、被害者保護との関係では、和解の制度化の進展が、被害者に和解への参加を事実上強制することになる危険性が示されており、これらの懸念は、日本の修復的司法プログラムの実践者たちの間にも共通するものであった。それゆえ、ドイツ刑法のように、犯罪行為者と被害者の和解に量刑法上特別な位置付けを与えて、それを基礎として和解の実現を制度的に促そうとすることについてはなお慎重であるべきといえるであろう。

　翻って日本のこれまでの運用に目を転じてみると、周知の通り、示談の成立が微罪処分や起訴猶予、量刑等の各段階において裁量的に考慮されてきた。修復的司法プログラムに携わる現場の声をも総合して考えると、刑事司法の側から被害者の損害回復に配慮しようとする場合、被害者の意思を犠牲にすることなく、加害者に一定程度被害弁償への動機付けを与える日本型の運用は、最も現実的なあり方といえるのかもしれない。

---

　67)　Kubink（Fn. 66), 60.

（参考）　本文で参照した連邦 TOA 統計に基づくデータ（2014年分：筆者作成）

参加施設数	適用相当事件数	関係被害者数	被疑者・被告人
67	7,393	8,847	8,557

	参加意思あり	参加拒絶	所在不明／ 被疑者被告人の拒絶
被害者との接触 （7,950人）	57.8%	21.8%	20.3%
双方の和解参加	3,614件		

	完全	部分的	取下げ，中断，不成立
合意の成立（3,545件）	83.6%	4.5%	11.8%
合意の履行（1,844件）	87%		未完等：　12.9%

	起訴前	起訴後	公判期間中	公判終了後
和解手続の開始時期 （7,052件）	85.6%	8.1%	2 %	2.6%

	検察	少年審判補助	その他
和解の提案（6,052件）	72,4%	10,6%	17%

追悼記事

伊藤康一郎先生のご逝去を悼む

日本被害者学会理事長
太　田　達　也

　2017年8月25日、本学会理事で中央大学法学部教授の伊藤康一郎先生がご逝去されました。享年わずか62歳のあまりにも早過ぎる旅立ちでした。

　体調を崩され予てから闘病中でいらっしゃいましたが、大学に復職なさったと伺っていたので、昨年の本学会理事会への出欠の可否を尋ねたところ、「体調は良いのですが、完全な回復には至っていないので今回の理事会は欠席させていただきます」とのご返事を直接御本人から受け取っていただけに、まさかその3か月後に訃報に接するとは思いもよりませんでした。

　伊藤先生の業績は今更紹介するまでもありませんが、アメリカ犯罪学を中心に、リスク社会や犯罪予防

故　伊藤康一郎先生

論について研究を進めておられました。本学会においても、1995年の第6回大会（中央大学開催）において『犯罪に対する国民の被害不安感』と題する共同研究のパネリストを務められたのを皮切りに、1999年第10回大会（同志社大学開催）10周年記念シンポジウム『被害者学の軌跡と展望』パネリスト（「犯罪被害の社会学的考察」）、2004年第15回大会（早稲田大学開催）共同研究『被害者化予防の戦略（ストラテジー）』パネリスト（「被害者化予防の理論と課題」）、2011年第22回大会（同志社大学）個別発表「リスク社会と被害者」、2013年第24回大会（早稲田大学開催）シンポジウム『リスク社会における事故と被害者』パネリスト（「総論（事故と被害者）」）と、ほぼ5年おきに研究発表をされ、被害者学研究の第一人者としての地位を築いておられました。

　また、伊藤先生は、本学会の運営にも多大な貢献をされてこられました。記録が残る限り1996年には本学会の学会誌である『被害者学研究』の編集委員に就任されていますので、2015年までの実に20年の長きに亘って学会誌の編集にご尽力頂いたことになります。現在の『被

害者学研究』があるのは伊藤先生のお陰と言っても過言ではありません。私も、一時期、編集委員として伊藤先生とご一緒させて頂きました。成文堂さんの会議室で伊藤先生や編集委員会の先生方と談笑したことは楽しい思い出となっております。

2013年からは本学会の理事を務められ、現在、2期目に入っておられましたが、ついにその任期を全うすることなく旅立たれました。もう一度お元気になられて、あの福々しいお顔でにこやかにユーモアを語るお姿を見せて頂きたかったですが、それももう叶わぬ願いとなってしまいました。ここに慎んで哀悼の意を表し、心からご冥福をお祈りいたします。

合掌

シリーズ：被害者学各論（第21回）

批判的被害者学からみた改正性刑法の評価と今後の課題
——３年後を目処とした検討に向けて——

柴　田　　守

〔**Abstract**〕

In this article, I evaluate criminal law revised about the sexual crime from two viewpoints of critical victimology; reporting structural victimization of sexual violence, and protection of the victim. The features of the revised criminal law are:（１）making gender neutral,（２）taking countermeasures against sexual abuse,（３）making severe punishment,（４）Not having been required punishment intention as for the victim. However, the revised criminal law has problems such as the possibility of screening incidents and victims, the fact that female rapes cannot be punished as rape. These problems should be solved.

I think that the government has four tasks.（１）It is to introduce a system to stop statute of limitations to prosecute until childhood.（２）It is to prescribe rape between married couple in the criminal law.（３）It is to introduce rape shield law; this is to rule out the evidence on sexual itinerance by law.（４）Based on the idea of restorative justice, it is to make law to discipline mediation.

I　はじめに

1　本稿での問題設定

　刑法の一部を改正する法律（平成29年法律第72号）が、2017年６月16日に成立し、同月23日に公布され、７月13日に施行された。本法は、近年における性犯罪の実情等にかんがみ、事案の実態に即した対処を可能にするため、性犯罪に関する罰則の整備を行ったものである[1]。その主な内容は、（１）強姦罪の構成要件を拡張して強制性交等罪とすること、（２）強制性交等罪（強姦罪）

の法定刑の下限を懲役３年から５年に引き上げること、（３）強制性交等罪とすることに伴う改正（①準強制性交等罪（準強姦罪）の構成要件及び法定刑の見直し、②強制性交等致死傷罪（強姦致死傷罪）の法定刑の下限の引き上げ、③集団強姦罪及び集団強姦致死傷罪の廃止）、（４）監護者わいせつ罪及び監護者性交等罪を新設すること、（５）強盗強姦罪の構成要件等を改めて強盗・強制性交等罪とすること、（６）強制性交等罪などを非親告罪化することである［表１「改正性刑法と旧性刑法の対照表」参照］。

SHIBATA Mamoru　　　　Associate Professor, Department for General Education,Nagasaki Institute of Applied Science.

長崎総合科学大学共通教育部門准教授

1）　解説として、松田哲也＝今井將人「刑法の一部を改正する法律について」法曹時報69巻11号（2017年）211頁-309頁、今井將人「『刑法の一部を改正する法律』の概要」研修830号（2017年）39頁-54頁、同「性犯罪に対処するための刑法の一部改正」時の法令2036号（2017年）４頁-26頁、加藤俊治「性犯罪に対処するための刑法改正の概要」法律のひろば70巻年８号（2017年）52頁-63頁、同「性犯罪に対処するための『刑法の一部を改正する法律』の概要」刑事法ジャーナル53号（2017年）73頁-87頁、田野尻猛「性犯罪の罰則整備に関する刑法改正の概要」論究ジュリスト23号（2017年）112頁-119頁、岡田志乃布「刑法の一部を改正する法律について」警察学論集70巻10号（2017年）67

表 1 改正性刑法と旧性刑法の対照表

※ 上段が「改正後」、下段が「改正前」である。グレーで塗りつぶしをし、文字を太字で強調している欄が大きく変更された点である。なお、ここでは、条項が変更された（移動した）に過ぎないものについては注な変更としていていないことに留意されたい。

拙稿「顕在化する被害者を報じる意義―刑事政策・被害者学から見る刑法改正」新聞研究799号（2018年）40頁に加筆・修正した。

ところで、本法には、衆議院において、「政府は、この法律の施行後3年を目途として、性犯罪における被害の実情、この法律による改正後の規定の施行の状況等を勘案し、性犯罪に係る事案の実態に即した対処を行うための施策の在り方について検討を加え、必要があると認めるときは、その結果に基づいて所要の措置を講ずるものとする。」（附則9条）としたいわゆる検討条項が追加された。「必要があると認めるとき」という条件つきではあるが、「性犯罪に係る事案の実態に即した対処を行うための施策の在り方」に関する検討結果に基づいた更なる見直しの可能性が定められたと解される[2]。

本稿に関して、編集委員会からは、被害者学各論の1つとして「性犯罪罰則規定の見直し」というテーマで執筆するよう依頼いただいた。そこで、本稿は、「被害者学の視点」から、今回の刑法の一部改正により抜本的に見直された性犯罪罰則規定（以下では、これを「改正性刑法」とする。なお、それと対比するために、改正前の性犯罪罰則規定を「旧性刑法」とする。）が、どのように評価できるのかということに問題を設定し、それを踏まえて、施行後3年後を目処とした「性犯罪に係る事案の実態に即した対処を行うための施策の在り方」に関する検討に向けた課題の提示をしたいと思う[3]。

2　本稿が依拠する基本的な視座
──批判的被害者学

ただ、「被害者学の視点」と一口に言っても、様々な視点がある[4]。被害者学は、一般的に、違法行為によって権利利益の侵害を被った者を対象とし[5]、筆者も基本的な立場はそれに依拠している[6]。だが、性暴力・性犯罪に関する問題については、いわゆる主流派被害者学の視点からでは十分に評価することができない。批判的被害者学[7]

　　頁-91頁、堀田さつき「『刑法の一部を改正する法律』の概要について」捜査研究802号（2017年）2頁-15頁、北川佳世子「性犯罪の罰則に関する刑法改正」法学教室445号（2017年）62頁-68頁などがある。

2）　同様の捉え方として、角田由紀子「性犯罪法の改正─改正の意義と課題」論究ジュリスト23号（2017年）122頁。

3）　改正性刑法の意義と課題を論じたものとして、角田・前掲注2）120頁-127頁。また、解釈論や量刑論の課題を論じたものとして、樋口亮介「性犯罪規定の改正」法律時報89巻11号（2017年）112頁-118頁、橋爪隆「性犯罪に対処するための刑法改正について」法律のひろば70巻11号（2017年）4頁-15頁などがある。

4）　たとえば、A. カーメン（Andrew Karmen）は、政治イデオロギーによって被害者学の捉え方が異なることに着目して、その傾向を、「保守的な立場」（主に街頭犯罪による被害を中心にする）、「リベラルな立場」（街頭犯罪の領域を超えて、無責任な企業幹部や腐敗した官僚による犯罪被害まで含める）、「ラディカル／批判的／闘争的な立場」（公害企業、危険な職場のオーナーや管理職、詐欺的な広告主、暴力的な法執行機関、差別的な制度など搾取的・抑制的な関係による被害までをも含める）に分類する（Kermen, A., *Crime Victims: An Introduction to Victimology（6th Edition）*, Belmont, CA: Wadsworth, 2007, p. 17.）。なお、標題に示したとおり、本稿では「批判的被害者学」に依拠して論じているが、筆者が、政治的な理念やイデオロギーによる一方的な立場に立脚するわけではないことを付記しておく。

5）　日本被害者学会「日本被害者学会設立の趣旨」被害者学研究創刊号（1992年）69頁-72頁、瀬川晃『犯罪学』（成文堂、1998年）293頁、ゲルド・フェルディナンド・キルヒホッフ（常盤大学国際被害者学研究所編）『被害者学とは何か』（成文堂、2005年）19頁、拙稿「被害者という概念」被害者法令ハンドブック編纂委員会編著『被害者法令ハンドブック』（中央法規、2009年）7頁-8頁・11頁など。

6）　拙稿・前掲注5）11頁、拙稿「犯罪被害者をめぐる諸問題─被害者学」岡邊健編『犯罪・非行の社会学─常識をとらえなおす視座』（有斐閣、2014年）214頁-215頁。

7）　日本のテキストで批判的被害者学について解説したものとして、瀬川・前掲注5）318頁-319頁

の見地に立つべきである。なぜなら、この問題は、社会システムに存在する搾取的・抑圧的な関係から生じるパターン化された危害、すなわち「構造的被害（構造化〔潜在化〕された被害）」[8]に関することであるからだ[9]。この基本的な構図は、被抑圧側（搾取される側）が被害を社会に申告・告発したことに対して、抑圧側（搾取する側）がそれに反発するという、〈被害者像〉（特に、〈理想的な被害者像〉[10]）をめぐる攻防[11]であると解される。

〈被害者像〉は、人々の社会的相互作用のなかから生じるものであって、その意味は加工され、修正を受けて発展していく[12]。したがって、〈理想的な被害者像〉も、日々の解釈や社会の理解によって示される。たとえば、R. I. モービー（R. I. Mawby）とS. ウォークレイト（S. Walklate）は、フェミニズムに影響を受けた批判的被害者学を提唱する[13]。フェミニズムは、強姦、セクシャルハラスメント、ドメスティックバイオレンス、児童

虐待など、これまでまったく目を向けられてこなかった問題に着目し、被害者が存在することを明らかにした。フェミニズムは、近代的核家族や社会の男女関係のなかになお存在する男性優位主義の構造（家父長制）の問題性に着目し、社会階級、人種、ジェンダーなどによる社会的な抑圧関係から生じる危害の過程や、それがパターン化されている実情を指摘してきた[14]。日本被害者学会でも、「被害者とはだれか」[15]という核心をついた標題が掲げられ、「性別」という変数[16]に着目したジェンダーの視点から〈被害者像〉を捉え直すことの必要性[17]が絶えず正面から提起されていることは、まさに批判的被害者学的な視点の現れである。

性暴力・性犯罪の被害に関し、公的統計に現れている〈被害者像〉と、被害者調査（暗数調査）に現れている〈被害者像〉にギャップがあることは、被害者学や犯罪学において自明なことである[18]。そして、勇気をもって自身の性暴力被害の

（同「日本の被害者学の現状と展望―性犯罪被害研究を基点として―」同志社法学240号［46巻5号］（1995年）23頁-25頁）、拙稿「批判的被害者学」岡邊健編『犯罪・非行の社会学―常識をとらえなおす視座』（有斐閣、2014年）228頁、諸澤英道『被害者学』（成文堂、2016年）55頁-56頁（※同書では「ラディカル被害者学」と位置づけられている）などがある。

8 ）　Nagel. W.H., "Structural Victimization" *International Journal of Criminology and Penology Vol. 2* (1974), pp. 99-132. また、キルヒホッフ（常盤大学国際被害者学研究所編）・前掲注5）22頁-23頁。

9 ）　通常は主流派被害者学の立場であっても、構造的被害の問題については念頭に置いておく必要があるであろう（拙稿・前掲注5）8頁）。

10）　Christie. N., "The Ideal Victim", in Ezzat A. Fattah ed., *From Crime Policy to Victim Policy: Reorienting the Justice System*, Basingstoke: Macmillan, 1986, pp. 17-30. また、伊藤康一郎「理想的な被害者―ステレオタイプの構築と克服」法学新報118巻9＝10号（2012年）87頁-107頁参照。

11）　拙稿「顕在化される性暴力被害を報道する意義―刑事政策・被害者学の観点から」新聞研究799号（2018年）38頁-39頁参照。

12）　Miers, D., "Positivist victimology: a critique. Part 2: critical victimology", *International Review of Victimology Vol. 1, No. 3*（1990）, pp.219-230.

13）　Mawby, R. I. & Walklate, S., *Critical Victimology: International Perspectives*, London: Sage, 1994.

14）　Ibid, pp. 19-20.

15）　戒能民江「被害者とはだれか―『女性に対する暴力』と被害者学―」被害者学研究26号（2016年）4頁-14頁。

16）　戒能・前掲注15）14頁。

17）　岩井宜子「ジェンダー被害者学の必要性」被害者学研究24号（2014年）12頁-19頁。戒能・前掲注15）14頁。

18）　拙稿「性犯罪の非親告罪化と被害者保護」被害者学研究24号（2014年）38頁-41頁、拙稿・前掲注6）220頁-211頁参照。

経験を社会に申告する「被害者の声」[19]と、被害者の支援者や専門家によって紡がれた「集合の知」[20]が、補強証拠として構造化（潜在化）している事実を裏づける。いま我々が取り組むべき／取り組んでいることは、こうした構造化（潜在化）した性暴力の被害や被害者（固定化された社会構造から生じる危害やそれを被る人々）に着目して、法／社会を変革（整備）することによって、それらを顕在化させ、その被害者を保護していくことにある[21]。

そこで、本稿では、批判的被害者学の見地から、「構造化（潜在化）した性暴力被害の顕在化」と「性暴力被害者の保護」の２つをメルクマークにして、改正性刑法の評価を行い、今後の検討に向けた課題（再検討を要する課題や新たに検討すべき課題）の提示を行うこととする。

Ⅱ 改正性刑法の評価と課題

1 強姦罪の構成要件を拡張して強制性交等罪とすること

（1） 概要 旧性刑法の強姦罪では、「姦淫」（膣内に陰茎を入れる行為）のみが対象とされ、客体も「女子」に限定されていた。それに対して、改正性刑法では、「性交（＝姦淫）」のほかに、「肛門性交」（肛門内に陰茎を入れる行為）、「口腔性交」（口腔内に陰茎を入れる行為）にも対象を拡張して、自己又は第三者の陰茎を被害者の膣内等に入れる行為だけでなく、自己又は第三者の膣内等に被害者の陰茎に入れる／入れさせる行為も対象とした。また、主体・客体については、性別を問わないこととした（「男子」も含むこととした。）。

（2） 評価と課題 改正性刑法は、男子が女子にする行為だけでなく、女性が男性にさせる行為、男性が男性にする／させる行為にも対象を拡張したことで、ジェンダーニュートラル化が一歩進んだ。さらに、性別適合手術により形成された陰茎又は膣であっても、生来の陰茎や膣と実質的に変わりがないということができる場合もあり、強制性交等罪による処罰の対象とした[22]。

しかし、改正性刑法は、「陰茎」を入れる／入れさせる行為に限ったことにより、女性が女性にする／させる行為を対象外にした。ジェンダーニュートラル化という点では徹底したものではなかった。たとえば、あるインターネット調査の結果では、バイセクシュアルの女性の23.7％、同性愛の女性の15.3％が性暴力被害を経験したという報告[23]もあり、ここにも性暴力被害が潜在化していることに留意しなければならない。

ところで、改正性刑法の保護法益は、従来の通説的見解を踏襲し、性的自由ないし性的自己決定権であると説明されている[24]。しかし、それに対して、最近は、性（セクシュアリティ）ないし性

---

19) たとえば、小林美佳『性暴力被害にあうということ』（朝日新聞出版、2008年）、東小雪『なかったことにしたくない―実父から性虐待を受けた私の告白』（講談社、2014年）、山本潤『13歳、「私」をなくした私―性暴力と生きることのリアル』（朝日新聞出版、2017年）など。

20) 伊藤良子「ミニコミにみる性暴力の社会問題化」女性学年報34号（2013年）67頁-87頁。また、同「〈性暴力被害にあうこと〉をめぐるパフォーマティヴな語りの可能性」女性学研究22号（2015年）55頁-73頁参照。

21) たとえば性的虐待に関し、いまある法で解決できるではないかといった言説（たとえば、浅田和茂「性犯罪規定改正法案に至る経緯と当面の私見―本特集の趣旨―」犯罪と刑罰26号（2017年）６頁など）は、構造化（潜在化）した性暴力被害とその被害者の保護をどのようにするのかという問題に直接向き合っていない（現実に目を閉じている）と思われる。

22) 今井・前掲注１）［時の法令2036号］９頁。

23) 毎日新聞2017年９月25日東京夕刊10面。

24) もっとも、その根底には「貞操」の観念があること（たとえば、小野清一郎『新訂刑法講義各論』（有斐閣、1949年）131頁、団藤重光『刑法綱要［第３版］』（有斐閣、1990年）310頁、大塚仁『刑法各論〈上巻〉』（青林書院新社、1968年）198頁、西原春夫『犯罪各論［第２版］』（筑摩書房、1983年）176頁など）を指摘したものとして、森川泰剛「強姦罪について考えるために」琉大法学60号（1998

的尊厳（人格的統合性）であるとする見解も有力に主張されている[25]。また他方で、「魂の殺人」である性犯罪の特質を表す形で性的自由ないし性的自己決定権を捉え直す見解として、「身体的内密領域を侵害しようとする性的行為に対する防御権という意味での性的自己決定権」[26]も主張されている。いずれにしても、性犯罪の特質を念頭に置き、性犯罪が被害者の尊厳を（も）侵害する犯罪であるという認識は、実務でも学説でも一般的になりつつある[27]。そうであるならば、なぜ「陰茎」に固執する必要があるのだろうか。

改正性刑法が世界の趨勢にあわせてジェンダーニュートラル化へ舵を切った以上は、真のジェンダーニュートラル化に向けて再度見直しが行われるべきであろう。改正性刑法では、（旧性刑法と同様に）強制性交等罪と強制わいせつ罪の2つの基本類型が定められているが、真のジェンダーニュートラル化を目指すのであれば、前者については「性的侵入（挿入）罪」に、後者については「性的接触罪」に改めることが望ましい[28]。「性的侵入（挿入）罪」については、陰茎に限定することなく、その他の身体部分や物を膣内、肛門内ないし口腔内に入れる／入れさせる行為にまで広げて適用できるようにするべきであろう[29]。

年）14頁、同「規範のゆがみと強姦罪の解釈」琉大法学68号（2002年）28頁、角田由紀子「女性にとって性的自由・自立とは」東京・強姦救援センター編『レイプクライシス—この身近な危機』（学陽書房、1990年）40頁、同・前掲注2）122頁、島岡まな「性犯罪の保護法益及び刑法改正骨子への批判的考察」慶應法学37号（2017年）21頁-22頁。また、判例のそうした傾向を指摘するものとして、杉田聡編著『逃げられない性犯罪被害者—無謀な最高裁判決』（青弓社、2013年）112頁-114頁。

25) 斉藤豊治「性暴力犯罪の保護法益」齋藤豊治＝青井秀夫編『セクシュアリティと法』（東北大学出版会、2006年）246頁、中里見博『ポルノグラフィーと性暴力—新たな法規制を求めて』（明石書店、2007年）226頁、辰井聡子「『自由に対する罪』の保護法益—人格に対する罪としての再構成」岩瀬徹ほか編集代表『刑事法・医事法の新たな展開（上）—町野朔先生古稀記念』（信山社、2014年）411頁、和田俊憲「鉄道における強姦罪と公然性」慶應法学31号（2015年）264頁、川崎友巳「性犯罪に関する刑法改正」被害者学研究27号（2017年）106頁-107頁（なお、被害実態に最も近い暴行・傷害罪に類似した形で「性的暴行罪」として構成することを提案する見解として、木村光江「強姦罪の理解の変化—性的自由に対する罪とすることの問題性」法曹時報55巻9号（2003年）14頁-16頁、同「性犯罪の法的規制と性的自由に対する罪」岩瀬徹ほか編『刑事法・医事法の新たな展開（上）—町野朔先生古稀記念』（信山社、2014年）437頁）。しかし、性（セクシュアリティ）ないし性的尊厳（人格的統合性）と解する見解に対して、人格という概念の不明確さや処罰範囲を拡張する危険性などを指摘し、「自己の身体を性的に利用されない自由」という意味で性的自由を保護法益と捉える立場として、佐伯仁志「刑法における自由の保護」法曹時報67巻9号（2015年）33頁・37頁。同様に、観念的な曖昧さを指摘する見解として、井田良「性犯罪の保護法益をめぐって」研修806号（2015年）7頁。

26) 井田・前掲注25）8頁、島岡・前掲注24）24頁。

27) 辰井聡子「刑法における人の『尊厳』—価値を論じるために」法学セミナー748号（2017年）25頁-26頁参照。

28) 斉藤豊治「性刑法の改革と課題」犯罪と非行26号（2016年）67頁。なお、これと同様に、性犯罪の保護法益を人格的統合性と解する見地から、強制性交等罪については「人格的統合性を侵害する犯罪」に、強制わいせつ罪については「人格的統合性を動揺させる（人格的領域の廉潔性を侵害する）犯罪」と捉える主張がなされている（和田・前掲注25）265頁）。立法論として、人格的統合性に与える衝撃の強さは一定の指標になりうると説明されているが、改正性刑法の解釈論としては支持されるものの、立法論として両罪を区別する構成要件としては技術的に難しく、不明確になるのではないかと思われる。

29) 島岡・前掲注24）29頁は、「『性交等』を『男性の陰茎』の女性器、肛門、口腔への挿入に限ったことは、家父長制度下で男系の血統の維持を目的としていた従前の強姦法の考え方を引きずったもので、処罰範囲を不当に狭めるものである」と痛烈に批判する。「先進諸外国では、既に1980年代に

真のジェンダーニュートラル化に向けて強制性交等罪の構成要件をさらに拡張することを検討するのであれば、それを想定した被害者調査（暗数調査）を実施しなければならない。内閣府男女共同参画局が3年おきに実施している「男女間における暴力に関する調査」は、「異性から無理やりに性交された経験」について質問をするが、この質問に関しては「女性のみ」を対象としている。被害の実情を分析するためにも、ジェンダーニュートラルな形でセクシュアリティも変数に入れた性暴力被害に関する特別な調査を、政府が実施することが望まれる。

2 強制性交等罪の法定刑の下限の引き上げ

(1) 概要 旧性刑法では、強姦罪の法定刑の下限は懲役3年であった（2014年の刑法改正により懲役2年から懲役3年に引き上げられた。）。それに対して、改正性刑法では、強制性交等罪の法定刑の下限が懲役5年に引き上げられた。これは、強姦罪の量刑の現状や、強姦罪の悪質性・重大性に対する社会の評価などから、強姦罪の法定刑の下限が低きに失しており、国民の意識と大き

く乖離していると評価されたためである。

(2) 評価と課題 強制性交等罪（強姦罪）の法定刑については、社会意識や価値尺度の問題として、強盗罪のそれよりも軽いことが批判されてきた[30]。今回行った強制性交等罪の法定刑の下限の引き上げについては、改正を審議する過程で強姦罪の量刑の現状などについて確認していることからも、実務上評価済みであることを確認した上での当該犯罪に対する価値判断の変化に基づいた評価変更を行ったもの[31]と解される。

しかし、それに対して、法定刑の下限の引き上げに警鐘を鳴らす立場もある。そのうち、批判的被害者学から見て注目される主張が、いわゆる被害者（事件）の選別化論[32]や重罰化（厳罰化）のパラドックス論[33]と位置づけられるものである。これは、合意ではないが、性交に対して被害者の反抗が著しく困難であったとまではいいがたいような限界事例について、重い刑罰に見合わないとして処罰対象からはずされるのではないかという推察である[34]。特に、デートレイプなどのような面識ある者による事例が泣き寝入りを強いられてしまうという懸念[35]もある。強制性交等罪の事実

そのような古い考えを脱却し、強姦被害者の心身の完全性を保護法益とし、男女を問わず被害者個人の精神的・身体的尊厳をも害する支配的かつ暴力的行為と広く捉え、陰茎のみならずそれ以外の異物の挿入等も性的暴行と評価するに至っている。身体への挿入を伴うより重い類型を設ける場合が多いが、挿入するものを陰茎に限る立法例は、まず存在しない」と主張する。だが他方で、「性器や肛門への異物の挿入は類型的にそこまで法益侵害性があるかは疑問である」との反対論もある（佐藤陽子「性犯罪」法学教室418号（2015年）26頁）。

30) たとえば、島岡まな「性犯罪の重罰化」法学セミナー772号（2015年）40頁は、「強姦関連犯罪の法定刑は強盗関連犯罪のそれより明らかに軽く、女性の性的自己決定権が財産以下であるかのように見える」と批判する。なお、井田・前掲注25）9頁は、「現行法への批判の基礎にあるものは、法定刑は被害法益の価値尺度であり、法が被害法益にどれだけの重みを認めているかという法の価値決定がそこに示されているという基本的な考え方であり、それ自体は正当な核心をもっている」とする。その他、島岡まな「ジェンダーと現行刑法典」現代刑事法47号（2003年）15頁参照。

31) 樋口・前掲注3）112頁参照。井田・前掲注25）9頁は、「法定刑という、法の示す被害法益の価値尺度にも反映させる法改正」と評価する。なお、改正性刑法での法定刑の下限の引上げは2004年の刑法の一部改正の時と同様であるというのが、筆者の見解である（松尾浩也「最近の刑事立法」日本学士院紀要68巻2号（2013年）189頁参照）。

32) 嘉門優「法益論から見た強姦罪等の改正案」犯罪と刑罰26号（2017年）23頁。2004年の刑法の一部改正に関する同様の指摘として、宮園久栄「法定刑の引き上げと強姦罪―ジェンダーの視点から」法学新報113巻11＝12号（2007年）609頁-610頁。

33) 斉藤・前掲注28）70頁-71頁。

34) 嘉門・前掲注32）23頁。

認定に慎重になる可能性が少なくなく[36]、法執行機関にとって、重すぎる刑罰はかえって使いづらいとの指摘[37]もある。さらに、（強制性交等の）行為者が顔見知りであるなどの事情で、相対的に軽い処分で事件を終結させることを望む被害者はますます訴えにくい状況になるのではないかという懸念[38]も示されている。

重罰化（厳罰化）によって、仮に被害者（事件）の選別化が実務上進んでしまうことや、被害者が被害を申告しづらい状況ができてしまうことは、構造化（潜在化）した性暴力被害の顕在化という面から評価される改正性刑法の意義が減殺されてしまう。それは、批判的被害者学から見ても、まさにパラドックスである。そもそも強盗罪の法定刑が高すぎるとの指摘[39]もある。「この法律による改正後の規定の施行の状況」を確認するためにも、強制性交等罪等の刑罰の下限の引き上げや非親告罪化などの影響によって不起訴事案やその理由にどのような変化があるか／ないか（たとえば、デートレイプなどが除外されないか、起訴や量刑判断に関する示談の影響力にどのような変化があるかなど）を詳細に検証することが求められる。

3 強制性交等罪とすることに伴う改正
(1) 概要
①準強姦罪の構成要件及び法定刑の見直し 旧性刑法の準強姦罪は、その構成要件、法定刑及び罪名について強姦罪と同様の見直しがなされ、改正性刑法では準強制性交等罪に改められた。
②強制性交等致死傷罪（強姦致死傷罪）の法定刑
の下限の引き上げ 旧性刑法では、結果的加重犯である強姦致死傷罪の法定刑の下限は懲役5年であったが、改正性刑法では、強制性交等罪の法定刑の下限の引き上げにあわせて、強制性交等致死傷罪の法定刑の下限が懲役6年に引き上げられた。
③集団強姦罪及び集団強姦致死傷罪の廃止 改正性刑法では、強制性交等罪と強制性交等致死傷罪の法定刑の下限が引き上げられたことにより、集団強姦罪及び集団強姦致死傷罪は廃止された。これは、強制性交等罪の法定刑の下限が集団強姦罪のそれを上回り、また、強制性交等致死傷罪の法定刑の下限が集団強姦致死傷罪のそれと同一になったことにより、集団的形態による強制性交等の悪質性・重大性については、改正性刑法の法定刑の範囲内で十分に考慮し、適切な量刑を行うことができると考えられたためである。

(2) 評価と課題
強制性交等罪の法定刑の下限の引き上げにあわせて、強制性交等致死傷罪の法定刑の下限が引き上げられたことにより、その結果、集団強姦罪及び集団強姦致死傷罪が廃止されたことに対しては、刑法が違法評価規範でもあること（行為規範性）から、集団的形態の強制性交等が単独的形態よりも強く非難されるものであることを明示しなければならないとの批判[40]がなされている。集団的形態の強姦罪に関する旧性刑法の歴史を少しひもとけば、それは、その処罰の必要性から、1958年のいわゆる暴力関係立法によって親告罪の例外規定化（非親告罪化）され[41]、さらにその後、集

---

35) 宮園・前掲注32) 609頁-610頁。
36) 斉藤・前掲注28) 70頁。
37) 斉藤・前掲注28) 71頁。
38) 本庄武「性犯罪規定の見直し―改正案の思想は一貫しているか」法律時報88巻5号（2016年）102頁。
39) 佐伯・前掲注25) 38頁。論者は、強盗罪の法定刑の下限の引き下げを提唱する。
40) 安部哲夫「性刑法の改革と被害者の視点」被害者学研究26号（2016年）3頁。論者は、そもそも、日本の法制度が、集団性がもたらす罪質の重さに（一部の特別刑法（たとえば、暴力行為等処罰法）を除いて）対応しきれていないと批判する。
41) 河井信太郎「刑法、刑事訴訟法の一部の改正・暴力関係立法について」法曹時報10巻5号（1958年）51頁-57頁参照。

団犯罪をより重く処罰すべきであるという社会的風潮が形成されたことや、強姦罪は強制わいせつ罪に比べて共犯形態の割合が高いことなどから、2004年の刑法等の一部改正によって枝条文（刑法178条の2）として集団強姦罪等が新設されたという背景がある[42]。それは、単に重罰化（厳罰化）しようという意図だけではなかったのである。集団的形態の犯行については、改正性刑法によって重罰化（厳罰化）の必要性が低下したにせよ、その割合が高いことに変わりがないこと[43]、その悪質性・重大性の評価にも変化が生じていないと認識されていること[44]などにかんがみれば、再度規定することを改めて検討するべきであろう。

4 監護者わいせつ罪及び監護者性交等罪の新設

(1) 概要　改正性刑法では、18歳未満の者を現に観護する者（監護者）が、その影響力があることに乗じてわいせつな行為又は性交等をした場合について、強制わいせつ罪又は強制性交等罪と同様の法定刑で処罰する規定（監護者わいせつ罪及び監護者性交等罪）が新設された。これは、18歳未満の性的虐待に関し、暴行・脅迫が用いられず、また、抗拒不能等に当たらないとしても、強

制性交等罪などと同等の悪質性・当罰性が認められると考えられることから、実態に即した対処をするために新設されたものである。

(2) 評価と課題　旧性刑法で捕捉できない場合に児童淫行罪（児童福祉法31条1項6号）で補足[45]してきた13歳以上18歳未満の年齢層の性的虐待に対して、監護者わいせつ罪・監護者性交等罪を適用することができるようにしたこと（なお、13歳未満の子（被監護者）に対する犯行には、現に観護する者であることによる影響力があることに乗じたか否かを問わずに、強制わいせつ罪・強制性交等罪を適用することができる[46]。）は、適切な刑事法的対応を一歩進めたものと評価される。性的虐待は、親密圏において圧倒的な力関係の差の下に生じ、滞在化しやすいものであるから、被虐待児の保護を最優先に、児童の一時保護（児童福祉法33条）と併用して、積極的逮捕政策を採ることも視野に入れてよいのではないだろうか[47]。

今後、関係性を焦点にあてて性犯罪を規定していくのも1つの考え方である（たとえば、教師と生徒関係／スポーツのコーチ等と選手の関係を利用した性的行為に関する規定などを創設することが望ましい[48]）。性交同意年齢を引き上げるべきであるという主張[49]との関係からも、監護者わいせつ罪・

---

42)　松本裕＝佐藤弘規「刑法等の一部を改正する法律について」法曹時報57巻4号（2005年）59頁-61頁参照。

43)　犯罪者プロファイリングの観点から、日本の集団的形態による強姦事件の特徴を分析したものとして、平間一樹ほか「日本における複数犯による強姦事件の特徴―単独犯、2人組、3人以上の集団の比較―」警察庁科学警察研究所報告66巻2号（2017年）11頁以下がある。また、法務省法務総合研究所『〔研究部報告55〕性犯罪に関する総合的研究』（2016年）の「性犯罪者の類型別の実態」（98頁-118頁）を参照。

44)　今井・前掲注1）［時の法令2036号］12頁。

45)　刑事比較法研究グループ「比較法からみた日本の性犯罪規定」刑事法ジャーナル45号（2015年）160頁参照。なお、被害児童の自発的な行動を誘発するという趣旨の規定によって対応することに疑問を呈するものとして、岩井宜子「基調講演『今後の日本の性犯罪規定のあり方を展望する』」専修大学今村法律研究室報56号（2012年）5頁。

46)　今井・前掲注1）［時の法令2036号］17頁。

47)　拙稿「平成27年版犯罪白書ルーティン部分を読んで」罪と罰53巻1号（2015年）34頁では、「被虐待児の保護を図る場合、被虐待児の一時保護が優先される選択肢ではあるが、被虐待児の保護を最優先に考えるならば、場合によっては虐待者を検挙して被虐待児から引き離すことも選択肢の1つとして積極化していくべきと思われる」と示した。

48)　平川宗信『刑法各論』（有斐閣、1995年）197頁、拙稿・前掲注10）38頁。

40 —— 被害者学研究　第28号（2018年3月）

監護者性交等罪を適用した／できなかった事案（不起訴事案を含む。）を実体法・手続法の観点から詳細に検証することが必要不可欠であろう。

5　強盗強姦罪の構成要件等を改めて強盗・強制性交等罪とすること

（1）　概要　旧性刑法では、強盗犯人が強姦をした場合（強盗犯人強姦型）には強盗強姦罪（無期懲役又は7年〜20年の有期懲役）が成立するものとされていたが、強姦行為後に強盗の犯意を生じて強盗をした場合（強姦犯人強盗型）には強姦罪と強盗罪の併合罪（5年〜30年の有期懲役）が成立するものとされていた。それに対して、改正性刑法では、強盗の行為と強制性交等の行為との先後関係を問うことなく、同一の法定刑で処罰することができるよう、強盗強姦罪の構成要件等を改めて強盗・強制性交等罪とした。

（2）　評価と課題　強制性交犯人強盗型の犯行類型について、強盗犯人強制性交型の犯行類型と同一の構成要件・法定刑にしたことは、先後関係の争点化を避ける点で、捜査や公判における被害者の負担は軽減するものと思われる。

6　非親告罪化

（1）　概要　旧性刑法では、強姦罪、準強姦罪、強制わいせつ罪及び準強制わいせつ罪は親告罪とされていた。それに対して、改正性刑法では、これらの親告罪規定を廃止して、非親告罪化した（あわせて、わいせつ・結婚目的に係る略取・誘拐罪等についても非親告罪とした）。これは、親告罪であることにより、かえって被害者に精神的な負担を生じさせていることが少なくない状況に至っていることなどから、被害者の精神的な負担を解消することを目的としたものである。

（2）　評価と課題　旧性刑法の親告罪規定については、これまでに、被害者に告訴取消しを迫るなどの被害者の精神的負担に関する問題[50]のほかに、立法背景に関する問題[51]、告訴権者や告訴能力に関する問題[52]などがあり、性暴力被害の潜在化につながっていた。非親告罪化により、性暴力被害の顕在化につながること、特に、性的虐待に対して告発が捜査の端緒となって刑事的介入につながることが期待される。

なお、非親告罪化すると、被害者の心情に反した捜査や起訴が行われるのではないかという懸念[53]も一部にはある。だが、現状の法運用から考えると、基本的にはそれはないのではないかと推察される。なぜなら、被害者の心情を無視して公判を維持していくことが難しいからである。密室で行われることが多い性犯罪は、客観証拠が乏しい場合が多く、被害者の供述がとても重要になり、公判においても、被害者の証言が求められる

---

49)　たとえば、義務教育修了後の15歳-16歳程度まで引き上げる提案として、島岡・前掲注30）42頁、井田良「性犯罪処罰規定の改正についての覚書」慶應法学31号（2015年）56頁。

50)　拙稿「性犯罪の親告罪規定と公訴時効」女性犯罪研究会編『性犯罪・被害―性犯罪規定の見直しに向けて』（尚学社、2014年）168頁-169頁、拙稿・前掲注18）31頁-35頁。

51)　角田由紀子『性と法律―変わったこと、変えたいこと』（岩波書店、2013年）164頁、金塚彩乃「女性に対する性暴力」林陽子編著『女性差別撤廃条約と私たち』（信山社、2013年）112頁、拙稿・前掲注47）169頁-170頁、拙稿・前掲注18）35頁-37頁。

52)　拙稿・前掲注47）170頁-173頁、拙稿・前掲注18）37頁-43頁。

53)　たとえば、「『性犯罪に対処するための刑法の一部改正に関する諮問』に対する刑事法研究者の意見」刑事弁護86号（2016年）116頁〔呼びかけ人・浅田和茂ほかを含め賛同者72名〕は、「非親告罪化した場合、被害者が告訴するかどうか迷っているうちに、その意向を十分に確認することなく捜査および訴追が進められていく可能性は否定できない」と指摘する。また、浅田・前掲注21）7頁は、「強姦罪等の被疑者が自白した余罪（強制わいせつ罪・強姦罪・準強制わいせつ罪・準強姦罪およびそれらの未遂）の被害者が否応なく証人として事情聴取され証言を強制され得ることになること」を理由に非親告罪化を批判する。

場合がある。したがって、警察や検察は、捜査過程において被害者との信頼関係を構築し、信用性のある詳細で具体的な供述を捜査段階で得ておかなければならず、また、公判でも証言できるように支援し続けることが必要不可欠であるからだ[54]。

だが、もし万が一被害者の心情に反した捜査や起訴が行われれば、構造化（潜在化）した性暴力被害の顕在化への期待が一転し、失望（性暴力被害の潜在化）につながる。衆議院及び参議院の両法務委員会は、「起訴・不起訴等の処分を行うに当たっては、被害者の心情に配慮するとともに、必要に応じ、処分の理由等について丁寧な説明に努めること」を決議しており、被害者の心情に配慮した形になるよう、刑事司法機関の徹底した意識化が必要不可欠である。そうした趣旨をさらに手続法か被害者支援法に規定するか否か[55]は、その後の改正性刑法の施行の状況をみて検討する余地があるだろう。いずれにしても、改正性刑法の施行後に被害者の心情に反した捜査や起訴が行われていないか否かを多角的に検証する必要がある。

Ⅲ　再度検討するべき課題

性犯罪の罰則整備に関する刑法の一部を改正する法律案が国会に提出されるまでには、内閣府の女性に対する暴力に関する専門調査会（2011年5月〜2012年7月。以下、「専門調査会」とする。）、法務省の性犯罪の罰則に関する検討会（2014年10月〜2015年8月。以下、「検討会」とする。）、法制審議会・刑事法（性犯罪関係）部会（2015年11月〜2016年6月）などにおいて専門的な議論がなされてきた［表2「専門調査会、検討会等での主な議事」参照］。特に、性犯罪の罰則に関する検討会では、様々な論点が挙げられ、議論された［表3「性犯罪の罰則に関する検討会での論点」参照][56]が、法務省は、検討会の取りまとめを受け、法改正を要するとの意見が多数であった事項（上記の改正性刑法の内容）について法制審議会に諮問した。

以上の過程において、改正や創設が見送られたもののうち、暴行・脅迫要件の緩和・削除、公訴時効停止制度の導入、教師や指導者の性交等罪・わいせつ罪の創設、性交同意年齢の引き上げなどについては、もう一度被害者や世間の声を聞いて実態を把握し、再度検討されるべきであろう[57]。

---

54)　田中壽寿子『性犯罪・児童虐待捜査ハンドブック』（立花書房、2014年）10頁参照。また、改正性刑法を踏まえた性犯罪捜査について、山本昭弘「性犯罪の重罰化等に係る刑法の一部改正と警察の対応について」警察学論集70巻11号（2017年）34頁-45頁、同「被害者の心情に配慮した性犯罪捜査の推進について」捜査研究803号（2017年）39頁-45頁、山本昭弘＝砂田武俊「警察における性犯罪に係る取組について」法律のひろば70巻11号（2017年）21頁-26頁。

55)　なお、検討会では、「被害者の意思を尊重するための制度的な担保」を置くかどうかを検討したが、設ける必要はないという方向でまとまった（性犯罪の罰則に関する検討会『性犯罪の罰則に関する検討会』取りまとめ報告書」（2015年）6頁（http://www.moj.go.jp/content/001154850.pdf［2018年2月6日最終確認］））。だが、私見は、手続法か被害者支援法にそうした趣旨の規定を盛り込むべきと考える（北海道新聞2015年2月16日10面）。

56)　性犯罪の罰則に関する検討会・前掲注55）。検討会の役割や課題を解説したものとして、皆川満寿美「政策が動くとき―法務省『性犯罪罰則検討会』」女性展望672号（2015年）8頁-11頁。

57)　取りまとめ報告書及び法制審議会への諮問の概要について、岡田志乃布『性犯罪の罰則に関する検討会』取りまとめ報告書について」警察学論集69巻1号（2016年）115頁-125頁、藤乗一道「性犯罪の罰則の在り方の見直しについて」立法と調査373号（2016年）23頁-31頁参照。これらの経緯についてまとめたものとして、浅田・前掲注21）3頁-5頁参照。なお、検討会の検討事項に関する考察として、佐藤・前掲注29）26頁-27頁、諮問の具体的内容に関する反対意見として、前掲注53）〔「性犯罪に対処するための刑法の一部改正に関する諮問」に対する刑事法研究者の意見〕114頁-118頁、浅田・前掲注21）6頁-9頁がある。

表 2 　専門調査会、検討会等での主な議事

		開催日	主な議事
女性に対する暴力に関する専門調査会	第55回	2011年 5 月31日	ヒアリング ○産婦人科医療の現場における性暴力被害者支援 ○女性に対する暴力被害者支援における地域の関係機関の連携と課題
	第56回	2011年 6 月17日	ヒアリング ○加害者更生と予防教育
	第57回	2011年 9 月12日	ヒアリング ○性暴力被害を相談しやすい体制へ向けたメディア戦略 ○女性に対する暴力をめぐる国際的動向
	第58回	2011年10月 5 日	ヒアリング ○警察における性犯罪被害者支援 ○民間支援団体における性暴力被害者への総合的支援
	第59回	2011年10月31日	ヒアリング ○精神科診療及び心理臨床施設における性暴力被害者支援 ○男女共同参画センターにおける性暴力の相談　○犯罪被害者等相談窓口における性犯罪被害者支援
	第60回	2011年11月28日	ヒアリング ○性暴力被害当事者からの報告　○性犯罪被害者のプライバシーと刑事司法上の問題点
	第61回	2011年12月15日	ヒアリング ○強姦罪見直しに係る論点ごとの現状と検討の方向性 ○強姦罪の見直しなど性犯罪に関する罰則の在り方の検討
	第62回	2012年 2 月13日	ヒアリング ○強姦罪見直しに係る論点の整理　○性犯罪の適正な処罰と予防
	第63回	2012年 3 月15日	ヒアリング ○指導的立場の者による性犯罪の防止〜スクール・セクシャル・ハラスメントの実態 と防止の必要性〜 ○韓国における性犯罪被害者支援及び性犯罪関連施策
	第64回	2012年 4 月23日	ヒアリング ○第 3 次男女共同参画基本計画「第 2 部第 9 分野 3 性犯罪への対策の推進」の取組状況等
	第65回	2012年 6 月 4 日	報告書の検討
	第66回	2012年 7 月 2 日	報告書の検討
	第67回	2012年 7 月 9 日	報告書の検討

		開催日	主な議事
性犯罪の罰則に関する検討会	第 1 回	2014年10月31日	検討の対象とする論点について
	第 2 回	2014年11月21日	ヒアリング
	第 3 回	2014年11月28日	ヒアリング
	第 4 回	2014年12月24日	第 2 「性犯罪を非親告罪とすることについて」 第 3 「性犯罪に関する公訴時効の撤廃又は停止について」 第 1 の 7 「配偶者間における強姦罪の成立について」
	第 5 回	2015年 1 月29日	第 1 の 7 「配偶者間における強姦罪の成立について」 第 1 の 2 「強姦罪の主体等の拡大」 第 1 の 3 「性交類似行為に関する構成要件の創設」
	第 6 回	2015年 2 月12日	第 1 の 4 「強姦罪等における暴行・脅迫要件の緩和」 第 1 の 5 「地位・関係性を利用した性的行為に関する規定の創設」 第 1 の 6 「いわゆる性交同意年齢の引上げ」
	第 7 回	2015年 2 月27日	第 1 の 1 「性犯罪の法定刑の見直し」 第 4 「刑法における性犯罪に関する条文の位置について」
	第 8 回	2015年 3 月17日	第 2 「性犯罪を非親告罪とすることについて」 第 3 「性犯罪に関する公訴時効の撤廃又は停止について」 第 1 の 2 「強姦罪の主体等の拡大」 第 1 の 3 「性交類似行為に関する構成要件の創設」
	第 9 回	2015年 4 月24日	第 1 の 1 「性犯罪の法定刑の見直し」 第 1 の 4 「強姦罪等における暴行・脅迫要件の緩和」及び第 1 - 5 「地位・関係性を利用した性的行為に関する規定の創設」について　＊論点相互の関連検討 第 1 の 6 「いわゆる性交同意年齢の引上げ」
	第10回	2015年 5 月28日	第 1 の 2 「強姦罪の主体等の拡大」、第 1 - 3 「性交類似行為に関する構成要件の創設」と第 1 の 1 「法定刑の見直し」について　＊論点相互の関連検討 第 1 の 5 「地位・関係性を利用した性的行為に関する規定の創設」と第 1 の 6 「いわゆる性交同意年齢の引上げ」と第 1 の 1 「法定刑の見直し」について＊論点相互の関連検討
	第11回	2015年 7 月10日	取りまとめに向けた検討
	第12回	2015年 8 月 6 日	取りまとめのための検討

		開催日	主な議事
法制審議会・刑事法（性犯罪関係）部会	第 1 回	2015年11月 2 日	要綱（骨子）第 4 「強姦の罪等の非親告罪化」について
	第 2 回	2015年11月27日	要綱（骨子）第 1 「強姦の罪（刑法第177条）の改正」、第 2 「準強姦の罪（刑法第178条第 2 項）の改正」及び第 6 「強制わいせつ等致死傷及び強姦等致死傷の各罪（刑法第181条第 1 項及び第 2 項）の改正」について 要綱（骨子）第 5 「集団強姦等の罪及び同罪に係る強姦等致死傷の罪（刑法第178条の 2 及び第181条第 3 項）の廃止」について
	第 3 回	2015年12月16日	要綱（骨子）第 3 「監護者であることによる影響力を利用したわいせつな行為又は性交等に係る罪の新設」について 要綱（骨子）第 7 「強盗強姦及び同致死の罪（刑法第241条）並びに強盗強姦未遂罪（刑法第243条）の改正」について
	第 4 回	2016年 1 月20日	要綱（骨子）第 4 「強姦の罪等の非親告罪化」について 要綱（骨子）第 1 「強姦の罪（刑法第177条）の改正」、第 2 「準強姦の罪（刑法第178条第 2 項）の改正」、第 5 「集団強姦等の罪及び同罪に係る強姦等致死傷の罪（刑法第178条の 2 及び第181条第 3 項）の廃止」及び第 6 「強制わいせつ等致死傷及び強姦等致死傷の各罪（刑法第181条第 1 項及び第 2 項）の改正」について
	第 5 回	2016年 3 月25日	要綱（骨子）第 3 「監護者であることによる影響力を利用したわいせつな行為又は性交等に係る罪の新設」について 要綱（骨子）第 7 「強盗強姦及び同致死の罪（刑法第241条）並びに強盗強姦未遂罪（刑法第243条）の改正」について 要綱（骨子）第 4 「強姦の罪等の非親告罪化」について（経過措置の在り方について）
	第 6 回	2016年 5 月25日	ヒアリング
	第 7 回	2016年 6 月16日	要綱（骨子）第 1 「強姦の罪（刑法第177条）の改正」、第 2 「準強姦の罪（刑法第178条第 2 項）の改正」及び第 4 「強姦の罪等の非親告罪化」について 要綱（骨子）全体について

表3　性犯罪の罰則に関する検討会での論点

第1	性犯罪の構成要件及び法定刑について
	1　性犯罪の法定刑の見直しについて ●強姦罪及び強姦致死傷罪について、法定刑の下限を引き上げるべきか否か 　○性交類似行為の一部を強姦罪と同様の刑で処罰するとした場合に、強姦罪の法定刑の引上げをどう考えるか 　○法定刑の下限を引き上げるとした場合に、具体的にどの程度引き上げるか ●被害者が年少者の場合に刑を加重するべきか ●強姦罪及び強姦致死傷罪の法定刑の下限を引き上げる場合、集団強姦罪及び集団強姦致死傷罪についてどう考えるべきか ●強姦致死罪を強姦致死傷罪と分離して別に規定すべきか ●いわゆる強姦殺人罪を設けるべきか ●強制わいせつ罪の法定刑の在り方について 　○強制わいせつ罪の法定刑の上限について 　○強制わいせつ罪の法定刑の下限について ●強盗犯人が強姦をした場合について、強盗強姦罪として、無期又は7年以上の懲役という重い法定刑の規定を設けているが、強姦犯人が強盗をした場合については、このような特別の規定がなく、強姦罪と強盗罪の併合罪とされ、その処断刑は5年以上30年以下の懲役となるとの点について 　○仮にこのような規定を設ける場合の規定の在り方について
	2　強姦罪の主体等の拡大について
	3　性交類似行為に関する構成要件の創設について ●強姦罪の行為者・被害者について性差を解消し、男性器の女性器への挿入以外の行為についても、強姦罪と同様の刑で処罰すべきか ●性差による犯罪の成否の差異を解消するという観点から、加害者の陰茎を被害者の膣・肛門等に「挿入する」行為のみでなく、被害者の陰茎を加害者の膣，肛門等に「挿入させる」という行為も、強姦罪と同様の刑で処罰すべき範囲に含ませるべきか
	4　強姦罪等における暴行・脅迫要件の緩和について ●強姦罪等における暴行・脅迫要件を緩和すべきか（暴行・脅迫要件の一般的な緩和・撤廃） ●緩和する場合には準強姦罪等における心神喪失・抗拒不能要件についても見直すべきか（準強姦罪の成立要件についても一般的な緩和・撤廃）
	5　地位・関係性を利用した性的行為に関する規定の創設について ●地位又は関係性を利用した性的行為に関する新たな犯罪類型を創設するべきか 　○創設するべきであると考える場合、どのような事案・類型を対象とする必要があるのか ●具体的に対象とすべき地位又は関係性を切り出すメルクマールについて ●地位又は関係性を利用した性的行為に関する規定を設ける場合、通常の強姦罪との関係でどのような位置付けの規定とするのか（通常の強姦罪と並ぶ同等のものと位置づけ同等の法定刑とするのか、それとも通常の強姦罪よりも重いものと位置づけ刑を加重するのか、あるいは、通常の強姦罪よりも要件を緩和して刑を軽減するのか）
	6　いわゆる性交同意年齢の引上げについて ●暴行・脅迫がなくても強姦罪等が成立する範囲は被害者が13歳未満の場合とされているところ、この年齢を引上げるべきか
	7　配偶者間における強姦罪の成立について ●配偶者間においても強姦罪が成立することを明記する規定を置くべきであることの要否（明文規定の要否）
第2	**性犯罪を非親告罪とすることについて** ●非親告罪化の要否 ●被害者の意思を尊重するための制度的な担保の要否
第3	**性犯罪に関する公訴時効の撤廃又は停止について** ●被害者の年齢を問わず、性犯罪全般について、公訴時効の撤廃ないし停止をするべきか否か ●年少者が被害者である性犯罪について、公訴時効を撤廃することや公訴時効期間の進行を停止することについて
第4	**刑法における性犯罪に関する条文の位置について**

出典　拙稿「性犯罪の重罰化を含む刑法改正案のポイントとは」
　　　SYNODOS 2017年6月12日（https://synodos.jp/society/19927/2 ［2018年2月6日最終確認］）。

なお、ここでは、批判的被害者学から見て特に再度検討すべきと思われる、（1）年少者が被害者である性犯罪について公訴時効期間の進行を停止させること、（2）配偶者間においても強制性交等罪が成立することを明記する規定を置くことについて取り上げたい。

1　公訴時効の停止

これは、低年齢時に性暴力を受けた被害者を救済するため、被害者が自己の受けた性犯罪の被害を自らの判断で捜査機関に届け出ることが可能と考えられる年齢（たとえば成年）に達するまで公訴時効期間の進行を停止させる（その年齢に達した時点から進行させる）というものである[58]。性的虐待への対応策の1つとして、フランスでは満18歳になるまで（フランス刑事訴訟法7条、8条）、ドイツでは満30歳になるまで（ドイツ刑法78条b第1項）、公訴時効の期間が停止される[59]。「男女間における暴力に関する調査」の結果からは、比較的低年齢時に家族や親族から性暴力（性的虐待）を受ける被害が多いことが明らかになっており、フランスやドイツと似た状況にある[60]。

検討会では、刑事法の専門家や実務家が多数を占めていたためか、「時間の経過による証拠の散逸」という時効制度を支える基本的な考え方を貫き、犯罪立証が困難であるなどとの理由から、それを導入することに消極的な意見が大半であった[61]。そのため、法制審議会では取り扱われなかった。確かに、時間の経過から証拠が得られにくくなることや、被害者の供述についても特に低年齢時の記憶は変容しやすいという特徴がある。そのため、実際上、公判が維持できないということから、起訴しない／できないということもあろう。

しかしながら、批判的被害者学からは、公訴時効の停止を構造化（潜在化）した性暴力被害の顕在化という側面から再評価するべきではないかと考えられる[62]。より潜在化しやすい低年齢時の性暴力被害（性的虐待）について、勇気を出して声を挙げた被害者に対して、捜査機関などが公訴時効の成立を理由に門前払いすることなく、その声を受けとめることは十分にできるはずである。そして、もし仮に証拠が不十分ということで起訴できなくても、被害者を支援機関につなぐなどして、被害の回復を支援することは可能である[63]。「魂の殺人」といわれる性暴力被害の特質を踏まえた上で、性暴力を受けた被害者を保護して支援につなぐという視点も必要不可欠ではないだろうか[64]。

---

58)　拙稿・前掲注10）37頁。

59)　性犯罪の公訴時効に関する検討として、拙稿・前掲注50）173頁-179頁。

60)　島岡・前掲注25）26頁、拙稿・前掲注50）173頁-179頁。なお、ドイツは、2014年11月の改正で年齢を「満21歳」から「満30歳」にした。

61)　拙稿・前掲注50）172頁、拙稿・前掲注18）42頁-43頁。

62)　性犯罪の罰則に関する検討会・前掲注55）7頁-9頁。

63)　拙稿・前掲注10）38頁。佐藤・前掲注29）27頁は、「この規定は被害者の『淡い期待』にすぎないといえようが、青少年を性犯罪から保護する国家の姿勢としてこの『淡い期待』を法制化するかはなお議論の余地があろう」とする。角田・前掲注2）127頁は、「短い公訴時効が放置されていることは、子どもに対する性的侵害はお咎めなしというメッセージを蔓延させる。…〔中略〕…加害者は長きにわたって刑事責任を追及される可能性があることを明示しておくことの意義は大きい」とする。島岡・前掲注24）26頁は、この制度が「被害者の人権を保護し、正義の要請にも適う」と主張する。

64)　検察官が被害者支援弁護士に不起訴の可能性を示し、被害者支援につなぐよう連絡する事例があることについて、上谷さくら「犯罪被害者支援と弁護士業務―第2回　性犯罪被害者の事情聴取」捜査研究800号（2017年）84頁参照。また、検察官と被害者支援弁護士のコミュニケーションについて、同「弁護士の立場からみる性犯罪被害者支援の実務と課題」法律のひろば70巻11号（2017年）38頁-39頁参照。

2　配偶者間における強制性交等罪の明文規定

これは、配偶者間においても強制性交等罪が成立することを明記する規定を置くというものである。検討会では、刑法の通説的見解や裁判例はいずれも配偶者間にも強姦罪（強制性交等罪）が成立することを否定していないこと、警察においても、検察においても、配偶者間で強姦罪（強制性交等罪）が成立しないという考え方が採られていないことなどを理由に、明文規定を置く必要がないという意見が多数を占めた[65]。

しかし、この意見は、被害者調査（暗数調査）の結果から見える現実に目を背けているようにしか思われない。「男女間における暴力に関する調査」の結果について見ると、（加害者が面識ある者のうち）配偶者・元配偶者から無理やりに性交された経験を有するのは、2005年度調査では27.6%[66]、2008年度調査では35.5%[67]、2011年度調査では36.9%[68]、2014年度調査では19.7%[69]であった。面識ある者のうち、だいたい2割弱から4割弱が配偶者・元配偶者からの性暴力被害なのである。（これは全体的な数値ではあるが）警察に相談したのが、2005年度調査では5.3%[70]、2008年度調査では4.1%[71]、2011年度調査では3.7%[72]、2014年度調査では5.1%[73]であることなどを勘案すると、かなりの事案において潜在していること

が明らかになる。構造化（潜在化）した性暴力被害の典型的なもの1つが、配偶者間における性暴力被害（ドメスティックバイオレンス）であることが理解されているようで理解されていないのである。批判的被害者学の見地からすれば、配偶者間における強制性交等罪の明文規定が必要であると強く主張することができよう[74]。

Ⅳ　新たに検討するべき課題

さらに、批判的被害者学から見て新たに検討すべき事項として、（1）性的遍歴に関する証拠の法的規律（レイプシールド法の導入）、（2）性犯罪に関する示談の法的規律を取り上げて解説したいと思う。

1　性的遍歴に関する証拠の法的規律 ——レイプシールド法の導入

レイプシールド法とは、原則として、被告人以外の第三者との過去の性的遍歴を証拠として利用することを厳しく制限した上で、被告人側が同意の証明に必要不可欠である場合に限って、例外的に許容するというものである[75]。アメリカ合衆国、カナダ、イギリス、オーストラリアなどで導入されている[76]。

性に関わる情報は扇情的であり、判断者ごとに

---

65)　拙稿・前掲注11) 38頁。
66)　性犯罪の罰則に関する検討会・前掲注52) 11頁-12頁。
67)　内閣府男女共同参画局「男女間における暴力に関する調査報告書」（2006年）73頁。
68)　内閣府男女共同参画局「男女間における暴力に関する調査報告書」（2009年）85頁。
69)　内閣府男女共同参画局「男女間における暴力に関する調査報告書」（2012年）49頁。
70)　内閣府男女共同参画局「男女間における暴力に関する調査報告書」（2015年）62頁。
71)　内閣府男女共同参画局・前掲注67) 74頁。
72)　内閣府男女共同参画局・前掲注68) 87頁。
73)　内閣府男女共同参画局・前掲注69) 53頁。
74)　内閣府男女共同参画局・前掲注70) 67頁。
75)　明文規定を必要とする見解として、島岡・前掲注24) 26頁-28頁、同・前掲注30) 42頁、角田・前掲注2) 126頁-127頁、斉藤・前掲注28) 77頁-78頁などがある。
76)　レイプシールド法に関する邦語文献して、成瀬剛「性犯罪被害者の性的遍歴に関する証拠」法律時報88巻11号（2016年）80頁-86頁、斉藤豊治「アメリカにおける性刑法の改革」日本弁護士連合会両性の平等に関する委員会（角田由紀子編集代表）『性暴力被害の実態と刑事裁判』（信山社、2015年）148頁-149頁、谷田川知恵「強姦被害者保護法 Rape Shield Law について—アメリカ法からの示唆」ジェンダーと法1号（2004年）、同「アメリカの性犯罪対策」女性犯罪研究会編『性犯罪・被害

判断が異なり、偏見や誤導を招きやすいおそれがあること[77]、被害者が深刻な二次被害を受ける可能性が高いことなどにかんがみると、性的遍歴に関する証拠の許容性を原則として制限する必要があると思われる。事実を争う事案では、被害者の員面調書などに被告人側が同意しないことは通例であり、性的遍歴に関する証拠は主に被害者の供述の信用性を低下させる弾該証拠として利用することが想定されるが、証拠価値が乏しい場合が少なくないことは、レイプシールド法を導入した国ですでに指摘されている[78]。

だが、この導入に対しては、裁判長の訴訟指揮が適切に用いられれば、対処できるのではないか[79]、整理手続で対処することができるのではないかなどの反論が想定される。だが、それに対しては、法曹倫理として定着し、さらには意識化されていることが前提ではないかと思われ、もしそうでないならば、公判上のルールとして明確化する必要があるとの反論がなしうるのではないだろうか。

2　性犯罪に関する示談の法的規律
——禁止か修復的司法による変革か

改正性刑法では非親告罪化されたことにより、被疑者の弁護人や親族から、被害者側に直接示談を持ちかけてくることはこれまでよりも低下していると推測することも可能ではあるが、全くなくなるということはまずないであろう。もっとも、刑事実務において、示談の成立や慰謝措置が起訴猶予や一般情状として刑の軽減に影響する因子であることは周知のことであるから、改正性刑法の重罰化（厳罰化）が逆に影響して、起訴猶予や刑の軽減に導くべく、示談を持ちかけてくることがこれまで以上に多くなることを仮説立てるほうが現実的ではないだろうか[80]。そうした場合、二次被害のことはすでに広く知れ渡っているかもしれないが、ただ残念ながら、社会全体でしっかりと意識化されるまでには至っていない[81]ことから、被害者の二次被害リスクは依然として高いものと想定される[82]。「被害者の心身に長年にわたり多大な苦痛を与え続けるばかりか、その人格や尊厳を著しく侵害する悪質重大な犯罪」（刑法の一部を改正する法律に対する参議院法務委員会の附帯決議1

　　—性犯罪規定の見直しに向けて—』（尚学社、2014年）240頁、小倉京子＝宮園久栄「レイプ・シールド法（強姦被害者保護法）」第二東京弁護士会司法改革推進二弁本部ジェンダー部会司法におけるジェンダー問題諮問会議編『事例で学ぶ 司法におけるジェンダー・バイアス』（明石書店、2003年）261頁-262頁〔＝同［改訂版］（2009年）159頁-160頁〕、マトエジアン グレゴリー・M（北村隆憲＝橋本聡訳）「言語・法・社会：ケネディ・スミスのレイプ裁判とレイプ・シールド法の政策的含意」東海法学46号（2013年）107頁-152頁、養父和美「被害者の性的遍歴と強姦被害者保護法（Rape Shield Law）」杉田聡編著『逃げられない性犯罪被害者—無謀な最高裁判決』（青弓社、2013年）205頁-208頁、伊藤睦「刑事手続における性犯罪被害者の権利—アメリカにおけるレイプ・シードル法をめぐる議論を手がかりとして」齊藤豊治＝青井秀夫編『セクシュアリティと法』（東北大学出版会、2006年）301頁-317頁などがある。

77)　成瀬・前掲注76）80頁。樋口亮介「性犯罪の主要事実確定基準としての刑法解釈」法律時報88巻11号（2016年）87頁参照。

78)　成瀬・前掲注76）80頁参照。

79)　樋口亮介「性犯罪処罰のあり方について」刑法雑誌56巻3号（2017年）128頁、小木曽綾「性犯罪の適正処罰のための施策」刑法雑誌53巻3号（2014年）146頁参照。

80)　上谷・前掲注64）［弁護士の立場からみる性犯罪被害者支援の実務と課題］35頁によれば、起訴前であればほとんどの場合、示談の申し入れがあるという。また、司法研修所の刑事弁護の講義において、示談を申し入れるよう教わるという（「第61回男女共同参画会議女性に対する暴力に関する専門調査会議事録」24頁［林陽子委員発言］）。

81)　拙稿・注11）39頁。

82)　上谷・前掲注64）［弁護士の立場からみる性犯罪被害者支援の実務と課題］35頁-36頁参照。

項）である性犯罪においては、そのリスクを低下させるべく、示談に対して法的規律が必要ではないだろうか。

この点に関し、性犯罪に関するすべての事案で示談を禁止するということは、1つの考え方ではある。国際連合経済社会局の女性の地位向上部が提案する女性に対する暴力防止のための法制度モデルでは、「法的手続きの前および最中における、女性へのあらゆる暴力事件の調停を明確に禁止する」としている[83]。たとえば、スペインの「ジェンダーにもとづく暴力への総合的保護措置に関する基本法」（2004年）は、女性への暴力に関するすべての種類の事件において調停を禁じているという[84]。

だが他方で、修復的司法の理念やプログラムによって示談を被害者関係的に変革するということも考え方の1つであろう。たとえば、宮澤浩一は、刑事和解について、「『刑事和解』こそ、犯罪や少年非行の直接の当事者の一人である『被害者』の関与で初めて解決が図られる。今後の刑事政策の進むべき方向が、まさにこの制度を実現することでなければならず、我が国で試みるとするならば、『示談』の合理化に向けられるべきである」[85]と示唆した。筆者も基本的に同じ考えであり、私見では修復的司法論がその指導的原理になると解する[86]。特に、性犯罪に関しては、これま

で加害者関係的であった示談[87]を、被害者や加害者を中心とする関係当事者の満足感や公平感を充足する制度へと変革することに特段の意義があると思われるのである[88]。欧米では、その実証研究が蓄積している[89]。

示談を禁止するのか、修復的司法によって変革するのか、いずれにしても、顕在化した性暴力被害者の二次被害リスクを低下させるために、性犯罪に関する示談を法的に規律することが今後検討されなければならないと思われる。

V　むすびに代えて——特別法化へ

「構造化（潜在化）した性暴力被害の顕在化」と「性暴力被害者の保護」の観点から性刑法の改革をさらに進めていくならば、犯罪類型の細分化や被害者保護規定の充実が必要になる[90]。また、本稿の目的から離れるために触れなかったが、性犯罪に対する刑事制裁の見直し（電子監視や治療処分の導入の可否）などについても新たな課題として検討するべきである。今後、性刑法は、「自動車の運転により人を死傷させる行為等の処罰に関する法律」の場合と同様に、特別法化に向かうべきであろう[91]。

---

83) The Division for the Advancement of Women in the Department of Economic and Social Affairs of the United Nations Secretariat, *Handbook for legislation on violence against women*, 2009, p. 38.（国際連合女性の地位向上部（原美奈子＝山下梓訳）『女性への暴力防止・法整備のための国連ハンドブック』（梨の木舎、2011年）76頁。）

84) Ibid, p. 38.（国際連合女性の地位向上部（原＝山下訳）・前掲注83）76頁。）

85) 宮澤浩一「我が国の刑事司法と被害者の地位—諸外国における犯罪被害者に対する諸施策との対比で—」産大法学32巻2＝3号（1998年）320頁-321頁。

86) 拙稿「修復的司法が意味すること—少年犯罪における修復的司法の一考察—（2・完）」専修法研論集35号（2004年）84頁-85頁。

87) 上谷・前掲注64）［弁護士の立場からみる性犯罪被害者支援の実務と課題］35頁-36頁参照。

88) 拙稿・前掲注86）84頁-85頁。

89) 平山真理「性犯罪と修復的司法」細井洋子ほか編『修復的正義の今日・明日—後期モダニティにおける新しい人間観の可能性』（成文堂、2010年）70頁-72頁など参照。

90) 斉藤・注28）78頁参照。

91) 斉藤・注28）78頁参照。

シリーズ：被害者学各論（第22回）

被害（者）調査の現状と課題

池 田 暁 子

〔**Abstract**〕

This article reviews the validity of those questions used in victims surveys conducted by Research and Training Institute of the Ministry of Justice, which were used to measure the prevalence of sexual incidents in Japan. Initially, the survey started as part of the International Crime Victims Survey, which is an initiative to obtain internationally comparable data on the volume of crimes by requiring participating states to follow a standard questionnaire and methodology. This article explains how Japanese questions on sexual incidents kept changing in subsequent surveys and discusses how it may have affected the responses. This article also offers a few observations to be taken into consideration if those respective questions are to be altered, especially to reflect the recent amendment of the Penal Code on sexual offences.

I　はじめに

本稿では、法務総合研究所が過去 4 回実施した、犯罪被害実態（暗数）調査[1]（以下「被害実態調査」という。）を題材として取り上げるところ、表題を「被害（者）[2]調査」とした趣旨は、被害実態調査のように、犯罪（被害）の発生量を測定するため一般社会の中から標本抽出された調査対象者に対して過去の犯罪被害経験の有無を問う手法を用いた調査について、crime victims survey と

IKEDA Satoko　　　　　　Former Senior Researcher, Research and Training Institute, Ministry of Justic
　　　　　　　　　　　　元法務総合研究所室長研究官

1 ）　法務総合研究所『研究部報告10―第 1 回犯罪被害実態（暗数）調査―』（2000年）、同『研究部報告29―第 2 回犯罪被害実態（暗数）調査―』（2005年）、同『研究部報告41―第 3 回犯罪被害実態（暗数）調査―』（2009年）、同『研究部報告49―犯罪被害に関する総合的研究―安全・安心な社会づくりのための基礎調査結果（第 4 回犯罪被害者実態（暗数）調査結果）―』（2013年）。
　　以下本稿で個別に引用する場合は、それぞれ「第 1 回調査報告書」等と調査回数で特定・省略している。また、本稿中、法務総合研究所研究部報告に言及する際は、全て以下の法務省ホームページに掲載されている PDF 版の頁番号で引用している。http://www.moj.go.jp/housouken/houso_houso08.html（2018.1.6）
　　また、第 1 回調査について、法務総合研究所『平成13年版犯罪白書』第 2 編第 6 章第 2 節　犯罪被害実態の国際比較（2001年）、第 2 回調査について、同『平成16年版犯罪白書』第 3 編第 1 章第 2 節　犯罪被害についての実態調査（2004年）、第 3 回調査について、『平成20年版犯罪白書』第 5 編第 1 章第 2 節　犯罪被害についての実態調査（2008年）及び第 4 回調査について、同『平成24年版犯罪白書』第 5 編第 3 章　犯罪被害についての実態調査について（2012年）、それぞれ概要が掲載されている。
　　以下、本稿中で犯罪白書に言及する際は、全て以下の法務省ホームページに HTML 形式で掲載されているものを引用しているため、頁番号ではなく、編章の番号で特定している。http://www.moj.go.jp/housouken/houso_hakusho2.html（2018.1.6）。
2 ）　本稿における「被害」又は「被害者」は、特に言及しない限り、犯罪による被害又は被害者のことをいう。それぞれ、victimization 及び victim との対訳関係については、諸澤英道「被害者学の過去、現在、未来―ストーカー規制法を通して被害者学の課題を考える―」被害者学研究25号（2015年）10頁参照。

crime victimization survey の両方の使用例[3]が散見されたためである。

　逆に日本語の「調査」の意味は、標本調査には限られないため、何らかの方法で特定された被害者「に対する」調査票調査であれば「被害（者）調査」と言えるだろう。例えば、法務総合研究所が実施した「犯罪被害の実態に関する調査[4]」は、刑事訴訟過程との関係において、被害者が置かれている立場や、その要望等を明らかにするための調査であるところ、一定期間内に有罪判決があった事件の被害者の内、調査同意が得られた者に対して質問票調査が実施されている。

　被害実態調査では、社会全体から「調査対象者」を標本として抽出し、調査同意が得られた調査対象者に過去5年以内の被害経験の有無を問うことで（以下「スクリーニング質問」という。）、被害経験があると回答した者を抽出する。この被害経験者から、当該事件（5年以内に複数回の被害経験がある場合は直近の1件について）の発生場所や事件加害者との関係など当該事件に関して多様な事項に関する質問（以下「フォローアップ質問」という。）が向けられるため「犯罪被害実態調査」との表題が付されている。なお「（暗数）調査」とは、フォローアップ質問のうち、「事件を捜査機関に届け出ましたか」との問いに対して、届けていないと回答した者の被害を、「暗数[5]」として把握することをいう。

　被害実態調査では、被害経験の有無だけではなく、住んでいる地域で夜間に一人で歩くことへの不安感の程度や、我が国全体の治安意識等も調査されており、これら調査項目の集計結果は、回答者の属性（年齢、性別、居住地域、世帯収入等）との統計的な分析を通じて、被害の有無や犯罪に対する不安などに影響を与える要因分析や、諸外国における同手法の調査結果との比較に用いられている[6]。

　全体としての被害実態調査の実施結果及びその分析は、法務総合研究所から研究部報告や犯罪白書として公表されている。紙幅の制約もあるため、本稿ではこれら法務総合研究所において示された分析結果については改めて論じない。

　本稿では、被害実態調査の調査票のうち、性犯罪被害を経験した者を測定するための質問文に注目することとした。質問文に注目をするのは、調査票調査における質問文が、「回答の質、ひいては調査の質を基本的に決定する要因である[7]」からである。スクリーニング質問によって「被害」発生量を測定し、フォローアップ質問の回答者としての被害経験者を抽出するという、調査デザインに鑑みると、当該スクリーニング質問によって、調査者が測定したい種類の「被害」が調査対象者に正しく理解してもらえ、該当する場合には

3）　本稿で詳述する国際犯罪被害実態調査については、複数の表記例が見られるが、同調査における調査票（英語版）のタイトル、International Victims Survey（第1回調査（第2報告）報告書218頁）との表記が多いようである。アメリカ合衆国（以下「米国」という。）の連邦レベル調査は、National Crime Victimization Survey（NCVS）とされている。https://www.bjs.gov/index.cfm?ty=tp&tid=9（2018.1.6）

4）　法務総合研究所『研究部報告7―犯罪被害の実態に関する調査』（2000年）。なお、同『平成11年犯罪白書』第5編第3章　犯罪被害の実態と被害者の捜査・裁判に関する認識・要望等（1999年）も参照。

5）　何らかの事情で捜査機関に認知されていない犯罪のことをいう。第1回調査報告書5頁参照。

6）　法務総合研究所『研究部報告18―第1回犯罪被害実態（暗数）調査（第2報告）―先進12か国に関する国際比較』（2002年）及び同『研究部報告39―第2回犯罪被害実態（暗数）調査（第2報告）国際比較（先進諸国を中心に）―』（2008年）は、それぞれ第1回及び第2回調査時点での海外における同種調査結果との比較等を報告している。本稿中、これら国際比較に関する研究部報告については、「第1回調査（第2報告）報告書」等、調査回数とその調査についての2回目の報告であることにより特定している。

7）　原純輔『社会調査―しくみと考えかた』左右社（2016年）63頁

被害経験があると回答してもらえること（妥当性[8]）が、調査の根幹であると言える。特に性犯罪については、スクリーニング質問自体では必ずしも性「犯罪」被害に限られない、幅広い被害態様を含めた被害（以下「性的な被害」という。）についての経験の有無を問い、フォローアップ質問の中で、その被害（直近の1件）の具体的態様を選択肢（以下「選択肢」という。）から選んで「犯罪」被害であったことが特定できる構成となっているため、広い意味での「性的な被害」及び各選択肢として測定したい被害態様という二段階の概念を、それぞれ回答者に正しく理解してもらう必要があり、他の罪種についてのスクリーニングよりも測定誤差[9]が生じやすい。

さらに、これまでの調査では選択肢の一つとして、「レイプ」又は「強姦」との用語が用いられていたが、平成29年の刑法改正も踏まえ、少なくとも「強姦」については新たな表現を検討する必要があると思われた。

そこで、これまでの質問文の表現から「性的な被害」として測定されてきた内容について振り返り、調査対象者に適切な「被害」を理解してもらう上での問題点を検討するとともに、今後「強姦」を含め、性犯罪被害の発生量を測定するための質問文として留意されるべき点を考察する。

なお、本稿中研究部報告等からの引用にかかる部分以外の評価及び英文資料の訳についての記述は専ら私見に基づくもので、法務総合研究所その他筆者が過去所属した官公署における見解ではない。

Ⅱ　被害実態調査における、性的な被害に関する質問文

第1回被害実態調査は、国際的な比較調査（International Crime Victims Survey。以下「ICVS」という。）に参加する形で実施され、用いられた調査票も、ICVSにおける標準調査票（以下「ICVS調査票」という。なお英語版）を和訳したものが基本となっている[10]。そこで以下、もともとのICVSにおける性的な被害に関する設問の状況及びその背景を確認する。

1　ICVSにおける性的な被害に関する質問文
(1)　ICVSの経緯　
ICVSは、1987年にオランダ出身の犯罪学者であるJan Van Dijkが提唱し、Pat Mayhew（当時英国[11]内務省所属[12]）及びMartin Killias（当時（スイス）ローザンヌ大学所属[13]）がこれに賛同して開始されたプロジェクトである[14]。犯罪発生状況の指標として一般的に用いられているのは、各国それぞれの警察が集計す

8）　妥当性（validity）とは、当該質問文によって得ようとしている情報が的確に回答してもらえることをいう。原・前掲注7）63頁。

9）　測定誤差とは、社会調査によって得られた値又は情報が、測定しようとしていたものを正しく測定できていない場合に生じる誤差のことをいう。吉村治正『社会調査における非標本誤差』東信堂（2017）126頁参照。なお同書では、測定誤差のうち、質問文の表現の問題として、調査意図が回答者に間違って伝わったことで生じる誤差を特に「質問文に起因する測定誤差」とする。

10）　第1回調査報告書7頁参照。なお、翻訳したものが日本語として意味が通じない場合等の調整についても、ICVS全体のとりまとめを行っている者とも確認をとりながら進められた、とされている。

11）　本稿ではイングランド及びウェールズをいう。

12）　van Kesteren J., Criminal Victimization at Individual and International Level: Results from the International Crime Victims Surveys (Doctoral dissertation, Tilburg University), 2015, 7. https://pure.uvt.nl/ws/files/8407046/Van_Kesteren_Criminal_02_10_2015.pdf (2018.1.6)

13）　van Kesteren, 2015, 7.

14）　van Dijk, J. Closing the doors: Highlights of the International Crime Victims Survey 1987-2012. Publisher's PDF. Tilburg: Prismaprint, 2012, 7. https://pure.uvt.nl/ws/files/1519203/120665_afsch_rede_van_Dijk_final.pdf（2018.1.6）

る犯罪統計であるが、集計の前提となる犯罪の定義や事件の記録の仕方等が国ごとに異なっているため、国際比較に用いるには問題がある[15]。サンプル抽出した一般市民に犯罪の被害経験を問うことで犯罪発生状況の推計を得るという調査手法も、van Dijk が ICVS を提唱した1987年時点で既に英国、フィンランド、オランダ、米国等（順不同）で実施されており[16]、必ずしも珍しい手法では無かった状態ではあるが、一般市民に被害経験を問う際に用いられる犯罪の定義もそれぞれの国法に基づいているため、やはり調査結果を国際比較に用いることには問題があった。そのため、ICVS の調査手法としての新規性は、全ての調査参加国が標準化された調査手法を用いることで国際比較が可能な統計を得る、という点にある[17]。

ICVS に参加する各国共通で用いられるための標準調査票は、オランダ、英国及びスイスにおいてそれぞれ国内調査で用いられていた調査票を元に作成され[18]、1989年に最初の国際調査が実施された。またその後 ICVS 調査票の基本的な体裁は変わらないまま、1992年、1996年、2000年、2005年[19]と調査が繰り返され、ICVS としては、2010年に実施されたものが最後とされている[20]。

（2）　我が国の参加状況　　我が国においては、財団法人都市防犯研究センターが、ICVS 調査票をほぼ全訳したものを用いて1989年及び1992年に調査を実施している[21]。法務総合研究所における第1回調査は、ICVS としては4回目となる2000年調査に参加している[22]。また第2回調査も ICVS の2005年調査に参加するものとして実施されている。

（3）　ICVS 標準調査票の構成及び性的な被害の扱い　　上述のように、ICVS の主眼は、国際比較可能なデータを得ることにあるため、調査参加国に対して求められた調査手法の「標準化」要求は多岐にわたる。本稿では我が国の調査票における表現を検討する上で特に留意されるべきと思われる事項として三点に言及する。

まず、ICVS の調査デザイン上、各国の調査対象者数は2,000人で良いことになっていた、ということである[23]。我が国よりは人口が少ないヨーロッパの国々が中心となっていたとはいえ、1国当たり2,000人という数は、特に発生件数が小さい強姦のような重大事犯について発生状況を正確

---

15) van Dijk, J. "The International Crime Victims Survey", in Herzog-Evans M. ed., Transnational Criminology Manual, vol.2. Nijmegen, Wolf Legal Publishers, 2010, 633. なお https://pure.uvt.nl/ws/files/1291163/The_International_Crime_Victims_Survey.pdf （2018.1.6）からも参照可能。

16) United Nations Office on Drugs and Crime（UNODC）& United Nations Economic Commission for Europe（UNECE）. Manual on Victimization Surveys, 2010, 2 -3. https://www.unodc.org/documents/data-and-analysis/Crime-statistics/Manual_on_Victimization_surveys_2009_web.pdf. 2018.1.6）参照。

17) UNODC & UNECE, 2010, 3. 参照。

18) van Dijk, J., van Kesteren, J. & Smit P., Criminal Victimisation in International Perspective. Key findings from the 2004-2005 ICVS and EU ICS, Onderzoek en Beleid 257, The Hague, Boom Juridische Uitgevers, WODC, 2007, 21. http://www.unicri.it/services/library_documentation/publications/icvs/publications/ICVS2004_05report.pdf （2018.1.6）

19) 本稿では、2004年から2005年にかけて実施されたものをまとめて、2005年調査という。

20) van Dijk, 2012, 7.

21) 第1回調査報告書5頁。

22) 法務総合研究所の第1回調査の公表時は、ICVS2000年調査の集計が終了していなかったため、同一の質問紙・調査手続きを使用した第3回 ICVS（1996年）の数値との比較を試みている。第1回調査報告書7頁参照。2000年 ICVS との比較については、第1回調査報告（第2報告）報告書を参照。なお本稿では被害実態調査における実施回と紛らわしいため、ICVS については調査実施回ではなく、実施年で特定している。

23) van Dijk, 2010, 634.

に推計できるサンプル数ではない[24]。多数の国の参加を募る上で、調査費用を現実的な額に抑える必要性から決められた数値であって、参加国が自国負担において調査規模を大きくすること自体は可能である。しかしながら、調査規模が小さい国とも比較可能な調査となるための標準調査票としては、発生率の高い被害を中心とする必要があった。

二点目としては、ICVS では調査票で測定する犯罪被害を罪名だけで示すことはせず、被害態様として提示し、そのような被害を過去5年間に経験したかどうか、という形でスクリーニングをしている点である。これは、スクリーニングの段階で各国の犯罪の定義と抵触しないようにするためと、一般市民に尋ねる以上具体的な態様で尋ねようとする意味があったのではないかと思われる。初回の調査票から調査対象とされた「被害」の基本セット[25]は、大きく3類型に分けられた10種の被害である。すなわち①世帯単位で所有されている車両に関する被害（自動車盗、車上ねらい、自転車盗、バイク盗）、②居住している住居への侵入盗

及びその未遂としての住居侵入、③個人的な被害（強盗、個人所有物の窃盗、暴行・脅迫及び性的事件)[26]。

三点目は、性的な被害に関するスクリーニング質問の表現と、選択肢との関係である。スクリーニング質問[27]では、性的な目的のために、とても offensive[28]な態様で、掴まれたり、触られたり、暴行を加えられたりする被害があったか、という表現が用いられている。文言上は、掴まれたり等の行為の程度は、offensive かどうかという主観的な基準によるため、件数の少ない重大性犯罪に限ることなく、幅広い性犯罪被害を検出できるようになっている。また、性的な被害について見ず知らずの調査員へ開示することに抵抗を覚える調査対象者も少なくないため、軽度な被害も含み得るとすることで、調査票における性犯罪の印象を「軽く」する必要があるともされている[29]。

スクリーニング質問に「被害経験がある」と回答した者に対しては、具体的な被害態様を特定する選択肢として、「a rape」「an attempted rape」「indecent assault」「offensive behaviour」又は

---

24) van Dijk, van Kesteren & Smit, 2007, 21.

25) 消費者詐欺や薬物事犯等の問いは、ICVS の回が重ねられた後の追加項目である。van Dijk, 2010, 635.

26) 10種の被害態様は、順に、theft of car, theft from car, theft of bicycle, theft of motorcycle, burglary, attempted burglary, robbery, theft of personal property, assault/threat, sexual incidents（van Dijk, 2010, 635.）の訳である。

27) "Q80 First, a rather personal question. People sometimes grab, touch or assault others for sexual reasons in a really offensive way. This can happen either at home, or elsewhere, for instance in a pub, the street, at school, on public transport, in cinemas, on the beach, or at one's workplace. Over the past five years has anyone done this to you? Please take your time to think about it." 第1回調査（第2報告）報告書224頁。なお ICVS 参加国の中には、電話による調査（computer assisted telephone interview（CATI））として実施していた国と、訪問調査（face to face interview）によって実施した国がある。第1回調査第2報告巻末参考資料として掲載されている ICVS 調査票は電話調査用のもので、2000年 ICVS の訪問調査用調査票は、ローザンヌ大学の ICVS ウェブページ上に掲載されている。http://wp.unil.ch/icvs/files/2012/11/Face_to_Face_2000.pdf（2018.1.6）。引用した該当部分については、どちらの版の表現も同じである。

28) 被害実態調査における質問文又は選択肢上は、「許し難い」又は「不快な」と訳されてきた部分に相当していると思われる（後掲表1参照）。

29) 原文では「need a light touch」。van Kesteren, J., Mayhew, P. & Nieuwbeerta, P., Criminal Victimisation in Seventeen Industrialised Countries. Key-findings from the 2000 International Crime Victims Survey, Onderzoek en Beleid 187, The Hague, Ministry of Justice, WODC, 2000, 34. http://wp.unil.ch/icvs/files/2012/11/ICVS2004_05sp1.pdf（2018.1.6）

「don't know」の５肢が提示されているところ、「わからない」を除いた前４肢の関係を考える上では、ICVS 調査結果のとりまとめ報告書の中で、前３肢はまとめて「sexual assault（性的暴行）」[30]とされ、個々の参加国の法制によって、具体的な構成要件は異なるとしても、比較的重大な犯罪被害の区分として、第４肢目の「offensive behaviour」とは別の指標として考えられていること[31]が参考となる。offensive behaviour については、スクリーニング質問の文面上から、「掴む、触る、暴行」といった身体的接触が前提とされてはいるが、選択肢を提示する質問文[32]の中で、「just behaviour which *you found* offensive（あなたが「offensive」と感じた態度。なお、強調は筆者。）」と回答者側の主観に委ねられている性質の被害である。

どのような態様を性的に offensive だと判断するかは、回答者の属している文化からの影響を受けやすい。例えば2000年 ICVS 調査において offensive behaviour 被害リスクが高かったのは、オーストラリア、フィンランド、オランダ、デンマーク[33]といった、男女の社会進出度の格差を図る指標[34]上も男女平等意識が浸透していることがうかがえる国であり、ほかの国であれば、相当軽微と評価されるような態様であっても、ICVS 上の offensive behaviour として計上されている可能性がある。そのため、ICVS における offensive behaviour 区分の測定にあたっては、重大犯罪被害としての選択肢である性的暴行とは性質が異なるものとして設問上の記載も明確に分けるべきともされている[35]。

以上の性的な被害に関する ICVS 質問文は、調査票全体の質問数増加の影響を受けて質問番号がずれたことを除き、2005年 ICVS 調査票[36]でも同じである。

2　被害実態調査における設問の推移

次に ICVS に参加する形で始まった、我が国の被害実態調査における性的な被害に関する設問を検討するため、各回の調査票からスクリーニング質問と選択肢を提示するための質問文及び選択肢を抜粋したものが表１である。表１からは、調査の回ごとにスクリーニング質問も選択肢も様々な面で変更されていることが分かるが、主な変更点として二点に言及する。

まず、スクリーニング質問における「被害」の表し方の変化が挙げられる。第１回調査では、性的な目的のために掴まれたり、触られたり、暴行を加えられたりといった「行為」を記述した上で、かかる「行為による被害」を受けたことがあるか、という問いであったが、第２回調査から、性的な目的のために触る等の「赦せない行為」による被害として、「性的な被害」という表現が使われるようになった。第４回調査では、「性的な

---

30)　van Kesteren, Mayhew& Nieuwbeerta, 2000, 4 and 32.

31)　2005年調査の結果報告書においても同じ。なお、同報告書では、後述の文化的バイアスがより少ないと思われる性的暴行についてのみ結果を提示している。van Dijk, van Kesteren & Smit, 2007, 77.

32)　"Q229 Would you describe the incident as a rape（forced intercourse）, an attempted rape, an indecent assault or as just behaviour which you found offensive?"　第１回調査（第２報告）報告書244頁。

33)　van Kesteren, Mayhew & Nieuwbeerta, 2000, 35.

34)　ここでは評価時期が最も近いものとして、世界経済フォーラムから2006年に公表されたジェンダーギャップ指数を参照した。同指数ランキングでは、115か国中オーストラリア15位、フィンランド３位、オランダ12位、デンマーク８位であった。Hausmann, R., Tyson, L., & Zahidi, S., The Global Gender Gap Report 2006, World Economic Forum, 2006, 9. http://www3.weforum.org/docs/WEF_GenderGap_Report_2006.pdf（2018.1.6）

35)　UNODC & UNECE, 2010, 69.

36)　第２回調査（第２報告）報告書358頁（スクリーニング質問 Q80）及び377頁（Q229）参照。

表 1 「犯罪被害実態（暗数）調査」性的被害に関する質問文

		質問文	選択肢
第1回	スクリーニング	Q9　次はお答えしにくい質問かもしれませんが、ご容赦下さい。人はしばしば性的な目的のために他人を掴んだり、触ったり、暴行を加えたりすることがあり、それが実に許し難い場合があります。これは家又はその他の場所、飲食店、町中、学校、公共の交通機関、映画館、海岸、職場などで起こり得ます。過去5年間に、あなたはこれらの行為による被害を受けたことがありますか。ゆっくり考えてください。家庭内の性的暴行を含めてお考えください。	1　ある 2　ない 3　わからない
	被害の内容	Q20-SQ9　事件は、レイプ（強制的なセックス）、レイプ未遂、強制わいせつ、又はあなたにとって許し難い行為（痴漢、セクハラなど）のどれに当てはまりますか。	1　レイプ 2　レイプ未遂 3　強制わいせつ 4　（痴漢、セクハラなど）許し難い行為 5　わからない
第2回	スクリーニング	Q1　非常に答えにくい質問かもしれませんが、どうぞご容赦ください。男性は時として性的な目的のために、むりやり女性に触ったり、暴行を加えたりすることがあり、それはとても赦せない行為です。過去5年間に、あなたはこれらの性的な被害に遭われたことがありますか。ゆっくりお考えください。家庭内における性的暴行も含めてください。	1　ある 2　ない 9　わからない／答えたくない
	被害の内容	SQ9　その性的な被害は次のどれに当たると思いますか。	1　強姦 2　強姦未遂 3　強制わいせつ・痴漢 4　不快な行為（セクハラなど） 9　わからない
第3回	スクリーニング	これからお尋ねすることはお答えにくい質問かもしれませんが、どうぞご容赦ください。 Q1　人はときとして性的な目的のために、むりやり他人に触ったり、暴行を加えたりすることがあります。これらは例えば飲食店や町中、学校、公共交通機関、映画館、海岸、職場などでも起こります。職場等での性的いやがらせ（以下「セクハラ」という。）や家庭内における性的暴行も含めて考えてみてください。過去5年間に、あなたはこれらの性的な被害に遭われたことがありますか。ゆっくりお考えください。	1　ある 2　ない 9　わからない
	被害の内容	SQ9　その性的な被害は次のどれに当たると思いますか。	1　強姦 2　強姦未遂 3　強制わいせつ 4　不快な行為（痴漢・セクハラなど） 9　わからない
第4回	スクリーニング	性的な被害 問19　過去5年間に、あなたは性的な被害にあわれたことがありますか。職場での性的ないやがらせや家庭内における性的暴行も含めて考えてください。ただし、言葉による性的いやがらせは含めません。	1　ある 2　ない 9　わからない
	被害の内容	問19-H　その性的な被害は次のどれに当たると思いますか。	1　強姦 2　強姦未遂 3　強制わいせつ 4　痴漢 5　セクハラ 6　その他の不快な行為 9　わからない

各調査回報告書巻末参考資料の調査票から抜粋。

被害」にあったことがあるか、という簡潔な表現のみで、加害行為である、「触られる」等の身体的な接触行為の記述が削除されている。

二点目は、ICVS調査票上の「offensive behaviour」に相当する選択肢と「痴漢」及び「セクハラ」の位置付けが、調査回ごとに変化していることである。第1回調査では、「offensive behaviour」が「許し難い行為」と訳されており、その例として、ICVS調査票には存在しない「痴漢」及び「セクハラ」という概念が挙げられていたところ、第2回調査では、「許し難い行為」が「不快な行為」に変わったほか、選択肢としての「不快な行為」の例は「セクハラ」だけで、「痴漢」は「強制わいせつ」と一緒に測定されるように変わった。第3回調査では、「不快な行為」の例示が「痴漢・セクハラなど」に戻り、第4回調査では、「痴漢」「セクハラ」及び「その他不快な行為」は、それぞれ独立した選択肢として並立している。

3 これまで実施された調査の問題点

各回の調査報告書等には、以上のような設問上の変更の理由が示されていないが、各回それぞれの調査対象者に異なる質問や選択肢が提示されている以上、それぞれの調査結果としても異なった情報が測定されているものと言わざるを得ない。また第4回調査の調査票は、変更が重ねられた末、スクリーニングの対象である「性的な被害」について「言葉による性的嫌がらせを含まない」という以外には限定がない形に変わっており、ICVS調査票との同一性が無くなっている。そのため、現状の被害実態調査の問題は、測定したい「性的な被害」は何か、そもそも何のために測定しているのか、が明確ではなくなっていることで

はないだろうか。

「性的な被害」の内容の不明確さは、第2回調査以降から選択肢の一つとなった「不快な行為」の表現が不安定であることにも表されている。「不快な行為」の選択肢の中での掲載位置としては、ICVS調査票における「offensive behaviour」及び第1回調査票における「許し難い行為」に相当するが、第2回調査以降、スクリーニング質問中に「不快」という表現が無く、「性的な被害」と「不快な行為」との関連が回答者に示されていない。さらに調査回ごとに痴漢やセクハラが例になったりならなかったりしていることからも、調査意図としても「不快な行為」の概念が安定していなかったことがうかがえる。

表2は、過去4回の調査における性的な被害経験に関する調査結果を抜粋したものであるところ第2回調査において「強制わいせつ・痴漢」の被害経験を選択した回答者数が、前後の回の「強制わいせつ」の回答者より突出して多いため、設問の仕方によって、回答が影響を受けている可能性がうかがえる。しかし、仮に質問の文章や調査手法[37]に変動が無かったとしても、各回において測定できた性的な被害経験者の数値が小さ過ぎるため、さらにその内訳である選択肢項目ごとの数値やその増減状況について何らかの分析を確定的に示すことは相当ではないだろう。結果、「性的な被害」総数から性犯罪被害だけを取り出して分析することも、測定された量的な問題としてできない、という点も、現状の調査デザインの問題点といえる。

---

37) 被害実態調査は、第3回までは訪問調査、第4回調査は郵送調査と、全体としての調査手法の変更がある。また第2回及び第3回調査では、性的な被害に関する質問部分のみ調査票として独立させ、そのほかの質問を終えてから最後に調査対象者に自記式で回答してもらっていたことや、第2回調査までは、女性のみが調査対象者とされていたことなど、性的な被害に関する質問部分は、特に調査実施方法が安定していない。

表2　犯罪被害実態（暗数）調査　性的事件の被害内容に関する回答状況

調査回	総数	男	女	被害経験の有無わからない	被害経験あり	選択肢	強姦	強姦未遂	強制わいせつ	痴漢	セクハラ	それ以外	わからない	無回答
1	2,211	1,073	1,138	4 [0.4%]	31	1 レイプ 2 レイプ未遂 3 強制わいせつ 4 （痴漢、セクハラなど）許し難い行為 5 わからない	–	1 [3.2%]	2 [6.5%]			26 [83.9%]	2 [6.5%]	
2	2,086	982	1,104	15	27	1 強姦 2 強姦未遂 3 強制わいせつ・痴漢 4 不快な行為（セクハラなど） 9 わからない	1	–		16		7	3	
3	3,717	1,756	1,961	63 (22)	75	1 強姦 2 強姦未遂 3 強制わいせつ 4 不快な行為（痴漢・セクハラなど） 9 わからない	2	4	4			52	13	
4	2,156	1,022	1,128	25 (21)	27	1 強姦 2 強姦未遂 3 強制わいせつ 4 痴漢 5 セクハラ 6 その他の不快な行為 9 わからない	3	–	–	8	10	3	1	2

1 「総数」は犯罪被害実態（暗数）調査全体の調査対象者人員及びその内数としての男女別人員である。各回における性的被害に関する質問の調査対象者総数は、それぞれ網掛けがされていない範囲の人員をいう。なお、第4回調査の総数には性別についての無回答数を含む。

2 第1回調査の「性的な被害」についての回答者人員は、回答者の総数1,138人（第1回調査報告書109頁）に占める割合（％）又は性的被害があるとした回答者数31人（同124頁）に占める割合（％）を用いて、筆者において計算した概数である。［　］は、計算の根拠とした各回答者の割合である。

3 第2回調査における「被害経験の有無わからない」は、性的被害のスクリーニング質問に対し、「わからない／答えたくない」と答えた人員である。第2回調査報告書117頁。

4 第3回・第4回調査における「被害経験の有無わからない」は、性的被害のスクリーニング質問に対し、それぞれ「わからない」と答えた又は無回答であった人員の合計である。第3回調査報告書229頁及び第4回調査報告書147頁。（　）は、内数として「無回答」の人員である。

Ⅲ　今後の課題

1　被害実態調査の枠組みで性的な被害を測定し続けるか

　調査結果として性的被害経験者の値が小さい、という問題点は、調査対象者数の数からやむを得ない面がある。前述のとおり、被害実態調査の調査デザインは、実施可能性を重視し、「標準」標本数を抑えた ICVS に倣っているところ、ICVS 全体としても、性的な被害の計測は難しいとされている[38]。特に「性的暴行」部分は、いずれの国の値も差を論じられないほどの小さな値であるため、結果報告書上も、確たる解釈は示せない等種々の留保が付されている[39]。

　防犯設備の普及と侵入盗被害の関連等、現状の標本数を前提としても示唆に富む結果が得られる質問項目はあるため、本稿では、被害実態調査自体の標本数の適正規模を論ずるものではないが、性的な被害については、質問文が ICVS 調査票から乖離し、すでに国際比較の前提が失われていることや、別途女性に対する暴力の調査枠組[40]においても異性から無理やり性交された被害経験[41]等が計測されていることにも鑑み、そもそも被害実態調査の枠組において、「性的な被害」を計測し続けるのか、という点は一度顧みられてもいいのではないだろうか。

2　「不快な行為」を測定する意義

　性的な被害の測定を継続する場合は、まず、これまでその内容が不安定となっていた主たる要因である「不快な行為」として何を測定しようとしているのか、について整理を要すると考える。筆者としては、少なくとも、現状のスクリーニング質問における「性的な被害」が、既に ICVS 調査票とは別の内容の被害経験を問う表現に変わっている以上、選択肢においてのみ「不快な行為」という ICVS 調査票における「offensive behaviour」の由来を維持した表現を残す必要はないと考えている。もともとフォローアップ質問の中には、回答者は当該事件を犯罪と考えるかどうか、という別の問いが設けられているため[42]、回答者が当該事件を犯罪被害区分とは別の被害として認識しているかどうかを測定するための選択肢を設ける実質的な価値は乏しい。そのため、第4回調査で「その他の不快な行為」という表現に変わった点については、そのほかの選択肢に該当しないような性的な被害を包括する趣旨とするためではないかと推察できるところである。ただし、「その他の性的な被害」ではなく「不快な行為」という表現自体を維持した理由は定かではない。

38）van Dijk, van Kesteren & Smit, 2007, 15.

39）van Dijk, van Kesteren & Smit, 2007, 77-78 参照。

40）我が国では、内閣府男女共同参画局において3年ごとに男女間における暴力に関する調査が実施されている（http://www.gender.go.jp/policy/no_violence/e-vaw/chousa/h11_top.html（2018.1.6））。また、多国間の調査例として、ヨーロッパにおいては、2012年に欧州連合の中の専門機関である欧州基本権機関（European Union Agency for Fundamental Rights）により Survey on Gender-Based Violence against Women が実施され、2014年に報告書が出されている。http://fra.europa.eu/en/publication/2014/violence-against-women-eu-wide-survey-main-results-report（2018.1.6）.

41）内閣府男女共同参画局『男女間における暴力に関する調査報告書』（2015）61頁以下参照。http://www.gender.go.jp/policy/no_violence/e-vaw/chousa/h26_boryoku_cyousa.html（2018.1.6）

42）第1回調査票では Q20-SQ10（第1回調査報告書153頁）。なお、フォローアップ質問の対象となる性的な被害の経験が有る者31人中71.0% が当該事件を「犯罪」と思うと回答しており（同報告書124頁）、被害態様としては「あなたにとって許し難い行為」を選択した者（31人中83.9%）の内に、当該事件が犯罪であったと考えている者がいたことが分かる。

3　性犯罪の測定を目指すべきではないか。

（1）　測定したい「性的な被害」の範囲　表2からは、「性的な被害」経験者は、調査対象者が最も多い第3回調査でも75人に留まるが、この75人中13人がどの選択肢に該当するか「わからない」を選択しているため、スクリーニング質問から回答者が想定していた「性的な被害」と、選択肢が必ずしも対応していなかったことがうかがえる。また、不快な行為（痴漢・セクハラなど）を選んだ52人についても、どのような又はどの程度の被害が含まれているのか不透明な選択肢であることから、75人中65人については、量的に分析に堪えないというよりは、測定結果として何が表されているのかわからないために分析に使えないというべきではないだろうか。無回答者を除く41人が「性的な被害」の経験が「無い」わけではなくて、有るかどうかが「わからない」としていることからも、質問文が明解な表現となることで、より多くの回答者に、より実質的な被害の実情を明らかにしてもらえる余地があるように思われる。

なお「痴漢」を例にとると、犯罪被害かどうかはっきりしない程度の軽微な接触に留まる例も一般に「痴漢」と称されている一方で、電車内等における性的被害が強制わいせつ事犯としても検挙されている例もある[43]ため、選択肢としての「強制わいせつ」と「痴漢（を含む不快な行為）」は当然の択一関係にはなっていない。特に調査対象者が16歳以上の未成年者を含む一般市民であることに鑑みれば、もともと自分が受けた性的被害について「強制わいせつ」という罪名で処罰される範疇か否かという法的評価を下すよりは、電車内等「いわゆる痴漢」と称される状況下での被害であったことの方が認識しやすく、回答として選択もし易かった可能性もあるのではないだろうか。

あえて相当軽微な被害も含み得る「性的な被害」を計測してきたのはICVSからの経緯があったにしても、いずれにしても調査結果として何らかの活用ができるのは、何を測定できているのか明解な範囲に留まる。筆者としては、女性に対する暴力調査とは別に実施される調査意義としても、暗数調査として調査結果を認知件数等罪名によって集計されている統計と対比させる上でも、「性的な被害」のスクリーニングは、「犯罪ではないかもしれない」曖昧さを除き、我が国における性犯罪の罪名に対応して被害発生量を測定できる設問に変える方が、有益ではないかと考えている。

（2）　性犯罪被害のスクリーニング　スクリーニングとして機能させる上では、「性犯罪」に「含まれない」範囲を特定するのではなく、回答してほしい最大限の特徴、例えば、性的な接触行為や性交等を目的とした暴行脅迫など、「性犯罪」に含まれる被害態様の限界を明示する方が、調査対象者にとっても分かりやすいと思われる。またその場合、強制わいせつと痴漢との関係として上述したように、一般人に対する調査であることからすれば、測定したい罪名を列挙するのではなく、できる限り、測定したい犯罪構成要件を反映するような、具体的な加害行為・被害態様を記述する方が、回答者に実際に経験した被害を想起して、回答につなげてもらいやすいと思われる。

参考として、米国のNCVSでは、罪名によってどのような被害に遭ったのかを選択させる方法ではなく、個別の被害の要素（言葉でレイプすると脅された、望まないのに力づくで性的に触れられた等[44]）を細かく尋ね、アルゴリズムに従って要素を組み合わせ、NCVSが連邦としての指標を得るために用いている被害種別の定義に当てはめる

43）法務総合研究所『平成27年版犯罪白書』第6編第2章第1節（5）迷惑防止条例違反の痴漢事犯及び電車内における強制わいせつ事犯（2015年）参照。

44）　例として挙げたのは「加害者が攻撃しようとした」場合の態様を詳細に聞く際の選択肢（28a. HOWTRYATTACK）の一部である。Bureau of Justice Statics（BJS），"National Crime Victimization Survey, NCVS-2 Crime Incident Report," 2016, 7.

形で集計されている[45]。罪名だけで被害を尋ねると、回答者によって理解が異なる可能性があるためであり、逆に調査員は、回答者側から「rape被害にあった」との特定がされたとしても、「強制された性交という意味でいいですか」と、態様を確認することとされている[46]。

実際、これまでの被害実態調査の選択肢のように「強姦」「強姦未遂」「強制わいせつ」という罪名だけの提示から、一般人がどのような被害が含まれるとイメージするかは、それ自体意識調査として興味深いテーマといえよう。例えば、無理やり飲酒させられて意識がはっきりしていないうちに性交された、又は13歳未満だった時点で暴行・脅迫は伴っていないが性交されたなどの被害経験を「強姦」として想起することは難しいのではないだろうか。

とりわけ平成29年に新設された強制性交等罪及び監護者性交等罪[47]は、従来「強制わいせつ」として認知・検挙されてきた肛門性交と口腔性交が含まれている等、単純に「強姦」「強制わいせつ」を「強制性交等罪」「強制わいせつ」に置き換えてしまうだけでは、必ずしも法改正の詳細を把握していない調査対象者に対して無用な困惑を覚えさせると思われる。また筆者としては、実際に測定できる量的な問題として、よほど調査規模が大きくならない限り、個別の罪名ごとの数値を測定する実益はないと考えているため、「挿入」されたのが体の部位か道具か等によって適用罪名が変わることまで選択肢の形で特定する必要はないと考えている。ただし、測定対象を明確化する上で必要な性行為等の表現に当たっては、性犯罪被害

に特化した調査等において、医学用語等、意味が明確な用語が用いられている例[48]があることは参考となると思われる。

なお、性的な被害についての質問については、調査対象者に羞恥心を覚えさせる場合があるため、調査票の該当部分に入る前に答えにくい質問が含まれていることの注意喚起や、回答にあたっても十分に時間をとって良いことの教示が含まれるべきとされている[49]ところ、具体的な被害態様を記載しての質問は、特に不快な気持ちを抱かせる可能性もある。第3回調査までのスクリーニング質問の最初に記載されていた「お答えにくいかもしれませんが…」との注意喚起等、任意で調査に応じている調査対象者が被害経験を答えやすくするための配慮も、的確な回答を得るための必要記載事項として、適切な表現を検討することが望ましいと考える。

4 「痴漢」「セクハラ」を測定する意義は何か

最後に、第4回調査票では、「痴漢」及び「セクハラ」も独立した選択肢となっているため、「痴漢」や「セクハラ」を測定し続ける意義やその方法にも疑問を呈したい。本来罪名ではない「痴漢」と「セクハラ」を、罪名の区分と並べての選択肢とすることは前述のとおり問題がある。ただ表2からは、いずれも性的被害の類型的な場面として一定の量を観測できる可能性がうかがえるため、被害場所に関するフォローアップ質問[50]の中での場所区分に「公共交通機関の中」を追加したり、回答者との関係における加害者類型[51]に「上司等」を追加するなど、測定目的に即した設

---

45) BJS, "National Crime Victimization Survey, 2016, Technical Documentation," 2017, 8. https://www.bjs.gov/content/pub/pdf/ncvstd16.pdf （2018.1.6）

46) また、確認したrapeの定義に回答者が同意しなかった場合は「どういう意味で言っていましたか」と更に確認をすることとされている。BJS, NCVS-2, 2016, 8, 29c. RAPE_CK 1参照。

47) 平成29年法律第72号による改正後の刑法177条及び179条。

48) UNODC & UNECE, 2010, 69.

49) UNODC & UNECE, 2010, 68.

50) 第1回調査票ではQ20-SQ 2（第1回調査報告書152頁）。

51) 第1回調査票ではQ20-SQ 5 （第1回調査報告書152頁）。

問を検討することで興味深い調査結果が得られる
余地があるように思われる。

IV　終わりに

　被害実態調査は、もともと「継続的な」実施を
予定していた調査であるところ[52]、標本調査にお
いて、調査実施のたびに用いられている被害の定
義が変わってしまうと、経年での数字の増減が、
定義に合致する行為の広がり（狭まり）に基づく
ものか、現実の発生状況の増減に基づくものかの
区別がつかないことになる。本稿は、設問上の表
現という、非常に限られた範囲での視点を提供す
るに留まり、その他の調査手法上の変更が回答動
向に与えた影響や、もともと相対的に事件数が少
ない、深刻な性犯罪被害を標本調査で検出するた
めの調査手法等、そのほかの重要な検討課題の議
論を省略している。今後、被害実態調査手法上の
検討が深められ、性犯罪被害についても犯罪発生
量の継続的な測定手法として確立されていくこと
を期待している。

---

52)　第1回調査報告書7頁

シリーズ：世界の被害者学（第24回）

ニュージーランドにおける
被害者支援団体（VS）の活動とワンストップ支援

千 手 正 治

〔**Abstract**〕

　This article outlines the activities of Victim Support (VS) in assisting crime victims nationwide in New Zealand (NZ) and assesses VS as a one stop shop for crime victims.

　VS became a national organisation through reforms in 2003-4, and obtained contract-based financial resources from governmental agencies such as the Ministry of Justice. VS also works with the NZ Police, legal and psychological counselling organisations, hospitals and general practitioners, family and sexual violence organisations such as Women's Refuge etc., through memoranda of understanding or other long-term arrangements. These financial resources and established relationships with other agencies enable VS to serve as a de facto one stop shop for crime victims in a manner that may prove useful for developing comprehensive support for crime victims in Japan.

　This study is supported by JSPS KAKENHI Grant Number JP26380098.

Ⅰ　はじめに

　本稿は、ニュージーランド（以下「NZ」という）における民間の被害者支援団体である Victim Support（以下「VS」という）について概説した後に、当該団体の犯罪被害者に対するワンストップ支援センターとしての役割に着目するものである[1]。犯罪被害者に対するワンストップ支援とは、一般に犯罪被害者に対する支援提供の場を一か所に集中させることにより、犯罪被害者が必要とするすべての支援を一か所で受けることを可能にする制度をいう[2]。被害

SENZU Masaharu　　　　　Associate Professor, TOKIWA University
　　　　　　　　　　　　常磐大学総合政策学部准教授

　1）　VSについては、*Victim Support*（http://www.victimsupport.org.nz/）参照。またVSについて紹介したものとして、冨田信穂「ニュージーランドの被害者政策」被害者学研究9号（1999）年）67-82頁、中島祐司「Victim Support」『更生保護と犯罪予防』38巻2号（2005年）67-82頁、拙稿「ニュージーランドにおける被害者支援（Victim Support）グループ：その概要」比較法雑誌36巻1号（2002年）103-114頁、同「ニュージーランドにおける犯罪被害者政策：修復的司法ならびに被害者支援グループを中心に」日本ニュージーランド学会＝東北公益文科大学ニュージーランド研究所編『「小さな大国」ニュージーランドの教えるもの：世界と日本を先導した南の理想郷』論創社（2012年）252-269頁等。
　2）　我が国における性犯罪被害者に対するワンストップ支援に関するものとして、佐々木静子「被害者支援体制をいかに創るか：連携を求めて」被害者学研究21号（2011年）101-111頁、千手正治＝冨田信穂「我が国及びアメリカ合衆国における犯罪被害者に対するワンストップ支援の現状：首都圏及びカリフォ

者が必要とする支援としては、医療機関による治療行為、精神科医もしくは臨床心理士等によるカウンセリング、弁護士等による法律相談、犯罪被害者支援に関する情報提供、犯罪被害者給付金の申請などの各種被害者救済手続のサポートなど、様々な形態が考えられるが、これらがすべて異なる場所にあった場合、これらの提供の場に出向く手間もかかり、被害者にとって利用しづらいものとなる。すなわち、被害者はあちこちに出向くことなく、ワンストップ支援センターとしての役割を果たしている機関にさえ行けば、そこで必要とする様々な支援を受けることが可能となり、被害者志向的な制度であるといえよう。

　また後述の通り、我が国におけるワンストップ支援は性被害者に限定されているが、VSにおいては支援対象となる犯罪被害を限定していない。我が国の刑法において生命・身体に対する罪は、法益上も強く保護されていると理解されているが、そうであればその被害者に対する支援も、より被害者志向的であるべきと考える。従って我が国においても、ワンストップ支援を少なくとも生命・身体に対する罪の被害者にまで拡大すべきであると考える。この点において、VSにおける被害者支援は、性被害以外の被害者についてワンストップ支援の対象に含みうる可能性を秘めたものとして考えられよう。例えば後述するリージョナル・オフィス（以下「RO」という）の場合、被害届を提出した際に、警察署内においてVSのスタッフから支援を受けることが可能となる[3]。さらにNZ警察では、矯正省（Department of Corrections）等とともに、被害者通知登録（Victim Notification Register）と呼ばれる制度も実施している[4]。これはすべての被害者を対象としたものではなく、生命・身体に対する罪等の被害者に限定されているが、対象被害者が警察署において通知登録をすれば、その登録が矯正省などの関係機関にも知られ、刑事施設内もしくは在宅拘禁中における加害者の一時的な釈放、逃走・失踪、死亡についての通知、強制的に病院に留置された加害者の退院、外出許可、逃走、死亡のほか、刑事施設に服役中の加害者の釈放日等について通知される。したがってこれらの被害者の場

　　ルニア州における例を参考として」常磐大学人間科学部紀要「人間科学」33巻1号（2015年）23-36頁、内閣府『平成24年版犯罪被害者白書』印刷通販株式会社（2012年）15-27頁、内閣府犯罪被害者等施策推進室『性犯罪・性暴力被害者のためのワンストップ支援センター開設・運営の手引：地域における性犯罪・性暴力被害者支援の一層の充実のために』（http://www8.cao.go.jp/hanzai/kohyo/shien_tebiki/pdf/zenbun.pdf）、藤本哲也「性犯罪被害者のためのワンストップ支援センター」戸籍時報697号（2013年）95-98頁、拙稿「我が国における犯罪被害者に対するワンストップ支援に対する一考察：大韓民国における性犯罪被害者に対するワンストップ支援センターを訪問して」JCCD111号（2013年）46-58頁、同「我が国における犯罪被害者に対するワンストップ支援の対象拡大に関する一考察」法学新報121巻11・12号（2015年）645-669頁等。

　3）　筆者自身、2001年にNZ南島最大の都市であるクライストチャーチにて窃盗被害に遭った経験を有している。被害に遭い警察署を訪れた際に、警察署内にあるVSのオフィスにて支援を受けた経験がある。

　4）　Department of Corrections, "Victim Notification Register."（http://www.corrections.govt.nz/information_for_victims/victim_notification_register.html）; New Zealand Police, "Information for victims of crime"（http://www.police.govt.nz/advice/victims/information-victims-crime）. なお被害者通知登録は、2002年被害者権利法（Victims' Rights Act 2002）第34条乃至第39条に基づく制度である。

合、警察署に行けば、被害届等を提出すると同時に、VS の RO から支援を受けることができ、さらに通知登録を申請することも可能となる。またナショナル・オフィス（以下「NO」という）における被害者に対する電話対応についても、特段被害を受けた罪種を限定してはいない。この点においても NZ における VS の活動は示唆に富むものであると考える。

なお本稿は、科研費の課題（課題番号：26380098）における2016年度までの成果報告及び2017年度の中間報告も兼ねたものである[5]。

II　VS の概要

最初に VS の概要について、筆者が2015年 9 月 7 日、2016年 9 月13日及び2017年 8 月14日に首都ウェリントン（Wellington）にある VS の NO を訪問した際、ならびに2017年 8 月17日にウェリントン近郊にあるローワーハット（Lower Hutt）にある RO を訪問した際に入手した資料及び情報等を中心として、VS の概要について論じることとする。

VS は、24時間365日にわたり犯罪及びトラウマの被害者に対して対応する組織で、被害者支援に特化した組織としては NZ 唯一の全国規模の組織であると説明されている[6]。

現在 VS は、ウェリントンにある NO に加え、全国に61の RO があり、609名のボランティアスタッフと120名の有給のスタッフからなる[7]。このように、VS が NO 及び RO からなる全国組織となったのは、2003年から2004年にかけてのことである[8]。VS においては、1990年にNZ 国内においてそれぞれ独立していた VS を取りまとめることを目的として、NZ 被害者支援団体協議会（New Zealand Council of Victim Support Groups）が設立され、翌年には同協議会の第一回の年次総会（Annual General Meeting）が開催されるなど、全国各地の VS のグループ間におけるネットワークの構築を進めてきた経緯がある。しかしながらこの時期における VS は、あくまでも NZ 各地における VS がそれぞれ独立した組織であった。したがって各地の VS はそれぞれ異なる組織運営を行い、財源もそれぞれの VS ごとに確保していた（財源の多くは、地方に基盤をおく組織や個人からの寄付に依拠していた。なお地方の組織の場合、政府から

---

5 ）　本稿は、2014（平成26）年度から2017（平成29）年度にかけての科学研究費助成事業基盤研究 C （研究課題名「対象被害者拡大の観点に基づく我が国のワンストップ支援発展の条件に関する実証的研究」）（研究代表者：千手正治）の研究報告の一環として位置づけられる。

6 ）　Victim Support, "Understanding Victim Support's Work." a Paper Prepared for the Presentation on the Overview of VS Work on 7th September 2015, p. 2.

7 ）　Victim Support, *Annual Report 2015/16*. Wellington: New Zealand, p. 12 及び筆者が2017年に NO を訪問した際に得た情報による。なお RO は、かつて「ローカル・オフィス」という名称が用いられており、現在もなおこの名称で呼ばれることもある。

8 ）　Victim Support, *Annual Report 2003*. Wellington: New Zealand, 2003, p. 3; Victim Support, *Annual Report 2004*. Wellington: New Zealand, 2004, p. 3 及び筆者が2016年に NO を訪問した際に得た情報による。

の拠出金を得ることは難しいという）[9]。一般的な運営モデルとしては、1名の有給のサービス・コーディネーターのもとでボランティアスタッフによる被害者支援が行われる形であり、また警察からは被害に関する情報提供という形で協力を受けていた[10]。しかしながら2003年から2004年にかけての改革により、VS の活動が、これまでの VS のグループ間におけるネットワークを基礎としたものから、より全国的に組織化されていった。すなわち、2003年10月の年次総会において9名の地方マネージャー（District Manager）（現在のエリア・マネージャーに相当する）の制度が導入され、さらには2004年7月には80名のサービス・コーディネーターが任命された[11]。

　これにより被害者に対するサービス内容においても地方ごとの格差も減少し、また政府からの拠出金にも依拠できるようになった[12]。無論地方に基盤をおく組織や個人からの寄付についても、引き続き VS の収入源となっている。

　政府からの拠出金は2015年度における VS の総収入（11,113,073NZ$：約8億9000万円）の90%程度を占めているが、これらの拠出金は法務省（Ministry of Justice）、保健省（Ministry of Health）、社会発展省（Ministry of Social Development）などの政府機関との契約に基づくものである[13]。すなわち法務省との間では犯罪及びトラウマの被害者（被害者の遺族・友人等を含む）に対する支援の提供、保健省とは自殺の被害者に対する支援の提供、社会発展省とはファミリー・バイオレンス[14]及び性犯罪の被害者に対する支援の提供について、それぞれ契約を締結している。当然のことながら政府機関においても、全国規模で統一化された支援を提供できる組織と契約し、拠出金を出すことを選択することは想像するに難くないものである。無論 VS 側も、政府機関と契約を締結した後は、常に政府側から根拠に基づく説明責任を果たすよう求められている[15]。

　また VS が全国的な組織となったことにより、被害者と被害者遺族が離れて暮らしていた場合においても遺族に対する円滑な支援の提供が可能になったという[16]。

　現在 VS は、全国を9つのデリバリー・エリアに分け[17]、それぞれに有給のエリア・マネー

9）　筆者が2017年に NO を訪問した際に得られた情報による。
10）　筆者が2017年に NO を訪問した際に得られた情報による。
11）　Victim Support, *Annual Report 2004*, p. 3 及び筆者が2016年に NO を訪問した際に得た情報による。
12）　筆者が2017年に NO を訪問した際に得た情報による。
13）　筆者が2017年に NO を訪問した際に得た情報による。
14）　筆者が2017年に NO 及びローワー・ハットにおける RO を訪問した際に得た情報によれば、最近ではファミリー・バイオレンスについて「ファミリー・ハーム」（family harm）と呼ばれているとの情報に接したが、本研究に着手した2014年ごろはファミリー・バイオレンスという言葉が用いられていたので、本稿では「ファミリー・バイオレンス」で統一することとする。
15）　筆者が2017年にローワー・ハットにおける RO を訪問した際に得た情報による。
16）　筆者が2017年に NO を訪問した際に得た情報による。なお VS のデータベースは警察のデータベースと完全に異なっており、双方とも互いのデータベースにアクセスできない状態にある。

ジャーを配置し、各エリアにおける統括業務に従事させている[18]。また全国各地の RO は、警察との覚書により警察署の敷地内にあり[19]、それぞれに有給のサービス・コーディネーターが配置されている。サービス・コーディネーターは、①ボランティアスタッフの任務当番表の管理、②ボランティアスタッフからの業務報告、③ボランティアスタッフの監督、④ケース・マネージメント、⑤ボランティアスタッフの指導・訓練等の業務に従事している[20]。サービス・コーディネーターはまた、殺人・自殺・性犯罪・ファミリー・バイオレンスなどのようなボランティアスタッフによる対応が困難な被害者に対応する（サービス・コーディネーターは、上記の被害者に対応するための専門的訓練を受けているが、殺人や自殺の場合には、これらのスペシャリストと呼ばれるスタッフが存在し、サービス・コーディネーターに必要な指示を与えている[21]。また一部のエリアには、有給のサポートワーカーを配置し、サービス・コーディネーターと同様に、ボランティアスタッフで対応困難な被害者に対応している[22]。

1 つのエリアは、複数の RO（5 か所から10か所程度）から構成されている。すなわち、各 RO のサービス・コーディネーターがボランティアスタッフに直接接する有給スタッフであり、エリア・マネージャーはこれらのローカル・オフィスから構成される広域のデリバリー・エリアを統括する役目を担っているといえよう。

Ⅲ　VS による支援

被害者から VS への接触手段としては、主として電話とソーシャル・ネットワーキング・サービスの 1 つである LINE が挙げられる。電話対応業務については、24時間365日にわたり NO の有給スタッフが全国からの電話に対応している[23]。すなわち、VS が24時間365日にわ

---

17)　Victim Support, *supra note* 7, p. 5.

18)　筆者が2015年に NO を訪問した際に、当該オフィスのスタッフから受けた説明による。なお NO は、ウェリントンにある NZ 警察本部内に設置されている。

19)　VS と NZ 警察との覚書については、冨田・前掲論文67-82頁参照。なお筆者が VS から入手した資料によれば、現在では2016年10月に交わされた覚書が最新のものとなっている。この覚書は、『NZVS 協議会と NZ 警察との間の合意についての覚書』（*Memorandum of Understanding Between NZ Council of Victim Support and the New Zealand Police*）と呼ばれ、全43条及び 2 つの付表から成る。覚書には、覚書の目的、警察の責任、VS の責任、警察及び VS の共同責任、VS スタッフの安全、被害者の権利と安全、警察から VS への照会、情報の共有等について規定されている。警察署内に VS のオフィスの設置を認めることについては、前述覚書における付表 1 を根拠とする。

20)　Victim Support, *supra note* 7, p. 9.

21)　筆者が2017年にローワー・ハットにおける RO を訪問した際に、サービス・コーディネーター及びホミサイド・スペシャリストから得られた情報による。なおこの際にホミサイド・スペリシャリストから得た情報によれば、ホミサイド・スペシャリストの業務は基本的に、①殺人被害者への対応に対する専門的訓練の実施、②殺人事件が発生した場合における対応（サービス・コーディネーターから報告を受け、これをもとにサービス・コーディネーターへ具体的な指示を出すこと）に大別されるという。

22)　筆者が2016年に NO を訪問した際に得た情報による。またサポートワーカーは、ボランティアスタッフ数が不足しているエリアに配置されることもあるという。

たり犯罪及びトラウマの被害者に対して対応する組織であるというフレーズは、犯罪被害者やその遺族からの電話対応を意味する[24]。ただし警察との覚書により、緊急にVSによる支援を必要とする場合において、警察からスタッフ派遣の委託を受けた際には、VS側は45分以内にスタッフを派遣しなければならない[25]。

　VSの2015-2016年次報告書によれば、年間9万1429件の被害者からの電話に対応したという[26]。このように電話等を受け、ボランティアスタッフによる被害者への対応を行うことになるが、ボランティアスタッフの選定については、それぞれのボランティアスタッフの有するスキル、所在地、被害者への対応可能性をもとに、当該被害者への対応に最も適していると思われる人物が選出される[27]。すなわち、電話による被害者との対話や実際に被害者に対する直接支援を行うボランティアスタッフの選定といった、被害者支援のマネージメントとなる業務については、有給のスタッフによって実施されている。ただし前述の通り、ボランティアスタッフによる対応が難しいと思われる場合には、サービス・コーディネーターなどの有給のスタッフが被害者の対応にあたる。なお筆者が2015年にNOを訪問した際、全国の被害者からの電話に対応するための部屋を見学する機会に恵まれたが、この部屋にあるPC端末では、全国に存在するボランティアスタッフの所在地やボランティアスタッフの有するスキル等を、マッピングやボランティアスタッフの色分け等により表示しており、これにより被害者支援に対応可能なボランティアスタッフの位置を把握しているとの説明を受けた。

　このように、被害者からの電話等や、警察からの支援要請を受け、直接被害者支援にあたるのは、基本的にボランティアスタッフである[28]。VSのボランティアスタッフになるために

---

23)　筆者が2015年にNOを訪問した際に、当該スタッフから受けた説明による。

24)　筆者が2015年にNOを訪問した際に受けた説明によれば、警察署の敷地内にあるROにおけるスタッフによる被害者への対応は17時ぐらいまでしか行っていないという。

25)　45分以内のスタッフ派遣については、前述覚書における付表1を根拠とする。もっとも筆者が2015年にNOを訪問した際に、当該オフィスのスタッフから受けた説明によれば、45分以内という文言は、45分以内に警察署や緊急な支援を必要とする被害者がいる場所といった派遣先に到着するという意味ではなく、45分以内にスタッフが派遣先への出発に向けた準備を整えるという意味であるという。

26)　Victim Support, *supra note* 7, p. 3. なお同年次報告書によれば、VSのLINEによる対応は、11万1409件となっている。

27)　Victim Support, *supra note* 7, p. 8及び筆者が2015年にNOを訪問した際に、当該スタッフから受けた説明による。

28)　NZ社会の特徴として、ボランティア活動が社会的に評価される傾向にあり、多数の人々がボランティア活動に従事していることが挙げられる。2012年の調査によれば、15歳以上のNZ人のうち、30.6パーセントが何らかのボランティア活動に従事したと回答しており、性別では、31.7パーセントの女性がボランティア活動に従事したと回答したのに対し、男性は29.5パーセントとなっている（Volunteering New Zealand, "Statistics on Volunteering"（http://www.volunteeringnz.org.nz/policy/statistics/)）。また非営利部門に対する2008年の調査では、ボランティアが67パーセントもの非営利による労働力を占めており、これは13万3799人ものフルタイムの労働力に匹敵するものであり、さらにNZにおけるボランティアは合計で約2億7000万時間もの無給の活動に従事し、これは約33億NZドルもの金銭的価値をもたら

は、最初に入門的な訓練プログラムを受けることから始まる。この訓練は、2週の週末に渡って実施され、そこでは、①被害者とその権利、②ボランティア支援者、③VSによるサービスの方針、④文化的背景に配慮した実践活動、⑤コミュニケーションスキル、⑥悲しみ及びトラウマを抱えた被害者の支援、⑦突然でトラウマとなるような死に方をした被害者遺族の支援、⑧自殺により取残された遺族の支援、⑨被害者支援のための精神的な応急措置の方法等についてについて学ぶことになる[29]。この入門的な訓練プログラムを成功裏に終えた場合には、次のステップとしてインターンシップが実施される。このインターンシップは、各ROのサービス・コーディネーターの助言を受けながら、熟練のボランティアスタッフと2人1組で実施され、ボランティアスタッフ候補者が1人で対応できると確信できるまで継続される[30]。NOを訪問した際に聞いた話によれば、通常このインターンシップは、6か月はかかるという。これらの訓練を経て、ボランティアスタッフ候補者は正式にボランティアスタッフとなることができる。ボランティアスタッフとなった後も、サービス・コーディネーターの指導の下で、継続的に訓練をうけることとなる。これらの訓練の中には、青少年司法のプロセスである家族集団協議会（Family Group Conference）や修復的司法、被害状況報告（Victim Impact Statement）といった司法手続に係る被害者のサポートなど[31]、より高度な被害者支援も含まれる。したがって、ボランティアスタッフの間でも、経験やスキル等に差異が生じる。そのため、事例ごとにどのボランティアスタッフが適任であるか、適切な判断をすることが、VSによる犯罪被害者支援の評価を大きく左右することになろう。そういった意味では、被害者からの電話等に対応し、内容に応じて対応するスタッフを選定するNOの有給スタッフの判断が重要な意味を持つことになろう。

　実際に被害者に接して支援を行うのはボランティアスタッフが大部分であるため、VSにおいて提供される支援の多くは、被害者が被害に遭って危機に瀕している際に行う応急的あるいは一般的な支援であるといえる。実際にVSから得た情報によれば、支援内容として、被害者の感情に対する応急的な支援、被害者に対する実用的な支援、情報の提供、さらにはただ被害者と対話することなどが挙げられており[32]、専門的な支援ではない。ただし、前述の通り、

しているという（Volunteering New Zealand, "What to Volunteer?"（〈http://www.volunteeringnz.org.nz/volunteers/〉））。またNZにおけるボランティア活動について紹介したものとして、峯良智子『ニュージーランドの休日』東京書籍（2006年）130-142頁参照。

29) Victim Support, *supra* note 1.

30) *Ibid.*

31) *Ibid.*

32) 筆者が2015年にNOを訪問した際に受けた説明によれば、家族を突然失った被害者遺族に対する支援の例として、ボランティアスタッフと一緒にお茶を飲んで心を落ち着かせることなどが挙げられた。また被害者とボランティアスタッフが対話する場合でも、電話による場合が多いとの説明も受けた。

殺人・自殺・性犯罪・ファミリー・バイオレンス等については、専門的訓練を積んだ有給のスタッフによる対応が行われる。

これら以外でVSによって提供される支援としては、①殺人や性暴力などの重大事犯における金銭的支援、②刑事司法関連の支援（裁判所、修復的司法関連の面談、パロール委員会への出席の付添い、被害状況報告の作成）、③悲しみ、喪失感、トラウマ及びショックへの対処についての援助、④VSにおいて対応できない場合における、他の被害者支援機関の詳細についての情報提供等が挙げられる[33]。

ここでいう金銭的支援としては、①殺人の被害者遺族、②殺人以外の致死事件の遺族、③性暴力の被害者、④その他の重大事件の被害者、⑤犯罪現場となったことに伴う給付金がある[34]。

殺人の被害者遺族の場合、①5000NZドルの支給、②30回を上限としたカウンセリング費用、③公判手続やパロール等の刑事司法手続に参加する場合、最大6人までの家族への交通費及び宿泊費の支給、④裁判所における審理に参加する場合、最大5人までへの1日あたり124NZドルの日当の支給、⑤葬祭費についての事故補償公団（Accident Compensation Corporation）（NZにおける事故補償制度に基づき、犯罪被害、労働災害、交通事故などの原因を問わず被害者に対して補償金を交付する組織。一般にACCと呼ばれる）への補償金の申請補助といった支援を実施している[35]。

殺人以外の致死事件の遺族の場合、①5000NZドルの支給、②30回を上限としたカウンセリング費用、③公判手続やパロール等の刑事司法手続に参加する場合、6人までの家族の交通費及び宿泊費の支給といった支援を実施している[36]。

性暴力の被害者の場合、①当面の費用としての500NZドルの支給、②公判手続やパロール等の刑事司法手続に参加する際における交通費及び宿泊費の支給、③被害者やその支援者が公判に参加する場合、100NZドルの支給、④カウンセリング、引っ越し等の被害回復や安全のための費用についての2000NZドルを上限とする支給（収入審査あり）といった支援を実施している[37]。

その他の重大事件（被害者に重傷害もしくは無能力をもたらした重大な暴行、又はそれ以外の犯罪で、合理的根拠により、被害者もしくはその近親者の安全に対して継続的な不安を抱かせていると認められたものをいう）に対しては、①公判手続やパロール等の刑事司法手続に参加する際に

---

33) Victim Support, *supra note* 2.
34) Victim Support, "Financial Assistance for Victims of Serious Crime." Wellington: New Zealand, 2013.
35) *Ibid.*
36) *Ibid.*
37) *Ibid.*

おける交通費及び宿泊費の支給、②カウンセリング、引っ越し等の被害回復や安全のための費用についての2000NZドルを上限とする支給（収入審査あり）といった支援を実施している[38]。

犯罪現場となったことに伴う給付金とは、自宅や自家用車が犯行現場となったことにより使用不能となり、専門家による清掃が必要になった場合や、警察により立入り禁止措置がとられた場合における2000Nドルを上限とした給付金である。この給付金により、当面の住む場所や食べ物さらには清掃に係る費用がカバーされる[39]。

メンタルに係るカウンセリングや法律相談、さらには医療等のサービスについては、外部機関との連携によって対応している。カウンセリングについては、カウンセラーの名簿を作成して被害者をカウンセラーに照会し、また医療機関との連携についても覚書を作成するなどして連携をとっている[40]。法律相談については、無料の法律相談を実施しているNPO組織である「コミュニティ法律センター」（Community Law Centres）（全国24か所にセンターがあるが、その出先機関を含めると全国140か所以上になる）などとの連携があるが、これは長年の付き合いによる事実上の連携であり、覚書等は交わしていない[41]。いずれにしても、VSは自らの組織で対応できない支援については、これに対応可能な人や機関の詳細についての情報を提供しているといえよう。

Ⅳ　犯罪被害者に対するワンストップ支援としてのVSの活動

以上においてVSの活動について概説したが、本章ではこれらを踏まえ、VSの活動が犯罪被害者に対するワンストップ支援としての機能について考察する。

我が国の犯罪被害者施策においてワンストップ支援という言葉が用いられたのは、2011年に閣議決定された「第2次犯罪被害者等基本計画」（以下「第2次基本計画」という）である。「ワンストップ支援センターの設置促進」として、「性犯罪被害者のためのワンストップ支援センター（医師による心身の治療、医療従事者・民間支援員・弁護士・臨床心理士等による支援、警察官による事情聴取等の実施が可能なセンター。以下本項において『ワンストップ支援センター』という）の設置を促進するため（以下略）」と規定している[42]。また内閣府犯罪被害者等施策推進室『性犯罪・性暴力被害者のためのワンストップ支援センター開設・運営の手引：地域における

---

38) *Ibid.*
39) *Ibid.*
40) 筆者が2015年にNOを訪問した際に、当該スタッフから受けた説明による。
41) 筆者が2015年にNOを訪問した際に、当該スタッフから受けた説明による。
42) 2015（平成27）年11月19日に内閣府犯罪被害者等施策推進室より「第3次犯罪被害者等基本計画案骨子」に対する国民一般への意見募集が告知され、その後2016年4月に「第3次犯罪被害者等基本計画」が閣議決定された。この中にも「ワンストップ支援センターの設置促進」が盛込まれているが、ここでも性犯罪被害者に限定されている。

性犯罪・性暴力被害者支援の一層の充実のために』（以下、内閣府『手引』という）も、「ワンストップ支援センターは、性犯罪・性暴力被害者に、被害直後からの総合的な支援（産婦人科医療、相談・カウンセリング等の心理的支援、捜査関連 の支援 、法的支援等）を可能な限り一か所で提供することにより（以下略）」と説明している[43]。ここで注目すべきは、「ワンストップ」とはいうものの、必ずしも一か所で被害者が必要とするすべての支援を提供することを前提としていない点である。さらに内閣府『手引』では「『総合的な支援を可能な限り一か所で提供する』とは、被害者を当該支援を行っている関係機関・団体等に確実につなぐことを含むものである」とも説明されている[44]。

　第2次基本計画や内閣府『手引』において想定されているワンストップ支援の内容を見てみると、ワンストップ支援に係る個人・機関として、産婦人科医等の医師及び医療従事者、民間支援員、弁護士、臨床心理士、警察が挙げられているが、ここで挙げた個人・機関のすべてを一か所に集中させることは相当困難であるように思われる。それゆえ前述のとおり、内閣府『手引』においても、「被害者を当該支援を行っている関係機関・団体等に確実につなぐことを含」むと説明していると考えられる。このような定義が現実的であろう。

　上記のワンストップ支援の定義に鑑みた場合、VS は、VS 独自による支援に加え、カウンセラー名簿を作成し、警察及び医療機関と覚書を交わしている。また法律支援については、コミュニティ法律センターとの長年に渡る付き合いにより事実上の連携が形成されているといえる。また筆者が VS から入手した資料には、VS のパートナーとして、法務省等の4省庁、警察・パロール委員会・公立病院に関する委員会などの6つの公的サービス機関、カウンセラー・一般診療医・コミュニティ法律サービス・ファミリー・バイオレンス関連機関（女性の避難所など）・性暴力関連機関等の11の NGO・民間組織が記載されている[45]。

　これらに鑑みれば、VS は自団体の活動について「ワンストップ支援」もしくはこれに類する言葉を用いてはいないものの、我が国の内閣府『手引』にいう「総合的な支援を可能な限り一か所で提供」及び「被害者を当該支援を行っている関係機関・団体等に確実につなぐこと」を実践しており、事実上のワンストップ支援センターとしての役割を果たしていると評価しうる余地は十分にあるといえる。言い換えれば、VS が他機関との連携を含め、一定程度充実した支援を被害者に提供できるからこそ、事実上のワンストップ支援センターとしての様相を呈しているともいえよう。

　VS が前述の通りの支援を実現できる背景には、いうまでもなく法務省をはじめとする政府

43）　内閣府犯罪被害者等施策推進室・前掲書7頁。
44）　内閣府犯罪被害者等施策推進室・前掲書8頁。
45）　Victim Support, "Victim Support" a Paper Prepared for the Meeting on 14th August 2017, p.9.

機関との契約による財政的基盤が挙げられる。これにより有給のスタッフを確保し、24時間365日の電話対応やボランティアスタッフで対応困難な事例への対応を可能ならしめていると考えられる。それゆえボランティアスタッフに過度な負担をかけることを回避できるものといえよう。また前述した重大事犯における金銭的支援も、財政的基盤があってはじめて可能なものであると考えられる。

またVSの活動を支えるバックボーンとして「コミュニティの責任」の観念があることも看過しえない。このコミュニティの責任という思想は、前述した事故補償制度成立前に作成された『ウッドハウスレポート』にも記されており、そこでは「我々は毎年予期されかつ避けようのない身体的被害を不可避的に生み出すコミュニティの活動に従事している。それゆえ偶然だが統計的に不可避的に被害者となった人々の支援を共有すべきである。これらのコミュニティ上の目的のための固有の費用は、コミュニティによって平等を基礎として負担されるべきである」と指摘されている[46]。ここでいう責任とは、法的責任ではなく、むしろ相互扶助に近いものと考えられる。このような相互扶助の観念について小松隆二は、「開拓期以来の国づくりと生活のための苦難や相互扶助が指摘される。（中略）経済的自立・発展に対して立ちふさがる数々の困難は、乏しい人的資源を守るために、自立心とともに、相互扶助にも関心を示さざるをえなくした」と指摘している[47]。またVSのCEOも、「コミュニティの責任という観念は、VSの基礎をなすものである。我々の活動は、コミュニティの責任の確立や、コミュニティの理解、さらにはコミュニティの再構築を促進するものである。これは我々の直近及びより広範なコミュニティにおいて互いに助け合うというニュージーランド人の傾向に基づくものである。このことは、どういう意図でVSが30年前に設立されたかの根本をなすものであった」と指摘している[48]。

いずれにしても、前述の財政的基盤とコミュニティの責任という観念的基盤がVSの活動を支えているものと思われる。

Ⅴ　おわりに

以上においてVSの活動及びそのワンストップ支援としての側面をみてきたが、前述の通りVS自身は自らの活動についてワンストップ支援に類する用語を用いていない。しかしながら逆説的な言い方になるが、VSの場合、ワンストップ支援と銘打たないことでかえって事実上

---

46)　Woodhouse, D.,S.,C., et al., *Compensation for Personal Injuries in New Zealand: Report of the Royal Commission of Inquiry.* Wellington: New Zealand, Government Printer, 1967, p. 40.

47)　小松隆二『理想郷の子供たち：ニュージーランドの児童福祉』59-60頁。

48)　筆者が2016年にNOを訪ねる前に送付した質問紙に対する回答による。なお「30年前」とは1986年を意味するが、これはNZ北島の都市ギスボーン（Gisborne）にNZ初のVSが設立された年である。

のワンストップ支援を可能にしているようにも感じられる。すなわちワンストップ支援と銘打った場合、出来る限り一か所で支援を提供する必要性に迫られ、また他機関へ確実につなぐことが求められるため、敷居が高く感じられる可能性がある。そうなると特定の罪種の被害者に限定する方向に向かうことは十分考えられる。

　一方、ワンストップ支援を銘打たない場合には、出来る限り一か所で支援を提供することや他機関へ確実につなぐことが望ましいものの、これらの確立を迫られることはないであろう。我が国の被害者支援において主張されている多機関連携の場合には特段罪種を限定しない一方で、ワンストップ支援については性犯罪の被害者に限定される事実に鑑みた場合、ワンストップと銘打つ場合における敷居の高さを感じるのは筆者だけであろうか。ワンストップと銘打つことなく被害者支援を行い、その上で漸次的であっても他機関との連携を含め被害者支援を拡充させることが、結果的にワンストップ支援と評価される余地を増大させるものであるように感じられる。とりわけ VS の場合、前述した財政的基盤とコミュニティの責任という観念的基盤が被害者支援の拡充に寄与しているものと思われる。

　すなわち VS の場合、被害の重大性や被害者が抱えるトラウマの程度等により支援内容が異なるものの、コミュニティの責任という相互扶助に近い観念に基づき、犯罪被害者を罪種により限定することなく支援を提供してきた。その後、2003年から2004年の改革により全国組織となり、財政的基盤を確立したことで支援内容を拡充させ、そのことが結果的にワンストップ支援と評価される余地を増大させたように思われる。

　このように考えると、我が国において性犯罪以外の被害者に対するワンストップ支援の実現を考える場合、多機関連携における連携関係をより確実・強固なものとすることが最重要であると考える。その上で可能であれば一か所で複数の支援を提供するための方策を考慮すべきであろう。

　筆者は、ワンストップ支援という被害者志向的な制度が拡大・拡充することを願ってやまない。

シリーズ：世界の被害者学（第25回）

アメリカ合衆国におけるリベンジ・ポルノに対する規制
——連邦法による犯罪化の是非を巡る議論を中心に——

隅　田　陽　介

〔**Abstract**〕

　　The issue of Revenge Porn has recently attracted a great deal of attention in the United States. It is becoming a growing problem with the growth and the prevalence of the Internet and easy access to numerous porn sites. The harms caused by the unwanted posting of Revenge Porn to the Internet are severe and oftentimes long-lasting. This Article explores how to regulate Revenge Porn in order to help victims of Revenge Porn regain their lives.

　　Part I of this Article displayed what Revenge Porn is, and the overview of the damages caused by Revenge Porn. In Part II, the outline of the legal system in two States, New Jersey and California, are briefly mentioned. Next Part details existing civil and criminal remedies for victims. In the first half of this Part, as civil suits, tort law claims based on Intentional Infliction of Emotional Distress and public disclosure of private facts, and copyright infringement claims are discussed. In the second half of this Part, criminal remedies are examined from two sides, i.e. existing criminal law and new legislation specifically focused on Revenge Porn. Part IV explains why existing legal remedies are insufficient in protecting victims. Finally, this Article concludes that the new federal criminalization is necessary to combat Revenge Porn. The best way to provide remedies to victims is not offering the judgement proof decision. Rather, a truly effective approach to the Revenge Porn is to punish criminally all offenders for the act of unauthorized uploading of Revenge Porn. Without specific federal legislation targeted the unique problem of Revenge Porn, those who photographed their naked images will continue to be harmed by Revenge Porn.

I　はじめに

　　このところ、いくつかの国々で、個人の裸体や性行為の様子・場面を撮影したポルノ画像がインターネット上に投稿されるという、いわゆるリベンジ・ポルノ（revenge porn）[1] の問題が

SUMITA Yosuke　　　　　　Lecturer, Faculty of Law, Tezukayama University
　　　　　　　　　　　　　帝塚山大学法学部講師

　1）　この名称に関しては、被写体となっている者はその投稿に関して任意に同意したわけではないということを強調するために、「不任意ポルノ（involuntary pornography）」又は「不同意ポルノ（non(-)consensual pornography）」などの用語と互換的に表記されることがある。*See* Driscoll, Sarah E., "Revenge Porn: Chivalry Prevails as Legislation Protects Damsels in Distress over Freedom of Speech," *Roger Williams University Law Review*, Vol. 21（2016），p. 78 & note 4; Scheller, Samantha H., "A Picture is Worth a Thousand Words: The Legal Implications of Revenge Porn," *North Carolina Law Review*, Vol. 93（2015），p. 558; Burris, Aubrey, "Hell Hath No Fury Like a Woman Porned: Revenge Porn and the Need for a Federal Nonconsensual Pornography Statute," *Florida Law Review*, Vol. 66（2014），p. 2327 & note 8. もっとも、Franks, Mary Anne, *Drafting an Effective "Revenge Porn" Law: A Guide for Legislators*, 2015, pp. 2-3 and p. 6 は、「リベンジ・ポルノ」という表記の仕方について、投稿者の中には、営利目的

関心を集めている。その背景には情報通信技術の急速な進歩があると考えられる。すなわち、インターネットやスマートフォン、タブレット端末の発達及び普及に伴い、誰もが手軽にインターネットにアクセスすることが可能になり、同時に、一般人であっても、自画撮りした画像（selfies）のみならず、他人を被写体とした上述のようなポルノ画像を匿名で容易にポルノ・サイトに投稿することが可能になった[2]、その結果、インターネット上に、特定の個人を公然と辱め、その人格を貶めるといった目的で作成されたサイトが増えてきた[3]。こうしたいくつかの要因が相俟って発生し、問題となっているものがリベンジ・ポルノである[4]と考えることができるのである。

　リベンジ・ポルノに関しては、わが国でも問題となっていたが、わが国の場合には比較的迅速に法的規制がなされ、2014年に「私事性的画像記録の提供等による被害の防止に関する法律」（平成26年法律第126号）、いわゆるリベンジ・ポルノ処罰法が制定されている。その結果、

　や有名になりたいといった目的から投稿する者がいるにも拘らず、この表記では、相手に対する復讐目的に代表される悪意のみに基づいて投稿されているかのような誤った印象を与えてしまうとして、こうした表記の仕方は誤りであるとする。こうした指摘があることを受けてなのか、合衆国では、「コンピュータ上の性的搾取（cyberexploitation）」や「サイバー・レイプ（cyber rape）」などと表記されることもある。*See* Waldman, Ari Ezra, "A Breach of Trust: Fighting Nonconsensual Pornography," *Iowa Law Review*, Vol. 102（2017），p. 710 & note 1; Citron, Danielle Keats and Mary Anne Franks, "Criminalizing Revenge Porn," *Wake Forest Law Review*, Vol. 49（2014），p. 346 & note 10. このように、表記の仕方は様々あるようであるが、本稿では、わが国でも一般的に使用されている「リベンジ・ポルノ」という用語を使用することにしたい（合衆国でも、この用語が包括的な用語として使用されることがある。*See* Burris, *supra*, at 2327 & note 8; Scheller, *supra*, at 558 & note 43）。わが国における近時のリベンジ・ポルノに関連する問題を扱った文献として、渡邊卓也「盗撮画像に対する刑事規制」井田良他編『山中敬一先生古稀祝賀論文集［下巻］』（成文堂、2017年）131頁以下、渡辺真由子『リベンジポルノ―性を拡散される若者たち』（弘文堂、2015年）等がある。また、松井茂記「リベンジ・ポルノと表現の自由（一）（二・完）」自治研究91巻3号（2015年）52頁以下、同4号（同）44頁以下等参照。

2 ）　Osterday, Mitchell, "Protecting Minors from Themselves: Expanding Revenge Porn Laws to Protect the Most Vulnerable," *Indiana Law Review*, Vol. 49（2016），p. 556 and p. 563; Otero, Dalisi, "Confronting Nonconsensual Pornography with Federal Criminalization and a 'Notice-and-Takedown' Provision," *University of Miami Law Review*, Vol. 70（2016），pp. 592-593; Patton, Rachel Budde, "Taking the Sting Out of Revenge Porn: Using Criminal Statutes to Safeguard Sexual Autonomy in the Digital Age," *The Georgetown Journal of Gender and the Law*, Vol. 16（2015），p. 408; Linkous, Taylor, "It's Time for Revenge Porn to Get a Taste of Its Own Medicine: An Argument for the Federal Criminalization of Revenge Porn," *Richmond Journal of Law & Technology*, Vol. 20, Issue 4（2014），pp. 2-3, p. 5 and pp. 9-10; Preston, Cheryl B., "The Internet and Pornography: What If Congress and the Supreme Court Had Been Comprised of Techies in 1995-1997?," *Michigan State Law Review*, Vol. 2008（2008），pp. 85-86.

3 ）　Laird, Lorelei, "Striking Back at Revenge Porn: Victims are Taking on Websites for Posting Photos They Didn't Consent to," *ABA Journal*, November（2013），p. 47.

4 ）　Linkous, *supra* note 2, at 3 and 9-11. 例えば、*Ibid.* at 8 では、節のタイトルとして、「Internet ＋ Smartphones ＋ DIY Porn ＝ Revenge Porn」と表記されている。DIY というのは「Do-It-Yourself」のことである。*See Ibid.* at 5. 他にも、元恋人等に対する悪意を抑え切れない者が増えてきているというように、人間の内面自体が変化していることも影響しているのではないかといった指摘もなされている。*See Ibid.* at 11 & note 42.

この問題は幾分下火になったような印象を受ける[5]。一方で、多くの犯罪に関して、わが国よりも一足先に問題となり、先んじてその対策が取られることが多かったと思われるアメリカ合衆国の場合はそうではない。すなわち、リベンジ・ポルノに関しては、いくつかの州では規制法は整備されてきている[6]が、連邦レベルの規制法は未だ制定されていないのである。しかし、リベンジ・ポルノのように一旦インターネット上に投稿された性的な画像や情報は容易に削除されることはなく、被写体となっている者（本稿では、この「被写体となっている者」を「被害者」と表記することがある）には特定の烙印が押されてしまう（branded）ことになる[7]。被写体となっている者が受ける被害や影響の大きさに鑑みると、リベンジ・ポルノの投稿をこのまま放置して見過ごしにすることは許されないと考えられる。早急に被害者に対する救済を検討し、どのようにすればこうした行為を抑止することができるのかを検討することは喫緊の課題である。

　本稿では、現在、合衆国ではリベンジ・ポルノの規制に関してはどのような議論が行われ、どのような状況にあるのかについて検討してみたいと思う。まず、リベンジ・ポルノの定義・概念の他、これが被害者に与える影響等について整理し（Ⅱ参照）、次に、州における規制の代表例としてニュージャージー州及びカリフォルニア州の法制について簡単に触れる（Ⅲ参照）。そして、現在、合衆国ではどのような規制が行われているのか民事及び刑事双方の状況を概観した（Ⅳ参照）上で、最後に、若干の検討をしてみたい（Ⅴ参照）と思う。

Ⅱ　リベンジ・ポルノの定義と被害者に与える影響等

1　定義とその被害者

　リベンジ・ポルノというのは、実務家やジャーナリスト、研究者等が様々な形で使っている用語であるために、その内容を正確に定義するのは困難である[8]。また、現在までのところ、

5）　もっとも、『産経新聞』2017年4月6日（夕刊）10面では、2016年に警察に寄せられたリベンジ・ポルノの相談件数が1,063件に上り、2年連続で1,000件を超えていることから、若年層を中心に深刻な被害が続いていると報道されている。

6）　合衆国の州における法整備の状況に言及した邦文文献として、井樋三枝子「アメリカにおける性的図画の流布を処罰する州法―リベンジポルノ等の犯罪化に関する各州立法動向―」外国の立法260号（2014年）16頁以下、松井・前掲注1）（一）63頁以下及び（二・完）44頁以下参照。また、内閣府政策統括官（共生社会政策担当）『アメリカ・イギリス・カナダ・オーストラリアにおける青少年のインターネット環境整備状況等調査報告書』（内閣府、2015年）（http://www8.cao.go.jp/youth/kankyou/internet_torikumi/tyousa.html（2017年9月25日最終確認。以下、同じ））23頁以下等も参照。

7）　*See* Kitchen, Adrienne N., "The Need to Criminalize Revenge Porn: How a Law Protecting Victims Can Avoid Running Afoul of the First Amendment," *Chicago-Kent Law Review*, Vol. 90 (2015), p. 249.

8）　Pen, Alexis Fung Chen, "Striking Back: A Practical Solution to Criminalizing Revenge Porn," *Thomas Jefferson Law Review*, Vol. 37 (2015), p. 410; Levendowski, Amanda, "Using Copyright to Combat Revenge Porn," *New York University Journal of Intellectual Property and Entertainment Law*, Vol. 3 (2014), p. 424.

必ずしも法的な定義に関する合意が形成されているわけでもない[9]。ただし、ポイントとなるところを抽出しながら、包括的に定義するとしたならば、リベンジ・ポルノというのは、一般に、①人の裸体や半裸体の、又は、性的に露骨な画像（sexually explicit images）又はビデオ映像を、②その被写体となっている者を困惑させ、又は、感情に対する害悪を生じさせる、若しくは、その人格を侮辱すること等を目的として、③撮影時の親密な関係に基づいて、当初は被写体となっている者が自発的に撮影したり、又は、撮影すること自体に関してはその者の同意・許可があったとしても、その後はその者の明示された同意・許可を得ることなく、④当事者以外の一般人に向けて、インターネット上又はその他の媒体に投稿したり、友人等の関係者に頒布するなどの行為[10]ということになろう。ここでいう「性的に露骨な」というのは、例えば、身元が特定できる個人の身体の私的な部分（intimate body parts）や、被写体となっている者が性的行為に従事している様子等を撮影していることを意味し、「身体の私的な部分」というのは、性器の他、女性の場合であれば、着衣の状態ではない時の、又は、着衣の状態であっても視認可能な、乳輪の頂点から下の胸部等を意味する[11]。

　こうした画像を投稿する目的としては様々なことが指摘されている[12]。まずはその表記からも想像できる通り、広範囲に渡ってリベンジ・ポルノ画像を頒布することによって、元恋人や元配偶者に対して復讐や嫌がらせをして困惑させる、その人格を辱めるといった歪んだ欲望から投稿するということである（なお、上述参照）。他にも、営利目的で投稿されることがある一方、ただ単にいたずらのつもりで画像を投稿して面白がるといったことも指摘されている。もっとも、被害者の中にはセレブと呼ばれる女性著名人もいるが、この場合には、ハッカーによってウェブ上のアカウントがハッキングされるなどし、画像が何らかの形で窃取されて、インターネット上に投稿される[13]こともあるようである。

　次に、リベンジ・ポルノの被害者については、年齢や性別は問わないという指摘もあるが、

---

9) Calvert, Clay, "Revenge Porn and Freedom of Expression: Legislative Pushback to an Online Weapon of Emotional and Reputational Destruction," *Fordham Intellectual Property, Media and Entertainment Law Journal*, Vol. 24 (2015), pp. 676-677.

10) *Ibid.* at 677-678 and at 677 & note 21; Driscoll, *supra* note 1, at 78-79 and *Ibid.* & note 6; Osterday, *supra* note 2, at 557 and 558; Linkous, *supra* note 2, at 6; Pen, *supra* note 8, at 410.

11) Pen, *supra* note 8, at 410.

12) Lai, Amy, "Revenge Porn as Sexual Harassment: Legislation, Advocacies, and Implications," *The Journal of Gender, Race & Justice*, Vol. 19 (2016), p. 252; Cecil, Amanda L., "Taking Back the Internet: Imposing Civil Liability on Interactive Computer Services in an Attempt to Provide an Adequate Remedy to Victims of Nonconsensual Pornography," *Washington and Lee Law Review*, Vol. 71 (2014), p. 2515; Bartow, Ann, "Copyright Law and Pornography," *Oregon Law Review*, Vol. 91 (2012), p. 46; Driscoll, *supra* note 1, at 78-79 and at 79 & note 7; Scheller, *supra* note 1, at 558-559.

13) Jacobs, Alex, "Fighting Back against Revenge Porn: A Legislative Solution," *Northwestern Journal of Law and Social Policy*, Vol. 12, Issue 1 (2016), p. 69 and pp. 73-74; Scheller, *supra* note 1, at 557.

基本的には若い女性であることが多い[14]。例えば、サイバー空間における市民権推進機構（Cyber Civil Rights Initiative: CCRI）が1,606人を対象として実施した調査によると、リベンジ・ポルノの被害者の90%は女性であり、年齢でいえば、18歳から30歳までが68%、その中でも18歳から22歳までが27%を占めている[15]などとされる。

2 被害の内容

リベンジ・ポルノ画像を掲載しているインターネット上のサイトでは、被写体となっている者の氏名や住所、職業、電話番号、メール・アドレス、家族構成、他のソーシャル・メディア上のプロフィールがリンクされていることが多い[16]。そのため、リベンジ・ポルノに端を発して、氏名の変更や転居・転職・転校の他、ストーカー行為やハラスメントといった身体的な危険につながることがあるし、失職したり、将来の就職の見込みがなくなったり[17]、結婚の機会すら失われる可能性がある。その結果、精神的に追い詰められ、自殺願望を抱いたり、実際に自殺に走ることもある[18]など、リベンジ・ポルノが極めて有害なものであることは間違いない。端的にいえば、インターネット上に画像を投稿するためのワンクリックのマウス操作のみで、回復不可能な形で個人の人格や尊厳、名誉を侵害し、精神的・感情的に大きなダメージを与える[19]のである。

リベンジ・ポルノの被害に関しては、次のような特質があることを指摘できる。まず、永続性ということである。「インターネットは忘れない（the Internet never forgets）」[20]などといわれるが、一度、インターネット上にこうした画像が投稿されると、それを完全に削除すること

---

14) Koppelman, Andrew, "Revenge Pornography and First Amendment Exceptions," *Emory Law Journal*, Vol. 65 (2016), p. 661; Laird, *supra* note 3, at 46.

15) Driscoll, *supra* note 1, at 76 & note 2; Franks, *supra* note 1, at 8-9; Citron, *supra* note 1, at 353 and 354. もっとも、男性が女性によるリベンジ・ポルノの標的とされることもある。そして、男性が標的とされる場合には、彼はゲイであるなどと中傷されることが多いようである。*See* Driscoll, *supra* note 1, at 76 & note 2; Laird, *supra* note 3, at 47.

16) 中には、こうした情報を画像と共に掲載するように勧奨したり、画像を投稿する際に申請フォームに記載することを求めるサイトもあるとされる。*See* Patton, *supra* note 2, at 409; Linkous, *supra* note 2, at 13.

17) 合衆国では、経営者は、社員の採用に当たって、多くの場合、インターネットで申込人の情報を検索し、その結果から、生活習慣に関する不適切なコメントやいかがわしい画像等が発見された場合には採用を断っているなどとされる。*See* Citron, *supra* note 1, at 352.

18) *See* Jacobs, *supra* note 13, at 74. また、自殺にまでは至らないとしても、食欲不振や摂食障害、パニック発作（panic attacks）、神経衰弱状態に陥るなどはリベンジ・ポルノによる症状の典型的な例であるとされる。*See* Waldman, *supra* note 1, at 715-716; Citron, *supra* note 1, at 351.

19) Kopf, Samantha, "Avenging Revenge Porn," *The Modern American*, Vol. 9 (2014), p. 22; Otero, *supra* note 2, at 593.

20) Larkin, Jr., Paul J., "Revenge Porn, State Law, and Free Speech," *Loyola of Los Angeles Law Review*, Vol. 48 (2014), p. 60.

はほぼ不可能であり、将来に亘って、不特定多数の者がこれを目にする機会を得てしまうことになる。そして、一旦はそのサイトからは削除されたとしても、すぐに再度投稿されたり、別のサイトで閲覧することが可能なのである[21]。

次に、広汎性ということである。リベンジ・ポルノの場合、インターネットを利用する者であれば誰もが自由に画像を投稿することができ、もともとは恋人同士のような限られた者の間でのみ閲覧することが想定されていた「私的な」画像がインターネット上に投稿されると、瞬く間に拡散してしまうのである。同時に、全世界からのアクセスが可能になり、そして、世界中の人々が閲覧することが可能になる[22]。インターネットが発達する前には想定できなかった範囲にまで画像が拡散し、特定の個人に害悪を与えてしまう[23]ということである。先ほどの永続性ということとも併せて、その害悪は現実世界での嫌がらせ等によってもたらされるそれとは比較にならない[24]といえる。

そして、視覚性ということも挙げられる。リベンジ・ポルノの場合、それは画像・映像として目に見える視覚的なものであるため、人の記憶に残りやすく、人はそれを真実を表したものと信じてしまうなど、その影響力は大きい。その結果として、文字では伝達できない、それ以上の個人に関する内容や情報をさらけ出してしまうため、被写体となった者のプライバシーや安全により大きな危険をもたらす[25]のである。

Ⅲ　合衆国の州における規制の例

合衆国では、現在、38の州とワシントンD.C. においてリベンジ・ポルノを規制し、犯罪化するための立法が整備されている[26]。また、ケンタッキー州及びミズーリ州等でリベンジ・ポルノの規制に関する法案が提出されている[27]。ただし、そうはいっても、未だすべての州で法規制が行われているわけではなく、冒頭でも述べたように、連邦レベルの法規制は実現には至っていない。

---

21)　*Ibid.* at 62; Otero, *supra* note 2, at 593; Patton, *supra* note 2, at 409-410; Cecil, *supra* note 12, at 2515-2516.

22)　Linkous, *supra* note 2, at 3-4.

23)　Kim, Nancy S., "Web Site Proprietorship and Online Harassment," *Utah Law Review*, Vol. 2009 (2009), p. 1008; Kitchen, *supra* note 7, at 253. Franks, *supra* note 1, at 2 や Laird, *supra* note 3, at 47 も、実務家の見解を交えながら、こうした画像が頒布されるという事象自体は決して現代になって初めて発生した問題ではないが、これまでであれば、画像が頒布されても、比較的少数の者の間でしか広がることはなく、被害は限定されていたことを指摘している。

24)　*See* Larkin, Jr., *supra* note 20, at 61-62; Kim, *supra* note 23, at 1010.

25)　*Ibid.* at 1024.

26)　Cyber Civil Rights Initiative, *38 States + DC have Revenge Porn Laws*, https://www.cybercivilrights. org/revenge-porn-laws/（同）.

27)　Waldman, *supra* note 1, at 710 & note 5.

以下では、州における規制の先駆けとなったニュージャージー州及びカリフォルニア州の法制について触れておきたいと思う[28]。

1　ニュージャージー州の法制

合衆国ではニュージャージー州が初めてリベンジ・ポルノを規制し、性的に露骨な画像を公開することを処罰することを認めた州である[29]とされている。ただし、同州の場合、当初からリベンジ・ポルノに特化して規制法が制定されたというわけではなく、リベンジ・ポルノが問題となる前の2004年の時点ですでにプライバシーに対する侵害行為に関する規定（N. J. Stat. §2C: 14-9）が整備されていた[30]。その直接の規制対象は、サイバー空間でのいじめ行為（cyber-bullying）や、裸体及び性的活動に従事している際の画像・映像を同意なく撮影する行為（例えば、ビデオによる盗撮行為（video voyeurism）等が含まれよう）、あるいは、公開する行為であり、こうした行為が規制されるという非常に包括的な内容になっていた[31]。こうしたこともあって、この規定がリベンジ・ポルノを規制する場合に適用されるようになった[32]のである。同条では、①画像の被写体となっている者の同意なしに、当該画像を投稿しようとしていることを投稿者が認識していることが要求されている（同(c)）こと、②画像を「公開する（disclose）」という行為の意味として、売却することや製造すること等17の行為（動詞）が例示されている（同）こと等を特徴として指摘することができよう[33]。

2　カリフォルニア州の法制

ニュージャージー州に続いて2番目の州として、2013年10月にカリフォルニア州で新たな規定（Cal Pen Code §647(j)(4)）が設けられている[34]。ただし、同州の場合はニュージャージー州とは異なり、規制対象はリベンジ・ポルノに特化されており、この意味ではかなり限定的な内容となっている。そして、被害者に重篤な感情上の苦痛を引き起こすことを行為者が意図していることを要件としている（同(j)(4)(A)）ところ、また、リベンジ・ポルノの投稿行為を軽罪（misdemeanor）と位置づけている（同§647）ところに特徴がある[35]。

---

28)　この二州を含めたいくつかの州の法制に関する邦文文献として、松井・前掲注1)(一)63頁以下、井樋・前掲注6)19頁以下参照。

29)　*See* Osterday, *supra* note 2, at 564.

30)　*Ibid.* at 564; Patton, *supra* note 2, at 429; Linkous, *supra* note 2, at 26; Calvert, *supra* note 9, at 688.

31)　Patton, *supra* note 2, at 429 and 430; Linkous, *supra* note 2, at 26 and 27; Calvert, *supra* note 9, at 688.

32)　Osterday, *supra* note 2, at 564.

33)　*Ibid.*

34)　この点に関する邦文文献として、井樋三枝子「立法情報【アメリカ】性的図画のネット流出を犯罪とする州法改正」外国の立法257-2号（2013年）5頁以下参照。

35)　Citron, *supra* note 1, at 373-374; Patton, *supra* note 2, at 430-431; Linkous, *supra* note 2, at 27; Calvert,

もっとも、このような規制内容に関しては、いくつかの問題点が指摘されていた。まず、規制対象の中には被害者自身が撮影した自画撮り画像は含まれない、すなわち、同項が適用されるのは、画像を撮影した者とそれを投稿した者が同一である場合に限定されていた（2014年改正前の同 (j)(4)(A) 参照）ことから、規制対象が充分ではなく、むしろ狭きに失する[36]ということである。また、何者かが勝手に個人のパソコンの中に侵入して、画像を抜き取り、インターネット上に投稿するというようなハッキングが関係している場合の処罰規定もない[37]とされていた。その後、こうした場合における規定の不備が認められ、2014年に同 (j)(4)(A) の全面改正が行われた結果、現在では、被害者の自画撮りによる画像も規制対象として含まれるようになる[38]など改められている。

Ⅳ　リベンジ・ポルノに対する既存の法制度に基づいた対応

　リベンジ・ポルノに対しては既存の法制度によったとしても全く対応ができないというわけではなく、被害者等が利用できるものもある。すなわち、不法行為等に基づいた民事法上の対応や、画像の投稿行為の規制・処罰を念頭に置いた刑事法上の対応である。

1　民事法上の対応

（1）　不法行為に基づく訴え　　民事法上の対応というのは、当事者自身が受けた精神的な被害等に対する損害賠償に焦点を当て、同時に、それを通して被害の発生を予防しようとするもの[39]である。具体的には、①故意に基づいた感情上の苦痛の惹起（Intentional Infliction of Emotional Distress: IIED）、あるいは、②私事に亘る事柄・情報の一般開示（public disclosure of private facts（information））等に基づいて不法行為に関する訴えを提起して、損害賠償を請求することの他、被写体となった者に著作権を認めた上での著作権侵害の訴え等も含まれる。

　まず、IIED というのは、故意又は未必の故意に基づいて、極端かつ非道な（extreme and outrageous）行為を通して相手に重篤な感情上の苦痛を引き起こすことである。そして、「極端かつ非道な行為」というのは、文明化された地域社会では許されないものとみなされる、人が

---

　　　supra note 9, at 688-689. 井樋・前掲注 6 ）20頁によると、そのために、科される刑罰の内容も 6 ヶ月以下の拘禁刑若しくは1000ドル以下の罰金又はこれらの併科というように同州が最も軽いものになっているということである。

36)　*See* Ostreday, *supra* note 2, at 565; Patton, *supra* note 2, at 431; Calvert, *supra* note 9, at 689-690. また、松井・前掲注 1 ）（二・完）47頁及び54頁参照。

37)　Pen, *supra* note 8, at 407.

38)　Patton, *supra* note 2, at 432 & note 186.

39)　Driscoll, *supra* note 1, at 111; Citron, *supra* note 1, at 357; Patton, *supra* note 2, at 421; Pen, *supra* note 8, at 430-431.

備えておくべき品格の限度を超えた行為を指す[40]。IIED の主張というのは、事案の内容に応じて様々な形で利用できるという意味で柔軟性に富んでいる[41]と評価される。一方で、難点も指摘されている。すなわち、この場合、「極端かつ非道な行為」であるということを証明する必要があるが、その証明が難しい[42]とか、感情上の苦痛は受けていないが、名誉を害されたり、経済的な被害は受けているというような場合にはどのように対応するのか[43]というのである。さらに、投稿者の方からは、インターネット上にこうしたサイトが無数に存在していることを考えれば、画像を投稿する行為は大きく道徳から外れた行為ではないなどと反論される可能性がある[44]とされる。

　私事に亘る事柄・情報の一般開示というのは、合理的な者であれば、明らかに不快に感じ、また、地域社会の視点から見て、正当な公共の利益にはつながらないような事実を広く一般市民に公開すること[45]である。リベンジ・ポルノのサイトというのは、これにアクセスするためには特にパスワードが必要とされているわけではなく、インターネットを利用できる者であれば、誰もがアクセスできるのであるから、サイトに画像を投稿する行為は広く市民に公開する行為と同視することができる[46]とされる。しかし、この考え方に対しては、少人数の相手方への単なる伝達程度の行為であれば、責任追及を免れてしまうのではないか、この理論では私事に亘る事柄・情報の一般開示という要件を満たすための人数が明確になっていない[47]といったことが指摘されている。

（２）　**運営会社に対する責任追及**　　次に、サイトを運営する会社自体を訴え、会社の責任を追及するという手段が考えられる[48]。すなわち、仮に、民事訴訟で被害者が勝訴したとしても、実際には執行が不能な（judgment proof）名目上の判決に終わることが多いとされる。しかし、訴えの相手方がサイトの運営会社であれば、個人としての被告よりも支払いに費やせる資産はより多くのものを保有していると考えられるため、訴訟を起こす価値はあるということである。もっとも、この場合には、「1996年通信品位法（Communications Decency Act of 1996:

---

40)　*See* Scheller, *supra* note 1, at 581-582; Pen, *supra* note 8, at 413.

41)　Zharkovsky, Daniel, "'If Man Will Strike, Strike through the Mask': Striking through Section 230 Defenses Using the Tort of Intentional Infliction of Emotional Distress," *Columbia Journal of Law and Social Problems*, Vol. 44 (2010), pp. 227-228.

42)　Driscoll, *supra* note 1, at 113-114.

43)　Pen, *supra* note 8, at 428-429.

44)　*See* Scheller, *supra* note 1, at 582.

45)　*Ibid.* at 578; Pen, *supra* note 8, at 411-412.

46)　Scheller, *supra* note 1, at 579.

47)　Pen, *supra* note 8, at 427-428.

48)　*See* Citron, *supra* note 1, at 359; Patton, *supra* note 2, at 422-423.

CDA)」230条（47 U.S.C. §230）という壁が立ちはだかっていることに注意する必要はある。CDA というのは、未成年者がインターネット上のポルノ・サイトにアクセスすることに対する懸念から、インターネット上のポルノを規制しようとして制定された連邦法である[49]。ただし、議会では、プロバイダがサイトの内容に関する規制責任を課された場合、通信手段としてのインターネットの発展が阻害されるということも考慮され[50]、投稿された内容物の製造者とは別にインターネットのプロバイダを保護するための例外規定として §230 が設けられたのである[51]。同条によって、そのサイトがリベンジ・ポルノのために立ち上げられたものであったとしても、投稿された物の内容に関しては免責規定が設けてあるために、プロバイダや運営者が法的な責任を問われることは免除されている[52]。もちろん、投稿された画像がわいせつ性を有するものであったり、児童ポルノを構成するようなものである場合には、サイトの運営者も刑事訴追される可能性はある[53]ため、こうした場合には、刑事上の責任追及には影響しないといえるが、少なくとも不法行為上の責任追及に関しては免責されている[54]ということになる（この点については、後述Ⅳ 2 も参照）。

　なお、CDA に関しては、その一部を構成する §223(a) 及び(d)は *Reno v. American Civil Liberties Union*[55] によって、規制範囲が広汎に過ぎるとして、違憲であると判断されているが、プロバイダの免責に関する規定は現在も効力を有しており、§230 を根拠とする抗弁自体は有効である[56]と考えられている。

（3）　著作権法に基づく請求　　他に、まだ合衆国では実際に提訴されたことはないようであるが、著作権法に基づく訴えがリベンジ・ポルノ被害者の救済に役立つのではないか[57]とされている[58]。§230 は、商標や著作権のような連邦法上の知的財産に対する侵害の場合には適用除外とされており、サイトの免責を認めていない。インターネット上に投稿された画像には、被写体となっている者が自分で撮影したものがあり、そうしたものであれば、画像は自らに帰属すべき財産（original property）を形成し、被害者が著作権者であると考えられる。そこ

---

49)　*Ibid.* at 423; Otero, *supra* note 2, at 596.
50)　Patton, *supra* note 2, at 423. なお、47 U.S.C. §230(a)(4) 参照。
51)　Linkous, *supra* note 2, at 20; Jacobs, *supra* note 13, at 85.
52)　47 U.S.C. §230(c)(1); Scheller, *supra* note 1, at 576; Osterday, *supra* note 2, at 559; Lai, *supra* note 12, at 256.
53)　Calvert, *supra* note 9, at 681.
54)　Linkous, *supra* note 2, at 20-21.
55)　521 U.S. 844, 870-885 (1997).
56)　Otero, *supra* note 2, at 597; Linkous, *supra* note 2, at 20; Zharkovsky, *supra* note 41, at 198-199.
57)　Osterday, *supra* note 2, at 571; Patton, *supra* note 2, at 425; Jacobs, *supra* note 13, at 78.
58)　実際に、ポルノ作品と呼べるようなものの場合には、著作権法に基づく法的な訴えはすでに提起されているということである。*See* Patton, *supra* note 2, at 425.

で、被害者は、著作権法によって保護された画像が公開されたとして、サイトの責任を追及できる[59]というのである。具体的には、「デジタル・ミレニアム著作権法（Digital Millennium Copyright Act: DMCA）」、すなわち、17 U.S.C. §512(c)(1)(C) に基づいて、サイトに対して画像の削除を求める警告通知（takedown notices）を送付し、サイトがこの要請に応じない場合には、著作権の侵害を理由にして、当該画像の削除を求めてサイトを訴えることが可能になる[60]。

しかし、この場合にもいくつかの問題点がある。まず、当該画像の被写体となっている者自身が撮影した場合にのみその者に著作権があると考えられるので、すべての投稿画像が著作権法に基づく救済の対象範囲に入るわけではない[61]ということである。加えて、自画撮りの場合であっても、被写体となっている者が画像の削除を要求するためには、あらかじめ当該対象物が製造されてから90日以内に合衆国著作権局（U.S. Copyright Office）に著作権を登録しておく必要がある[62]。また、こうした画像の中には児童ポルノを構成しているものもあると考えられるが、これはすでに 18 U.S.C. §2252 や同 §2256 のような連邦法及び各州法によって規制されているため、逆に著作権の問題は生じず、救済策としては必ずしも適切とは言い切れない[63]ところがある。

また、この場合、仮に、一旦はあるサイトから画像を削除させることができたとしても、すでに画像は拡散してしまっている可能性があるし、また別のサイトに投稿される可能性がある[64]ため、再度同様のことを繰り返すことになる。あたかも「モグラ叩き（Whack-a-Mole）」のような状況を呈してしまい、やはりそれほどの救済にはならない[65]のである。

2　刑事法上の対応
（1）　刑事的な規制に対する賛否　　リベンジ・ポルノの投稿が容易になり、それがイン

---

59)　47 U.S.C. §230(e)(2); Citron, *supra* note 1, at 359-360; Osterday, *supra* note 2, at 571; Patton, *supra* note 2, at 425; Jacobs, *supra* note 13, at 78.

60)　Scheller, *supra* note 1, at 584; Linkous, *supra* note 2, at 17 and 22.

61)　Bambauer, Derek E., "Exposed," *Minnesota Law Review*, Vol. 98 (2014), pp. 2047-2048; Ronneburger, Ariel, "Sex, Privacy, and Webpages: Creating a Legal Remedy for Victims of Porn 2.0," *Syracuse Science & Technology Law Reporter*, Vol. 21 (2009), p. 19; Otero, *supra* note 2, at 594-595; Linkous, *supra* note 2, at 17 and 23; Pen, *supra* note 8, at 429. 例えば、CCRI による調査では、リベンジ・ポルノ事案の被害者の 8 割以上は自ら画像を撮影していることが判明している。*See* Burris, *supra* note 1, at 2334 & notes 37 and 38; Patton, *supra* note 2, at 431; Levendowski, *supra* note 8, at 426. とするならば、残りの約 2 割は著作権法では救済することができないことになる。

62)　Linkous, *supra* note 2, at 22; Kitchen, *supra* note 7, at 258 and 261. なお、17 U.S.C. §408(f)(3) 参照。

63)　Osterday, *supra* note 2, at 571.

64)　Citron, *supra* note 1, at 360; Pen, *supra* note 8, at 430.

65)　Linkous, *supra* note 2, at 23; Laird, *supra* note 3, at 49; Jacobs, *supra* note 13, at 83.

ターネット上に散乱している現状に鑑みれば、投稿行為を効果的に抑止する手段としては犯罪化による刑事的な規制が考えられる。画像の投稿者が若年者の場合には、名誉や地位に関しては失うものは多くはないために民事的な制裁は恐れず、抑止効果は弱いとしても、一般的には、刑事的な規制の下で訴追されて拘禁されるようなことまでは望んでいない[66]と考えられるからである。もちろん、刑事的な規制であっても、リベンジ・ポルノの投稿を完全に抑止することはできないかもしれないが、刑事法に基づいてリベンジ・ポルノの投稿を犯罪化することで、少なからず投稿行為そのものを抑止することにつながり、被害者にしてみれば、他の規制手段よりは効果的である[67]と考えられる。

　一方で、リベンジ・ポルノの投稿を刑事法によって規制することに関しては、合衆国憲法第1修正が保障する言論の自由の侵害につながる[68]といった指摘もある。当然、言論の自由の保障はインターネット上の言論にも及ぶ。しかし、そもそも個人の性的な事柄に関する画像や映像をその同意なく公開する行為に、言論の自由に関連した価値を見出すことはできない[69]。また、リベンジ・ポルノというのはそのわいせつ性故に、憲法によって絶対的に保護される言論であるとまではいえない[70]のではないだろうか。

（2）　刑事法に基づく二通りの規制方法　　ところで、刑事法に基づいてリベンジ・ポルノの投稿を規制するとしても、二通りの手法が考えられる。すなわち、①新たにリベンジ・ポルノのみに特化した立法を行い、これによって規制することと、②既存の法制度を適用して規制することである。Ⅲで触れたニュージャージー州の場合は後者に該当すると、また、カリフォルニア州の場合は、形式的には既存の条文への規定の追加ということになるが、実質的にはリベンジ・ポルノに特化した立法である[71]と評価することもできると思われる。

（a）　リベンジ・ポルノに特化した新たな立法による規制　　この立場によれば、リベンジ・ポルノのように近時になって発生した犯罪に対しては、既存の法律によって対応するのではなく、新たに法律を制定して規制することが最も効果的である[72]ということになる。確かに、リベンジ・ポルノに特化した新法によれば、行為者に見合った刑罰を科すことができるかもしれないし、その制定によって、リベンジ・ポルノを投稿する行為が犯罪行為に該当すると

---

66)　Citron, *supra* note 1, at 361; Kitchen, *supra* note 7, at 261; Jacobs, *supra* note 13, at 83.
67)　*See* Kitchen, *supra* note 7, at 262-263 and 266.
68)　*See Ibid.* at 273.
69)　*See Ibid.*; Citron, *supra* note 1, at 385.
70)　Kitchen, *supra* note 7, at 277.
71)　*See* Patton, *supra* note 2, at 430.
72)　*See* Jacobs, *supra* note 13, at 83.

いうことを広く認識させることができ、ひいては抑止につながるかもしれない。ただし、新法の制定は、第1修正が保障する言論の自由との間のバランスを維持できるのかという疑問が生ずる[73]とされる。他に、新たな特別法の制定は過犯罪化（over-criminalization）という問題を引き起こし、過度に犯罪化を推し進めることによって、犯罪を規制する手段としての法の象徴的な効果が失われてしまう[74]と指摘される。

　（b）　既存の法制度を利用した規制　　この手法は、例えば、プライバシーの保護やわいせつ物の規制に関する既存の法律を利用して、投稿者を訴追するというもので、合衆国以外のいくつかの国々でもすでに行われている[75]。そして、合衆国においても、サイバー・ストーキングの規制に関する連邦の 18 U.S.C. §2261A(2) 等や州法に基づいて規制することは不可能ではない[76]という主張がある。

　この場合の利点としては次のようなことが挙げられよう。すなわち、リベンジ・ポルノの規制に関して最大の関門となるのは、第1修正に関連する問題であるが、既存の規制法であれば比較的容易にこの関門をクリアすることができる上に、議会での審議等に時間がかかる新規の立法に比べると迅速に対応できる[77]というのである。

　ただし、§2261A(2) については若干の難点がある[78]。すなわち、この場合には、まず、被告人が被害者に対して悪意のある意図（malicious intent）を有していること、次に、コンピュータ・サービスを用いた通信手段（interactive computer service）（ここでいう手段の中にはインターネットも含まれる）を通して「一連の行動（course of conduct）」を行っていることといった要件が必要とされている。そこで、§2261A(2) を適用する場合には、①相手に対する嫌がらせ行為が繰り返し行われること、②相手に対して執拗な行為が直接行われることが求められるなど二つのハードルがあるため、限定的にしか適用されないというのである。すなわち、①との関係では、相手の名前や住所と共に画像を投稿して、そのために重大な被害が生じたとしても、それが1回限りの行為であれば、「一連の行動」とは評価されない。また、②との関係では、当該画像が被害女性のところに直接ではなく、インターネット上のサイトや被害女性以外の第三者に送付されたのであれば、被害者に対する直接的な接触を要件としている規定には合

---

73)　*See* Patton, *supra* note 2, at 432-433.

74)　*Ibid.* at 433-436.

75)　*Ibid.* at 436.

76)　*See* Linkous, *supra* note 2, at 24. また、Kim, *supra* note 23, at 1008 は、カリフォルニア州やマサチューセッツ州等の州におけるサイバー・ストーキング規制法（Cal Pen Code §422 や ALM GL ch. 265, §43等）を例示している。

77)　Patton, *supra* note 2, at 440-442.

78)　*See* Citron, *supra* note 1, at 365-366; Patton, *supra* note 2, at 437-438.

致しないことになる[79)]のである[80)]。

　他に、連邦法では§2256において、広範囲に及ぶ行為が児童に対する性的搾取行為として犯罪化されており、リベンジ・ポルノの場合にも適用すること自体は可能であると考えられている。ただし、その場合の刑罰は15年未満の拘禁刑が規定されている（18 U.S.C. §2251(e) 参照）。あるいは、児童ポルノ処罰法によって規制することも考えられているようであるが、これによって訴追されたとしたならば、性犯罪者として登録されることがあり、この場合、投稿者は居住区域や移動等に関して様々な制約を受けなければならない。こうしたことから、投稿者が未成年者である場合には、刑罰・制裁の内容としては必ずしも好ましいものではない[81)]とされている。

V　若干の検討

1　民事法上の対応に関して

　不法行為制度の下では損害というのは被害者に向けて補償されるものであるため、原告は損害賠償を得られるかもしれないという長所は認められる。その意味では、民事法上の対応というのは被害者にとっては有利であるようにも思える。また、民事で争う場合、要件の証明に困難が伴うということはあるが、原告にとっては刑事で争うよりも有利であるということもできるかもしれない。刑事で争う場合には、民事の場合に要求される「証拠の優越（preponderance of the evidence）」という基準よりもはるかに高い、「合理的な疑いを容れない（beyond a reasonable doubt）」程度の証明が要求される[82)]からである。ただし、実際にこの民事上の救済制度の効果が発揮される事例は少なく、必ずしもうまくは機能していない[83)]といわれる。既存の不法行為に基づいた訴訟の場合、まず、原告が勝訴したとしても、被告の方では賠償に費やせるような財産を保有しておらず、完全には損害の補償がなされない可能性は高い[84)]。加えて、この場合、原告である被害者の方で、投稿者の身元を明確にすることが求められるのであるが、今や誰もが容易に匿名で画像を投稿することができるために、実際に画像を投稿したのが誰なのかを特定することは難しい[85)]という問題もある。また、被害者が勇気を出して訴

---

79)　Citron, *supra* note 1, at 366. 松井・前掲注１）（一）75頁注（27）。

80)　そこで、１回限りの行為であっても、ここでいう「一連の行動」に含まれるように、§2261A 中の用語について定義した§2266 を改正すべきであるというような主張もなされている。*See* Bangser, Rachel, "Criminalizing Nonconsensual Pornography through Amending and Applying the Federal Cyberstalking Statute 18 U.S.C. §2261A," *Syracuse Science & Technology Law Reporter*, Vol. 32 (2015), pp. 32-35.

81)　Osterday, *supra* note 2, at 570-571. 井樋・前掲注６）18頁注（10）。

82)　Driscoll, *supra* note 1, at 115 and *Ibid.* & note 215; Osterday, *supra* note 2, at 571.

83)　Driscoll, *supra* note 1, at 111; Linkous, *supra* note 2, at 18-19; Kitchen, *supra* note 7, at 253-258.

84)　Pen, *supra* note 8, at 426; Koppelman, *supra* note 14, at 661-662; Kim, *supra* note 23, at 1008.

訟を起こせば、逆に、それによってより大きな社会の注目を集めてしまい、望みもしない氏名の公開や社会による詮索に晒され、辱めやハラスメントに直面する[86]ことも考えられる。

そもそも、被害者が最も望んでいるのは、元通りの生活が送れるように、原因となった画像が一刻も早く削除されること、そして、行為者による再度の投稿行為が抑止されることである。しかし、民事上の手続では画像そのものの削除は実際には困難である。とするならば、民事に基づく手法というのは、それによって得られるものは必ずしも被害者が真に求めているものとは合致せず、有効には機能しない救済策（poor remedies）である[87]といえよう。加えて、一定の免責規定を盛り込んでいる現在の CDA に基づく限り、現実的には、画像を投稿した当事者ではないサイトに対する責任追及も確実に成功するとは限らない[88]のである。

被写体となっている被害者が最も望んでいることとの関係では、リベンジ・ポルノの投稿自体を抑止することが重要である。そのためには、むしろ当事者の同意なしに画像を投稿した行為者を処罰することが検討されるべきである[89]と思われる。

2　刑事法上の対応に関して

刑事法上の対応であれば、有罪判決が出されれば、それは前科として残るのであるし、民事法上の判決は恐れない者であっても、ある程度の重さの刑罰が科される刑事法上の判決を全く無視することはないものと考えられる[90]。こうした意味では刑事法上の対応の方が投稿者に対する抑止効果は高いと考えられ、刑事的にリベンジ・ポルノを規制する必要がある[91]ということになろう。そして、民事法上の手続とは異なり、訴追自体は政府が行うのであるから、被害者が公の場に登場することによってそのプライバシーが晒される程度は民事の場合よりも低くなる[92]と考えられる。加えて、連邦法上の刑事的な規制であれば、§230によって保護されているサイトの責任を追及することも可能となり（なお、後述参照）、リベンジ・ポルノに関

85）　Burris, *supra* note 1, at 2341; Waldman, *supra* note 1, at 712; Linkous, *supra* note 2, at 18; Kitchen, *supra* note 7, at 253. なお、松井・前掲注１）（二・完）56頁-57頁参照。

86）　Tariq, Salina, "Revenge: Free of 'Charge?'," *SMU Science and Technology Law Review*, Vol. 17 (2014), p. 240; Franks, Mary Anne, "Unwilling Avatars: Idealism and Discrimination in Cyberspace," *Columbia Journal of Gender and Law*, Vol. 20, Issue 2 (2011), p. 259; Franks, Mary Anne, "Why We Need a Federal Criminal Law Response to Revenge Porn," *Concurring Opinions*, Feb. 15, 2013, https://concurringopinions. com/archives/2013/02/why-we-need-a-federal-criminal-law-response-to-revenge-porn.html（同）; Burris, *supra* note 1, at 2342; Linkous, *supra* note 2, at 18-19; Laird, *supra* note 3, at 49.

87）　Citron, *supra* note 1, at 358-359; Burris, *supra* note 1, at 2341; Kitchen, *supra* note 7, at 252-253; Levendowski, *supra* note 8, at 425.

88）　Otero, *supra* note 2, at 596.

89）　Patton, *supra* note 2, at 425 and 426.

90）　Citron, *supra* note 1, at 349 and 361; Linkous, *supra* note 2, at 38-39; Pen, *supra* note 8, at 433.

91）　Kitchen, *supra* note 7, at 292.

92）　Linkous, *supra* note 2, at 39.

連する問題の核心に迫ることができる策である[93]と考えられる。

　ただし、刑事法による規制の場合にも、いくつかの論点がある。まず、連邦法によるべきか州法によるべきかということである。この点については、多くの州がリベンジ・ポルノの投稿を犯罪化して規制しようとしているが、各州法における規制内容は区々である[94]ため、必ずしも十分であるとはいえない。リベンジ・ポルノの投稿を明確に規制する連邦法がない現在、むしろ連邦議会が新たに統一的な規制法を制定することが必要である[95]と考えられる。というのは、まず、リベンジ・ポルノの投稿というのは、州ごとの司法上の管轄を越えて行われることも多いのであるが、州法の場合には、その適用範囲は州内に限定されているため、州内で行われた投稿行為にしか適用されず、被害者が他の州に居住している場合には、その州でも同様の規制法が存在していなければ、救済することは難しい[96]とされる。この点、連邦法による規制の場合には、インターネットを利用して州を跨いで犯罪が実行された場合であっても適用は可能である。こうして、連邦レベルの規制法を制定することによって、法の適用に関する管轄上の問題をクリアすることができる[97]。

　また、§230 は、プロバイダに対して民事法上の責任や州の刑事法上の責任からは免責することを認めているが、同条も連邦の刑事法上の責任からはプロバイダを免責しているわけではない[98]。そこで、こうした行為が連邦法によって犯罪化された場合には、現在は同条の背後に隠れて責任追及を免れているサイトも責任逃れをすることはできなくなる[99]のである。こうしたことからも、州法ではなく連邦法による連邦レベルの刑事的な規制が求められるべきであると考えられる。

　次に、新たな立法によるべきか、既存の法制度を利用すべきかという問題がある。この点については、新たに規制法を設けるのではなく、既存のサイバー・ストーキング規制法やハラスメント防止法等を利用する方が、現在の刑事司法制度に影響を与える過犯罪化の問題や第 1 修正に基づく言論の自由に関連する問題を回避することができ、現実的な策である[100]という見方がある。

　一方で、児童ポルノに関する既存の法制度に基づいた対応策では、場合によっては投稿者に

---

93)　*Ibid.* at 39.

94)　この点に関する邦文文献として、松井・前掲注 1)（二・完）44頁以下、井樋・前掲注 6) 19頁以下も参照。

95)　Linkous, *supra* note 2, at 36; Jacobs, *supra* note 13, at 83.

96)　*See* Otero, *supra* note 2, at 607.

97)　Citron, *supra* note 1, at 389 & note 287; Otero, *supra* note 2, at 607; Linkous, *supra* note 2, at 36-37; Bangser, *supra* note 80, at 25-26.

98)　47 U.S.C. §230(e); Otero, *supra* note 2, at 602 and 608; Cecil, *supra* note 12, at 2534.

99)　Burris, *supra* note 1, at 2341; Linkous, *supra* note 2, at 36.

100)　Patton, *supra* note 2, at 411 and 421.

対する過度の制裁につながることもあり得るため、新たな立法が望まれる[101]とする指摘がある。あるいは、いくつかの州では、リベンジ・ポルノというのはストーキングやハッキングに関する規制法に基づいて取り締まることは可能であるにも拘わらず、捜査機関としては、こうした規制法は「現実の世界で発生した犯罪（brick-and-mortar crime scenes）」の方に適用しがちで、インターネットのような仮想空間で行われる行為には進んで適用しようとはしない[102]といった指摘もなされている。こうした指摘があることに鑑みると、投稿行為の現状を踏まえた上での新たな立法の方が適切である[103]と考えられる。過犯罪化を危惧する意見は尊重すべきであるが、一方で、立法によって厳格に処罰すべき行為が新たに発生しているのであれば、それに対しては、時宜を得て的確に規制する必要がある。リベンジ・ポルノというのは正にそうした範疇に属する犯罪行為であると考えられる[104]。

　そこで、連邦レベルではようやく2016年7月14日、Jackie Speier 議員によってリベンジ・ポルノを規制するための連邦法案として「2016年私事に関するプライバシー保護法（Intimate Privacy Protection Act of 2016）案」（第114議会下院法案第5896号）が提出された[105]。同法案の内容は、①他人の裸体又は一部が裸体状態になっている画像又は性行為に従事している他人の画像を、画像の被写体となっている者が、その中で、又は、その中に記載されている情報との関係で、特定できるような形で、故意に頒布する者に刑罰を科し（§2(a) 参照）、②画像の受け皿となっているサイトの運営者に保障される免責・保護の範囲を縮小し、画像を投稿した者と同様に、これに対しても責任追及を可能にして刑罰を科す（同）[106]というものである。しかし、下院司法委員会の小委員会には送付されていたが、可決されるには至らなかった[107]。

---

101)　*See* Osterday, *supra* note 2, at 572; Otero, *supra* note 2, at 614.

102)　*See* Laird, *supra* note 3, at 48.

103)　Jacobs, *supra* note 13, at 83 も、リベンジ・ポルノのように、新たに登場した犯罪形態に対して既存の法体系によって対応しようとするのは不十分であり、これのみを対象にした新たな立法を講ずるべきであるとする。

104)　望まれるリベンジ・ポルノ規制法の内容を提案したものとして、Osterday, *supra* note 2, at 575-577 や Otero, *supra* note 2, at 602-613、Kitchen, *supra* note 7, at 293-299、Pen, *supra* note 8, at 434-444 等参照。

105)　*Congresswoman Speier, Fellow Members of Congress Take on Nonconsensual Pornography, AKA Revenge Porn*, https://speier.house.gov/media-center/press-releases/congresswoman-speier-fellow-members-congress-take-nonconsensual（同）.

106)　*See* Driscoll, *supra* note 1, at 83 & note 35; Lai, *supra* note 12, at 259. Driscoll, *supra* note 1, at 84 and *Ibid.* & note 41 は、2015年に提出された2015年版の法案に関する文脈の中で、この法案の内容では、Facebook や Twitter のように、知らない間にポルノ画像の受け皿となっているサイトの関係者にまで刑罰を科すことになりかねないということが議論の的になっているとする。

107)　*H.R. 5896（114th）: Intimate Privacy Protection Act of 2016*, https://www.govtrack.us/congress/bills/114/hr5896（同）.

Ⅵ　おわりに

　リベンジ・ポルノに特化した規制法を新たに制定するのは、この問題に対する過剰な感情的反応である[108]というような指摘もなされている。しかし、今後もリベンジ・ポルノがインターネット上に投稿されることによって多くの被害者が生まれる可能性は高い。リベンジ・ポルノの規制に反対する立場は、人はカメラの前に立った時点で、そのプライバシーに関する権利や期待を放棄したものと解することができるなどと主張して、被写体となった女性の方を非難しがちである。確かに、そうした画像自体が撮影されなければ、後々リベンジ・ポルノといった問題が生じないことは否定できない事実である。しかし、そうだとしても、それによって多くの女性が生涯に亘って苦悩を味わうことを放っておいてよいということにはならない[109]。今こそ、法規制の網を整備する機は熟した[110]といえる。

---

108)　*See* Stokes, Jenna K., "The Indecent Internet: Resisting Unwarranted Internet Exceptionalism in Combating Revenge Porn," *Berkeley Technology Law Journal*, Vol. 29 (2014), pp. 930-931.

109)　*See* Patton, *supra* note 2, at 410. さらにいえば、こうした画像はすべての場合に被害者の同意の下で撮影されているわけではなく、中には隠しカメラを用いて盗撮されるようなことがあることにも注意する必要がある。*See* Bartow, *supra* note 12, at 44-45.

110)　*See* Kitchen, *supra* note 7, at 293.

シリーズ：世界の被害者学（第26回）

ドイツの被害者支援の現在
——2015年第三次被害者権利改革法を中心にして——

黒　澤　　睦

〔**Abstract**〕

This paper reviews the German Third Reform Act on Victims' Rights of 2015, which was enacted under the influence of the Directive 2012/29/EU of the European Parliament and of the Council of 25 October 2012 establishing minimum standards on the rights, support and protection of victims of crime. The Act expanded the victims' right to obtain information and the protection of victims and witnesses during examination, and made concrete provisions on the psychosocial escort etc. At the same time the Act on the psychosocial escort in criminal procedure was also enacted.

Ⅰ　はじめに

　ドイツの被害者支援・保護をめぐる法制度や実情は、これまでも我が国の制度の設計や実務の在り方の重要な参考とされてきた[1]。とりわけ、被害者と刑事手続との関係は、理念上の困難な問題を含んでいるとともに、法システムとしての現実の影響の大きさからより慎重な制度設計が求められ、既に運用されているドイツの法制度や実情の検討を通じて示唆を得る必要があるからである。

　ドイツの刑事手続は、被害者支援・保護に関して、これまで何度も大きな制度改革が行われてきた。その先駆けとなるのが、1986年12月18日の「第一次刑事手続における被害者の地位の改善のための法律（被害者保護法）」[2]である。その後も数多くの法改正等が行われている[3]が、

KUROSAWA Mutsumi　　　Associate Professor, School of Law, Meiji University
　　　　　　　　　　　　明治大学法学部准教授

---

1 ）　後掲の注で個別に挙げるもののほか、特に、安部哲夫「ドイツにおける被害者の救済・保護・支援」被害者学研究 8 号（1998年）58頁以下、同「ドイツにおける被害者支援の現在」被害者学研究18号（2008年）65頁以下、加藤克佳「刑事訴訟における犯罪被害者の保護」祝賀論文集編集委員会編著『刑事法学の新展開——夏目文雄先生古希記念論文集』（中部日本教育文化会、2000年）197頁以下、同「刑事手続における被害者の地位——ドイツ法を素材として——」刑法雑誌40巻 2 号（2001年）232頁以下等を参照。

2 ）　Erstes Gesetz zur Verbesserung der Stellung des Verletzten im Strafverfahren（Opferschutzgesetz）v. 18.12.1986, BGBl. I 1986, S. 2496. 本法律について、田口守一「西ドイツにおける犯罪被害者の地位」刑法雑誌29巻 2 号（1988年）221頁以下、宮澤浩一「被害者の法的地位——西ドイツの動向を中心として」法学研究59巻12号（1986年）45頁以下等を参照。

特に被害者全般に関わる制度改革は、2004年 6 月24日の「刑事手続における被害者の権利の改善のための法律（被害者権利改革法)」[4)]、2009年 7 月29日の「刑事手続における被害者及び証人の権利の強化のための法律（第二次被害者権利改革法)」[5)]、2015年12月21日の「刑事手続における被害者の権利の強化のための法律（第三次被害者権利改革法)」[6)]とそれにあわせて立法された「刑事手続における心理社会学的訴訟付添い法（刑事手続心理社会学的訴訟付添い法)」[7)]である

---

3) 2004年被害者権利改革法から2015年第三次被害者権利改革法までについて、刑事訴訟への訴訟参加制度の観点から紹介・検討するものとして、阿部千寿子「被害者参加制度の見直しと展望――ドイツにおける近時の訴訟参加制度に関する法改正を参考に――」法学新報123巻 9 ・10号（椎橋隆幸先生退職記念論文集）（2017年）213頁以下を参照。1998年 4 月30日の証人保護法については、加藤・前掲注 1 ）のほか、特に、同「ドイツ刑事訴訟法改正の新動向――証人保護法を中心として」刑法雑誌40巻 1 号（2000年）108頁以下を参照。

4) Gesetz zur Verbesserung der Rechte von Verletzten im Strafverfahren (Opferrechtsreformgesetz - OpferRRG) v. 24.6.2004, BGBl. I 2004, S. 1354. 本法律について、阿部・前掲注 3 ）213頁以下、滝沢誠「ドイツの訴訟参加制度と被害者保護新法」被害者学研究16号（2006年）20頁以下等を参照。

なお、これ以前に、1999年12月20日の「行為者と被害者の和解を刑事手続法上定着させるため等の法律」がある（Gesetz zur strafverfahrensrechtlichen Verankerung des Täter-Opfer-Ausgleichs und zur Änderung des Gesetzes über Fernmeldeanlagen v. 20.12.1999, BGBl. I 1999, S. 2491）。本法律について、加藤克佳「「行為者と被害者の和解」の手続法的基礎と最近のドイツ刑事訴訟法改正」捜査研究587号（2000年）64頁以下を参照。

5) Gesetz zur Stärkung der Rechte von Verletzten und Zeugen im Strafverfahren (2. Opferrechtsreformgesetz) v. 29.7.2009, BGBl. I 2009, S. 2280. 本法律について、阿部・前掲注 3 ）215頁以下、山口和人「海外法律情報――ドイツ　刑事手続における被害者等の権利を強化する法改正」ジュリスト1390号（2009年）93頁を参照。

6) Gesetz zur Stärkung der Opferrechte im Strafverfahren (3. Opferrechtsreformgesetz) v. 21.12.2015, BGBl. I 2015, S. 2525. 本法律について、阿部・前掲注 3 ）218頁以下、拙稿「ドイツの刑事立法政策の一動向」罪と罰53巻 4 号（2016年）46頁以下を参照。

本法律の立法過程および各団体の意見表明等について、Bundesministerium der Justiz und für Verbraucherschutz（BMJV), Aktuelle Gesetzgebungsverfahren｜Gesetz zur Stärkung der Opferrechte im Strafverfahren (3. Opferrechtsreformgesetz)〈https://www.bmjv.de/SharedDocs/Gesetzgebungsverfahren/DE/Staerkung_Opferrechte_Strafverfahren.html〉（2015年12月30日最終更新）を参照。

連邦参議院・連邦議会での審議について、Deutscher Bundestag, DIP (Dokumentations- und Informationssystem für Parlamentarische Vorgänge)〈http://dipbt.bundestag.de/extrakt/ba/WP18/651/65145.html〉を参照。

同法に関するドイツ語文献は多数あるが、特に、Sabine Ferber, Stärkung der Opferrechte im Strafverfahren - Das 3. Opferrechtsreformgesetz, NJW 2016, S. 279 ff.; Winfried A. Hetger, Neues zum Opferschutz im Strafverfahren, DRiZ 2016, S. 260 ff.; Gabriele Kett-Straub, Wieviel Opferschutz verträgt das Strafverfahren?, ZIS 2017, S. 341 ff.; Roswitha Müller-Piepenkötter, Die EU-Opferschutz-Richtlinie 2012/29/EU - Handlungsbedarf bei Unterstützungsdiensten in Deutschland, NK 2016, S. 9 ff.; Ralf Neuhaus, Die Psychosoziale Prozessbegleitung nach dem 3. ORRG: Ein verhängnisvoller Irrweg, StV 2017, S. 55 ff.; Marc Wenske, Der Psychosoziale Prozessbegleiter (§ 406g StPO) - ein Prozessgehilfe sui generis, JR 2017, S. 457 ff. を参照。法案段階の評価について、Rita Haverkamp, Im Labyrinth des Opferschutz - Zum Entwurf eines Dritten Opferrechtsreformgesetzes, ZRP 2015, S. 53 ff. 等を参照。

7) Gesetz über die psychosoziale Prozessbegleitung im Strafverfahren (PsychPbG) v. 21.12.2015, BGBl. I 2015, S. 2529. 本法律について、前掲注 6 ）も参照

（以下では、両者を併せて、「第三次被害者権利改革法等」と表記する）。さらに、これ以外に、一定の犯罪類型における被害者に対する制度改革があり、その比較的最近のものとして、2013年6月26日の「性的虐待の被害者の権利を強化するための法律（性的虐待被害者権利強化法）」[8]と、2017年3月9日の「ストーカー行為に対する保護の改善のための法律」[9]、2017年4月13日の「刑法財産収奪改革法」[10]がある。

　本稿では、被害者全般に関わる新しい立法動向として、2015年の第三次被害者権利改革法等（最終的にすべての内容が施行されたのは、2017年1月1日である）を取り上げ、その立法の背景と具体的内容を紹介・検討することとする[11]。

Ⅱ　第三次被害者権利改革法等の背景

1　立法資料から見た立法の背景

　第三次被害者権利改革法等が立法された背景は、連邦議会への提出法案及び添付資料[12]と連邦議会法務消費者保護委員会の決議勧告及び報告[13]によれば、概ね次のようにまとめられる。

　　1980年半ば以降、刑事手続における被害者が、法学や法政策において大きく注目されてきた。その基礎をなす考え方は、基本法の要請である憲法適合的秩序は、国家組織に対して、公正で法治国家的な手続によって犯罪行為の解明をし被告人の有罪・無罪を認定することを義務づけるだ

---

8)　Gesetz zur Stärkung der Rechte von Opfern sexuellen Missbrauchs（StORMG）v. 26.6.2013, BGBl. I 2013, S. 1805. 本法律による制度改正の影響が及ぶ範囲は広いが、刑事手続との関係では、特に、18歳に達する前に性的虐待等を受けた成人への保護規定の拡張（録音・録画による証言（ドイツ刑訴法58a条、255a条を参照）、審理の非公開（ドイツ裁判所構成法171b条を参照）、訴訟参加する際の被害者国選弁護制度（ドイツ刑訴法397a条1項、さらに140条1項を参照））、被害影響陳述の機会の付与（同69条を参照）、受刑者が刑事施設から外出等をする場合の通知の拡大（同406d条）、証人として尋問される18歳未満の被害者の保護のための少年裁判所への公訴提起義務（ドイツ裁判所構成法26条）等がある。本法律について、阿部・前掲注3）218頁、滝沢誠「犯罪被害者と時代に即した新たな刑事司法の構築の在り方の予備的検討」専修法学論集123号（2015年）248頁以下、渡辺富久子「【ドイツ】性的虐待の被害者の権利を強化するための法律」外国の立法257-2号（2013年）を参照。

9)　Gesetz zur Verbesserung des Schutzes gegen Nachstellungen v. 9.3.2017, BGBl. I 2017, S. 386. 刑事手続との関係では、ストーカー行為が被害者の負担に配慮して私人訴追の対象から除外された（ドイツ刑訴法374条1項5号を参照）。本法律について、渡辺富久子「【ドイツ】ストーカー被害者の保護」外国の立法271-2号（2017年）31頁を参照。

10)　Gesetz zur Reform der strafrechtlichen Vermögensabschöpfung v. 13.4.2017, BGBl. I 2017, S. 872. 本法律により、刑法と刑事訴訟法が連携して、刑の執行として犯罪利益を没収して被害者に譲渡することが可能になった（特に刑事訴訟法459h条を参照）。

11)　2015年1月以降のドイツの刑事立法政策の全体的動向について、拙稿・前掲注6）45頁以下を参照。

12)　BT-Drs. 18/4621, S. 1 f.［A. Problem und Ziel］und S. 13 ff.［Begründung］. なお、BR-Drs. 56/15, S. 1 f.［A. Problem und Ziel］und S. 8 ff.［Begründung］も参照。

13)　BT-Drs. 18/6906, S. 1［A. Problem］.

けでなく、犯罪行為による被害者を保護し、その利益に配慮することをも義務づける、というものである。最近では、2013年の性的虐待被害者権利強化法が、独立した手続関与者としての被害者を承認するという2004年の被害者権利改革法の目的を実現する重要な一歩を踏み出した。

欧州レベルでは、「犯罪被害者の権利、支援及び保護の最低基準を定めた欧州議会及び理事会〔Europäisches Parlament und Rat〕による2012年10月25日 EU 被害者保護指令（2012/29/EU）」[14]（以下、「2012年 EU 被害者保護指令」又は単に「指令」と表記する）によって、被害者保護に新たな衝撃がもたらされた。ドイツ連邦共和国は、指令の審議の際、EU 内の共通の最低限の権利の確立のために積極的に力を尽くし、最近のドイツ国内の被害者権利改革法から得た経験も提示した。

2012年 EU 被害者保護指令は、2015年11月16日までに国内法に反映されなければならない。しかし、情報、支援、刑事手続への参加、被害者の保護の分野における保障のうちで、連邦レベルの立法管轄に属するものは、一部分のみである。主要なもの（例えば、被害者支援施設へのアクセスに関する規則）は、各州の立法権限に属する。さらに、連邦の権限に属するものでも、指令で想定されている被害者保護のための権利・方策の多くが、ドイツの刑事手続法には既に備わっているばかりでなく、これまでの数次の被害者権利改革法によって導入された制度等は、部分的には新たな指令の欧州最低基準を上回っている。しかし、指令によって、刑事手続法の様々な分野で、現行法の改正による国内法化が必要となっている。

個々の分野では、指令の国内法化を超えて、被害者保護に関する現行規定を拡充することが必要であり、特に心理社会学的訴訟付添人の分野がそれにあたる。それに関する従来の規定は不完全なものであり、もはや現在の実務上の意義にそぐわなくなっている。

以上のように、ドイツの第三次被害者権利改革法等が立法された背景は、2012年 EU 被害者保護指令の国内法化にとどまらず、ドイツ独自の制度改革（特に心理社会学的訴訟付添い制度の確立）が含まれている。

2　2012年 EU 被害者保護指令（2012/29/EU）の国内法化

いずれにしても、第三次被害者権利改革法等は、直接的には、2012年 EU 被害者保護指令を受けて立法されたものである。同指令は、刑事手続における被害者の地位に関する2001年 3 月

14）　Richtlinie 2012/29/EU des Europäischen Parlaments und des Rates vom 25. Oktober 2012 über Mindeststandards für die Rechte, die Unterstützung und den Schutz von Opfern von Straftaten sowie zur Ersetzung des Rahmenbeschlusses 2001/220/JI（ABl. L 315 vom 14.11.2012, S. 57）. 同指令について、末道康之「EU における被害者の権利保護—犯罪被害者の権利、支援及び保護に関する最低限の法規を定めた2012年10月25日の指令の概要」被害者学研究24号（2014年）45頁以下を参照。さらに、ベルント＝ディーター・マイヤー著（滝沢誠訳）「刑事司法制度における犯罪被害者の地位についてのコメント」被害者学研究22号（2012年）168頁以下も参照。

15日 EU 理事会枠組決定[15]での被害者保護政策を補充強化して置き換えるものであり、次のような全6章合計32条から構成されている。

第1章は、「一般条項」として、指令の目的（1条）、用語の定義（2条）を定める。

第2章は、「情報及び支援」として、理解し理解される権利（3条）、所管機関との初回接触時に情報を取得する権利（4条）、犯罪通報時[16]の被害者の権利（5条）、事件に関する被害者の情報取得権（6条）、通訳・翻訳を受ける権利（7条）、被害者支援へのアクセス権（8条）、被害者支援機関の支援内容（9条）を定める。

第3章は、「刑事手続への被害者の参加」として、法的聴聞を受ける権利（10条）、不起訴決定時の権利（11条）、修復的司法サービスとの関係での保護措置を受ける権利（12条）、訴訟関係費用の援助を受ける権利（13条）、訴訟費用の償還を受ける権利（14条）、財産の返還を受ける権利（15条）、刑事手続の中で犯罪行為者による損害賠償の判断を求める権利（16条）、他の構成国に居住する被害者の権利（17条）を定める。

第4章は、「被害者の保護及び特別な保護の必要な被害者の承認」として、保護される権利（18条）、被害者と犯罪行為者との接触を避ける権利（19条）、捜査において被害者が保護を求める権利（20条）、私生活が保護される権利（21条）、特別な要保護性を特定するための被害者の個別評価（22条）、刑事手続における特別要保護被害者の保護請求権（23条）、刑事手続における子どもの被害者の保護請求権（24条）を定める。

第5章は、「その他の規定」として、関係実務団体等の教育訓練（25条）、各機関等の協力及び調整（26条）を定める。

第6章は、「最終条項」として、各構成国における2015年11月16日までの国内法化（27条）、各構成国によるデータ及び統計の欧州委員会への伝達（28条）、欧州委員会から欧州議会及び理事会への報告（29条）、2001/220/JHA（JI）枠組決定の置換え（30条）、EU 官報掲載翌日の施行（31条）、各構成国が名宛人であること（32条）を定める[17]。

以上のような2012年 EU 被害者保護指令は、その27条に定めるように、これらの内容を EU 構成国に対して2015年11月16日までに国内法化することを求めていた（しかし、この期限には間に合わず、第三次被害者権利改革法は2015年12月21日公布となった）。ところで、同指令の内容は、

---

15) Rahmenbeschluss des Rates vom 15. März 2001 über die Stellung des Opfers im Strafverfahren (2001/220/JI, ABl. L 082 vom 22.03.2001 S. 1).

16) 英語版では「(formal) complaint」、ドイツ語版では「Anzeige einer Straftat」との語句が用いられている。ドイツ刑事訴訟法の「Anzeige」は事実の申告であり、訴追・処罰を求める意思表示は必ずしも含まれない。

17) 以上の各条項の内容についての邦語での詳細な解説として、末道・前掲注14）45頁以下を参照。なお、同指令の英語版とドイツ語版には、両者の内容が完全には一致しないと思われる箇所が少なからず見受けられる。

後述するドイツの第三次被害者権利改革法等の内容と合致するものとそうでないものがある。その異同、そしてドイツ法の独自性を明らかにするため、次に、第三次被害者権利改革法等の具体的な内容を確認する。

Ⅲ　第三次被害者権利改革法等の具体的内容

1　全体像の概観

第三次被害者権利改革法は、形式的に見ると、（1）刑事訴訟法[18]の改正（1条）、（2）裁判所構成法[19]の改正（2条）、（3）裁判費用法[20]の改正（3条）、（4）刑事手続心理社会学的訴訟付添い法の制定（4条）から構成される。

また、内容的に見ると、立法資料によれば、特に被害者の情報権の拡充、通訳・翻訳、心理社会学的訴訟付添い制度が強調されている[21]が、内容はそれらにとどまらない。

2012年EU被害者保護指令の国内法化に直接関連するものとして、①所管機関との初回接触時に情報を取得する権利（指令4条：刑訴法406i条〜406k条）、②特別な保護を要する被害者への対応（指令18条及び22条：刑訴法48条3項、163条3項1文）、③犯罪通報時の被害者の権利（指令5条：刑訴法158条1項3文以下、同条4項）、④事件に関する被害者の情報取得権（指令6条：刑訴法406d条）、⑤通訳・翻訳を受ける権利（指令7条：刑訴法161a条5項、163条3項5文、171条3文、397条3項、なお158条4項）がある。

独自の制度でありつつ、2012年EU被害者保護指令の国内法化に添うものとして、被害者支援へのアクセス権及び被害者支援機関の支援内容（指令8条、9条：刑事手続心理社会学的訴訟付添い法、刑訴法406g条、465条2項4文、472条1項2文、裁判費用法付属書1第3150号以下）がある。

さらに、それ以外の改正も行われている（397a条1項1号、464b条4文等）。

2　個別条項等の内容

次に、1でみた各条項の具体的内容を確認していく。

（1）　刑事訴訟法の改正　　刑事訴訟法では、48条, 140条, 158条, 161a条, 163条, 171条, 214条, 397条, 397a条, 406d条, 406g条〜406l条, 464b条, 465条, 472条, 473条が改正ないし追加された。これらを、形式的な文言等の変更を除き、第三次被害者権利改革法の法文に掲げられている順[22]（すなわち、刑訴法の条文順）に、確認していく。

---

18)　Strafprozeßordnung (StPO) v. 7.4.1987 (BGBl. I S. 1074, 1319).
19)　Gerichtsverfassungsgesetz (GVG) v. 9.5.1975 (BGBl. I S. 1077).
20)　Gerichtskostengesetz (GKG) v. 27.2.2014 (BGBl. I S. 154).
21)　BT-Drs. 18/4621, S. 2 [B. Lösung], S. 13 ff. [Begründung], insb. 20 ff.

ドイツの被害者支援の現在——*97*

（a）　被害者証人の特別な要保護性への配慮義務（48条3項）　　刑訴法48条は証人の召喚について規定する。同条に第3項が追加され、以下のように、被害者証人の特別な要保護性への配慮義務が定められた。これは、指令18条及び22条を国内法化したものである[23]。

　「（3）　証人が同時に被害者でもある場合、その証人が関わる審理、尋問及び審問行為は、常にその特別な要保護性に配慮して行われなければならない。次の事項が特に確認されなければならない。

　　　1．証人の福利に対する重大な不利益の差し迫った危険が第168e条〔証人尋問の分離〕又は第247a条〔ビデオリンクによる証人尋問〕に基づく措置を必要とするのかどうか、

　　　2．証人の優越する保護すべき利益が、裁判所構成法第171b条に基づく公開の排除を必要とするのかどうか、及び、

　　　3．どの程度まで、第68a条1項に基づく証人の私的な生活領域についての必要不可欠ではない質問が放棄されうるのか。

　以上の場合において、証人の個人的な境遇並びに犯罪行為の態様及び状況が考慮されなければならない。」

　（b）　被害者による通報に対する原則的な受領証明書の発行義務（158条1項3文以下）　　刑訴法158条は、犯罪の通報及び告訴について規定する。第1項は、第1文で、犯罪の通報及び告訴は、検察庁、警察署もしくは警察官又は区裁判所に、口頭又は書面で行うことができるとし、第2文で、口頭の通報は調書に記載しなければならないとする。

　第三次被害者権利改革法により、この第1項に、以下のように、第3文から第5文が追加され、被害者による通報の場合に原則として受領証明書を発行する義務が新たに明文化された。これは、指令5条1項を国内法化したものである[24]。

　「被害者に対しては、請求に基づいて、その通報の受領が書面で証明されなければならない。証明は、犯行日時、犯行場所及び被通報犯罪行為についての被害者による申立ての短い要約を含むものとする。証明は、他の刑事手続も含めて、審理の目的がおびやかされると思われる限りで、拒まれうる。」

　第3文の通報の受領証明書は、これまで実務で行われていた被害者以外も含めた通報受領証明書を、被害者について明文で規定したものと位置づけられる（刑事手続・過料手続指針9号を参照）[25]。なお、第5文の証明拒否は、指令による保護の目的があてはまらないような権利濫用であることが明白な通報の場合等に行われうる[26]。

---

22)　BGBl. I 2015, S. 2525 ff.
23)　BT-Drs. 18/4621, S. 23. Vgl. Bertram Schmitt, in: Meyer-Goßner/Schmitt, Strafprozessordnung, 60. Aufl., 2017, § 48 Rn. 11.
24)　BT-Drs. 18/4621, S. 24. Vgl. Schmitt, a.a.O.（Anm. 23）, § 158 Rn. 10a.
25)　BT-Drs. 18/4621, S. 24. Vgl. Schmitt, a.a.O.（Anm. 23）, § 158 Rn. 10a.
26)　Vgl. BT-Drs. 18/4621, S. 24; Schmitt, a.a.O.（Anm. 23）, § 158 Rn. 10b.

（c）　ドイツ語を理解できない被害者通報人・告訴人への翻訳等の必要な支援（158条4項）
刑訴法158条は、犯罪の通報及び告訴について規定する。第三次被害者権利改革法により、ド
イツ語を理解できない被害者への翻訳等の必要な支援に関する規定が第4項として追加され
た。これは、指令5条2項及び3項を国内法化したものである[27]。

> 「（4）　被害者がドイツ語を理解できない場合、被害者は、通報を自らの理解する言語で行うた
> め、意思の疎通に際して必要な支援を受ける。この場合、第1項第3文及び第4文に基づく書面
> による通報受領証明は、被害者に対して、その請求に基づき、その理解する言語で翻訳されなけ
> ればならない；第1項第5文は、その効力を妨げられない。」

（d）　検察による参考人〔Zeuge〕・鑑定人尋問における通訳（161a条5項）　　刑訴法161a
条は、検察による参考人・鑑定人の尋問について規定する。第三次被害者権利改革法により、
同条に第5項が追加され、ドイツ語を理解できない手続関与者がいる場合の通訳人の召喚に関
する裁判所構成法185条1項及び2項が準用されることになり、以下のように取り扱われるこ
ととなった。これは、被害者に関する部分に関しては指令7条1項を国内法化するものであ
る[28]が、それ以外は被害者に関する規定と平仄をあわせるものである。

　検察による参考人・鑑定人尋問においてその参考人・鑑定人がドイツ語を理解できない場
合、原則として通訳人を召喚しなければならない。また、外国語による付属的調書は作成され
ないが、検察が事案の重要性を考慮して必要と判断した場合には供述と説明をその外国語でも
記録しなければならない。そのような対応が適切である場合には、認証翻訳が付されるべきで
ある。ただし、手続関係者すべてがその外国語を理解できる場合には、通訳人の召喚は行われ
ない（161a条5項、裁判所構成法185条1項及び2項を参照）。

（e）　警察による取調べにおける被害者参考人〔Zeuge〕の特別な保護必要性への配慮義務
と通訳（163条3項）　　刑訴法163条3項は、警察による参考人取調べに関する準用規定であ
る。第三次被害者権利改革法により、第1文の準用条文として、前述の48条3項が追加挿入さ
れた。これにより、警察による取調べの対象が被害者である参考人の場合において、その被害
者参考人の特別な要保護性への配慮義務が明文化された（前述（a）を参照）。これは、指令18
条及び22条を国内法化したものである[29]。

　また、第5文に、裁判所構成法185条1項及び2項の準用規定が新たに挿入された。これに
より、証人等がドイツ語を理解できない場合の通訳等の措置が明文化された（前述（d）を参
照）。これは、被害者に関する部分に関しては指令7条の国内法化である[30]が、それ以外は被

---

27)　BT-Drs. 18/4621, S. 24. Vgl. Schmitt, a.a.O.（Anm. 23），§ 158 Rn. 31；§ 397 Rn. 6a.
28)　BT-Drs. 18/4621, S. 25.
29)　BT-Drs. 18/4621, S. 25.
30)　BT-Drs. 18/4621, S. 26.

害者に関する規定と平仄をあわせたものである。

　(f)　手続打切りの通知における訴訟参加被害者への翻訳（171条 3 文）　　刑訴法171条は、告訴人・告発人に対する手続打切りの通知について定める。第三次被害者権利改革法により、第 3 文が追加挿入され、被告人等がドイツ語を理解できない場合又は聴覚・発話障がいがある場合の通訳・翻訳に関する裁判所構成法187条 1 項 1 文及び 2 項が、以下のように、準用されることとなった。

　　「裁判所構成法第187条第 1 項第 1 文及び第 2 項は、刑事訴訟法第395条に基づいて訴訟参加により公訴に加わる被害者について、その者が翻訳の請求をなした場合に限り、準用される。」

　この準用により、訴訟上の権利の行使に必要な場合、通訳人・翻訳人が召喚される（裁判所構成法187条 1 項 1 文を参照）。また、訴訟参加被害者は、一定の重要な書面について、遅滞なくその翻訳を入手する権利等が認められる（同条 2 項を参照）。これらは、指令 7 条 3 項を国内法化したものである[31]。

　(g)　ドイツ語を理解できない訴訟参加人への翻訳（397条 3 項）　　刑訴法397条は、訴訟参加人の権利について規定する。第三次被害者権利改革法により、次のように第 3 項が追加され、ドイツ語を理解できない訴訟参加人への翻訳が明文化された。これは、指令 7 条 3 項を国内法化したものである[32]。

　　「（ 3 ）　公訴参加人がドイツ語を理解できない場合、公訴参加人は、その請求に基づき、裁判所構成法第187条第 2 項に従って、その訴訟上の権利の行使に必要な限りで、訴訟関係書類の翻訳を受ける。」

　(h)　訴訟参加人の補佐人の任命に関する規定の調整（397a 条 1 項 1 号）　　刑訴法 397a 条 1 項は、訴訟参加人の補佐人の任命について定める。第三次被害者権利改革法により、同条項 1 号による適用対象から刑法 176a 条（犯情の重い子ども性的虐待）が削除された。これは、2013年の性的虐待被害者権利強化法によって174条から182条までを列挙した同条項 4 号との法典編纂上の調整のためのものである[33]。

　(i)　手続の状態に関する情報提供の拡充（406d 条）　　刑訴法 406d 条は、被害者に対する手続の状態に関する情報提供を定める。第三次被害者権利改革法により、この情報提供が次のように拡充された。

　①　第 1 項　　第 1 項では、各号により通知の具体的内容が明示されるとともに、通知に用いられる言語に関する規定が追加された。これは、指令 6 条 1 項 b を国内法化したものである[34]。

---

　31)　BT-Drs. 18/4621, S. 26.
　32)　BT-Drs. 18/4621, S. 27. Vgl. Schmitt, a.a.O.（Anm. 23）, § 158 Rn. 31; § 397 Rn. 6a.
　33)　BT-Drs. 18/4621, S. 27.

「（1）　被害者に対して、その関係する範囲で、請求に基づいて、次に掲げるものが通知されなければならない：

　　１．手続の打切り、

　　２．公判手続の場所及び日時並びに被告人が起訴されている犯罪事実、

　　３．裁判手続の終了。

被害者がドイツ語を理解できない場合、被害者に対して、請求に基づいて、公判手続の場所及び日時が、その理解できる言語により通知される。」

　②　第2項　　第2項では、被害者への通知内容の拡充のために、次のような第3号が挿入され、従前の第3号が第4号に変更された。これは、指令6条5項を国内法化したものである[35]。

「３．被疑者・被告人又は有罪判決を受けた者が逃亡により自由剥奪措置を免れたか、また、その必要に応じて被害者の保護のためにどのような措置が講じられているか；」

　また、第2項に、次のような通知の主体に関する第2文が追加された。これは、EU被害者保護指令4条2項を国内法化したものである[36]。

「通知は、被疑者・被告人又は有罪判決を受けた者に対する判断を行った当局によって行われる；第1項第3号の場合、通知は、管轄を有する検察庁によって行われる。」

　③　第3項　　情報権についての教示義務に関する第3項が新たに挿入され、従前の第3項が第4項に変更された。

「（3）　被害者は、第2項1文に基づく情報権に関して判決宣告又は手続打切り後に教示されなければならない。被疑者・被告人に対して未決勾留が命じられることが予想される場合、第2項第1文第2号及び第3号の情報権について、被害者は通報を行う際にも教示されなければならない。」

　(j)　心理社会学的訴訟付添い制度（406g条）　　第三次被害者権利改革法により、刑訴法406g条が新たに挿入され、刑事手続における心理社会学的訴訟付添い制度（Psychosoziale Prozessbegleitung）が明文化された。これは、2009年の第二次被害者権利改革法によって導入された従前の406h条1項5号を実務の実態を考慮して明文化するものであるとともに、指令8条1項及び9条1項cの国内法化にもあたるものである[37]。連邦議会法務消費者保護委員会での審議を経て、刑事訴訟法には刑事訴訟に直接関係するもののみを定め、同制度の詳細については、別個の独立した刑事手続心理社会学的訴訟付添い法で定めるものとされた（406g条2項を参照）[38]。

---

34)　BT-Drs. 18/4621, S. 27.

35)　BT-Drs. 18/4621, S. 28.

36)　BT-Drs. 18/4621, S. 29.

37)　Vgl. BT-Drs. 18/4621, S. 29.

「第406g 条　心理社会学的訴訟付添い

（１）　被害者は、心理社会学的訴訟付添人の補佐を受けることができる。心理社会学的訴訟付添人は、被害者尋問の際及び公判手続の間、被害者と同席することが許される。

（２）　心理社会学的訴訟付添いの基本方針並びに心理社会学的訴訟付添人の適格性要件及び報酬は、2015年12月21日の刑事手続における心理社会学的訴訟付添いに関する法律（BGBl. I S. 2525, 2529）のそれぞれ現に効力を有する規定による。

（３）　第 397a 条第１項第４号及び第５号に掲げられた条件に基づき、被害者に対して、その請求に基づき、心理社会学的訴訟付添人が付与されなければならない。第 397a 条第１項第１号ないし３号に掲げられた条件に基づき、被害者の特別な要保護性から必要な場合には、被害者に対して、その請求に基づき、心理社会学的訴訟付添人が付与されうる。その付与は、被害者には無償で行われる。その付与には、第142条第１項〔弁護人選定における留意事項〕が準用される。起訴前手続〔Vorverfahren〕においては、第162条により管轄を有する裁判所が判断する。

（４）　付与されていない心理社会学的訴訟付添人は、審理の目的〔Untersuchungszweck〕をおびやかしうる場合、被害者尋問への出席が禁止されうる。その判断は尋問を指揮する者が行う；その判断には異議を申し立てることができない。拒否〔出席禁止〕の根拠が調書に記載されなければならない。」

　（k）　刑事手続内外での被害者の権限についての被害者への教示（406i 条〜406k 条）　　第三次被害者権利改革法により、被害者の権限についての被害者への教示に関する従来の406h 条が大幅に拡充され、406i 条から 406k 条に置き換えられた。

　①　刑事手続における被害者の権限についての被害者への教示（406i 条）　　新 406i 条は、旧 406h 条１文１号及び２号の内容を引き継ぎ、刑事手続における被害者の権限についての被害者への教示を定める。そして、１項１号（通報・告訴の教示）、４号（証人尋問の補償に対する教示）、５号（被害者・行為者和解による損害回復の教示）、２項（特別な要保護性のある被害者証人尋問の場合の配慮に関する教示）、３項（未成年の被害者証人尋問の場合の配慮に関する教示）が、今回の改正で新たに加えられたものである。１項１号は指令４条１項ｂを、２号ｂは指令４条１項ｆを、４号は指令４条１項ｋを、５号は指令４条１項ｊを、２項は指令４条１項及び２項２文並びに22条及び24条を、それぞれ国内法化したものであり、３項は指令の基準を超えて未成年の被害者の保護を厚くするものである（なお、指令23条を参照）[39]。

「第 406i 条　刑事手続における被害者の権限についての被害者への教示

（１）　被害者は、できる限り早期に、通常は書面により、可能な範囲でその理解する言語により、第 406d 条から 406h 条までに基づく刑事手続における権限について教示されなければ

38）　Vgl. BT-Drs. 18/6906, S. 23.
39）　BT-Drs. 18/4621, S. 33 f.

ならず、特に次に掲げる事項が指摘されなければならない：

1．被害者は、第158条に従って、犯罪行為を通報し、又は、告訴を申し立てることができる；

2．被害者は、第395条及び第396条又は少年裁判所法第80条第3項の条件に基づき、提起された公訴に、訴訟参加によって加わることができ、その際、

    a）　第397a条に基づいて、弁護士の補佐人を選任し、又は、その召喚のために自己に訴訟費用の扶助〔Prozesskostenhilfe〕が承認されるよう、申し立てることができる、

    b）　第397条第3項並びに裁判所構成法第185条及び第187条に従って、通訳及び翻訳の請求権を刑事手続において主張することができる；

3．被害者は、犯罪行為から発生する財産上の請求権を、第403条から第406c条まで及び少年裁判所法第81条に従って、刑事手続において主張することができる；

4．被害者は、証人として検察庁又は裁判所によって尋問される場合に限り、司法報償及び補償法に従って、補償請求権を主張することができる；

5．被害者は、第155a条に従って、行為者・被害者和解〔Täter-Opfer-Ausgleich〕の方法で損害回復〔Wiedergutmachung〕を達成することができる。

（2）　被害者の特別な要保護性の手掛かりが存在する場合、被害者は、その他の手続において、しかるべき部署〔Stelle〕において、その保護に資する規定、特に第68a条第1項〔不名誉事実又は私的生活領域に関する質問権の制限〕、第247条〔被告人の退廷〕及び第247a条〔ビデオリンクによる証人尋問〕並びに裁判所構成法第171b条〔人格権保護のための裁判公開停止〕及び第172条第1a号〔証人等の生命等の危険に配慮した裁判公開停止〕を、指摘されるものとする。

（3）　さらに、未成年の被害者及びその代理人は、その他の手続において、しかるべき部署において、その保護に資する規定、特に第58a条〔尋問の録音録画〕及び第255a条第2項〔録音録画された未成年の証人の尋問の再生〕の適用が問題になる場合はそれらの規定並びに第241a条〔未成年の証人の尋問〕を、指摘されるべきである。」

②　刑事手続外における被害者の権限についての被害者への教示（406j条）　新406j条は、旧406h条1文3号から5号までの内容を引継ぎ、刑事手続外における被害者の権限についての被害者への教示を定める。そして、1号（民事手続による損害賠償請求と訴訟費用扶助の教示）、4号（行政規定に基づく補償請求権の教示）が、今回の改正で新たに加えられたものであり、5号（被害者支援施設による援助・支援の教示）は、旧406h条1文5号を拡充したものである。1号は指令4条1項e及びdを、4号は指令4条1項e及びkを、5号は指令4条1項aを、それぞれ国内法化したものである[40]。

「第406j条　刑事手続外における被害者の権限についての被害者への教示

40）　BT-Drs. 18/4621, S. 34 f.

被害者は、できる限り早期に、通常は書面により、可能な範囲でその理解する言語により、刑事手続外における権限について教示されなければならず、特に次に掲げる事項が指摘されなければならない：

1．被害者は、犯罪行為から発生した財産的請求権を、それが第403条から第406c条まで及び少年裁判所法第81条〔刑事手続内での損害賠償請求、同規定の少年手続への不適用〕に従っては主張せず、民事手続によって主張することができ、その際、弁護士である補佐人の召喚のために自己に訴訟費用の扶助が承認されるよう申し立てることができる；

2．被害者は、暴力保護法〔Gewaltschutzgesetz〕に従って、被疑者・被告人に対する〔接近・連絡等の禁止〕命令の発令を申し立てることができる；

3．被害者は、被害者補償法〔Opferentschädigungsgesetz〕に従って、支給請求権を主張することができる；

4．被害者は、連邦又は各州の行政上の諸規定に従って、必要な場合、補償請求権を主張することができる；

5．被害者は、被害者支援施設による援助及び支援を受けることができる、例えば、

 a）　相談の形で、

 b）　保護施設への宿泊を提供準備すること又は仲介することにより、又は、

 c）　医学もしくは心理学的な支援又は心理社会学的領域におけるその他の利用可能な援助の提供のような、治療の提供を仲介することにより。」

③　その他の諸情報（406k 条）　　第406k 条は、旧406h 条 2 文及び 3 文を第 2 項として引き継ぐとともに、提供されるべきその他の諸情報についての第 1 項が新たに加えられた。 1 項は指令 4 条 1 項 a 及び k を国内法化したものであり、 2 項は指令 4 条 1 項及び 2 項に添うものである[41]。

「第 406k 条　その他の諸情報

（1）　第 406i 条及び第 406j 条に基づく諸情報は、それぞれ、以下に掲げるものについての説明を含むべきである、

 1．被害者は、〔各条項に〕記載された可能な選択肢〔Möglichkeit〕を利用するために、どの部署に相談することができるのか、及び、

 2．〔各条項に〕記載されたサービスを、必要な場合に、誰が提供するのか。

（2）　一定の権限の前提条件が個々の具体的な事案で明白に存在していない場合、当該施設はそれを行わないことができる。送達可能な宛先を申告していない被害者に対しては、書面による教示義務はない。」

(1)　教示に関する諸規定の被害者親族・遺族への準用（406l 条）　　第406l 条は、旧406h 条 4 文の内容を引き継ぐものである[42]。

41）　BT-Drs. 18/4621, S. 35 f.

「第 406l 条　被害者の親族及び遺族の権限

　　第 406i 条 1 項並びに第 406j 条及び第406k 条は、被害者の親族及び遺族に対しても、その者に
　適切な権限がある場合に限り、準用される。」

（m）　訴訟費用等の確定手続における訴訟参加人の住所等の秘匿（464b 条 4 文）　　刑訴法
464b 条は、訴訟費用・必要的支出金の金額の決定について規定する。第三次被害者権利改革
法により、次のような第 4 文が追加され、訴訟費用等の確定手続で、訴訟参加人の住所等の秘
匿による保護が拡充された[43]。

　　「訴訟参加人の表示については、費用確定決定において、完全な宛先の記載を行わないことがで
　きる。」

（n）　心理社会学的訴訟付添人に関する訴訟費用の被告人負担義務の任意的完全・一部免除
（465条 2 項 4 文）　　刑訴法465条は、有罪宣告を受けた者の訴訟費用等の負担義務について規
定する。第三次被害者権利改革法により、第 2 項に次のような第 4 文が追加され、心理社会学
的訴訟付添人に関する訴訟費用の被告人負担義務の任意的完全・一部免除が定められた[44]。

　　「裁判所は、心理社会学的訴訟付添人が補佐をした場合において、被告人にその費用を負担させ
　ることが不当であるときは、裁判費用の上乗せを完全又は一部行わないことを命じることができ
　る。」

（o）　心理社会学的訴訟付添人に関する必要的支出金の被告人負担の限界設定（472条 1 項 2
文）　　刑訴法472条は、訴訟参加に関する費用について規定する。第三次被害者権利改革法に
より、第 1 項に次のような第 2 文が追加挿入され、訴訟参加人の心理社会学的訴訟付添人に対
する必要的支出金の被告人負担の限界額が設定されるとともに、旧 2 文が新 3 文に移動して、
新 2 文の挿入にあわせて文言が微調整された[45]。本条項は、465条 2 項 4 文と表裏一体の関係
に立つ。

　　「訴訟参加人の心理社会学的訴訟付添人に対する必要的支出金は、心理社会学的訴訟付添人の補
　佐がなされた場合に裁判費用が上乗せされるであろう金額までのみが、被告人に課されうる。」

（p）　その他の形式的変更　　これまで概観してきた条項の改正に伴い、それらの条項に関
連する条項に、以下のような形式的な変更が行われている。

　①　必要的弁護の対象事件に関する形式的変更（140条 1 項 9 号・406h 条）　　刑訴法140条
は、必要的弁護について規定する。同条 1 項 9 号は、2013年性的虐待被害者権利強化法によっ
て追加されたものであり、被害者に397a 条（公訴参加人の補佐人）及び 406g 条 3 項・ 4 項

42）　BT-Drs. 18/4621, S. 36.
43）　BT-Drs. 18/4621, S. 36.
44）　BT-Drs. 18/4621, S. 36.
45）　BT-Drs. 18/4621, S. 36 f.

ドイツの被害者支援の現在――*105*

（公訴参加の権利のある被害者の補佐）に基づいて弁護士が付されている場合、武器対等の原則から、必要的弁護の対象事件としている[46]。

第三次被害者権利改革法により、406g条が新たに挿入され、従前の406g条が406h条に移動することになったため、140条1項9号による指示条文も「第406g条第3項及び第4項」から「第406h条第3項及び第4項」に変更された[47]。

② 裁判長による召喚に関する形式的変更（214条1項2文） 刑訴法214条1項は、裁判長による召喚について規定する。第三次被害者権利改革法により、同項2文前段の指示条文が、「第397条第2項第3文並びに第406g条第1項第4文及び第2項第2文」から、「第397条第2項第3文、第406d条第1項及び第406h条第2項第2文」に変更された。また、同項2文後段の指示条文が、「第406d条第3項」から、「第406d条第4項」に変更された[48]。

③ 訴訟参加権のある被害者の補佐に関する形式的変更（406h条） 旧406g条は、訴訟参加権のある被害者の補佐について規定していた。第三次被害者権利改革法によって第406g条が新たに挿入されたため、旧406g条が406h条に移動し、改正後の406d条1項1号と内容が重複する旧406g条1項4文が削除された[49]。

④ 上訴・再審・原状回復の場合の費用に関する形式的変更（473条） 刑訴法473条は、上訴・再審・原状回復の場合の費用について規定する。前述③の改正にあわせて、同条1項2文の指示条文が、「第406g条」から「第406h条」に変更された[50]。

（2） 裁判所構成法の改正——性犯罪事件の裁判非公開に関する立法遺漏の補正（171b条2項2文） 裁判所構成法171b条は、人格権保護のための裁判手続非公開について規定する。第三次被害者権利改革法により、同条2項2文の指示条文が、前項「第3文」から前項「第4文」に変更された。これは、2013年性的虐待被害者権利強化法の立法手続上の遺漏を補正するものである[51]。したがって、改正内容は実質的には2013年法によるものである。

正しい新規定によれば、未成年時に性犯罪被害を受けた被害者が成人した後に証言する場合の裁判手続も、非公開とされるべきことになる（なお、録音録画済み尋問の再生に関する刑訴法255a条2項も参照）[52]。

（3） 裁判費用法の改正——心理社会学的訴訟付添いの基準額（付属書1第3150号以下） 裁判費用法の付属書1は、様々な訴訟に関係する費用の一覧表を掲げており、その別表3が刑事

46） Vgl. Schmitt, a.a.O.（Anm. 23），§ 140 Rn. 20a und 31.
47） BT-Drs. 18/4621, S. 24.
48） BT-Drs. 18/4621, S. 26.
49） BT-Drs. 18/4621, S. 32.
50） BT-Drs. 18/4621, S. 37.
51） BT-Drs. 18/4621, S. 37.
52） Vgl. BT-Drs. 18/4621, S. 37.

事件に関係する費用の一覧表である。第三次被害者権利改革法により、別表3第1編に、新たに第5章として「心理社会学的訴訟付添い」が追加された。

　具体的には、基準額が、起訴前手続は520ユーロ（3150号）、第一審は370ユーロ（3151号）、控訴審は210ユーロ（3152号）とされた。なお、法案提出時は、それぞれ、350ユーロ、250ユーロ、150ユーロとされていた[53]。

（4）　刑事手続心理社会学的訴訟付添い法の制定　　第三次被害者権利改革法によって改正された刑訴法 406g 条は、刑事手続との関係にしぼって、心理社会学的訴訟付添い制度を定めている。そこで、別個の法律として、刑事手続心理社会学的訴訟付添い法が制定された。この法律では、付添い制度の基本原則（2条）、付添人の適格性要件（3条及び4条）、報酬等（5条から10条まで）を定めている（1条を参照）。以下に同法の抄訳（報酬に関する細則の部分を割愛したもの）を引用する。

　　刑事手続における心理社会学的訴訟付添いに関する法律〔抄〕
　　第1条　規定の対象
　　　この法律は、刑事訴訟法第 406g 条に基づく心理社会学的訴訟付添いについて、以下に掲げる事項を規定する。
　　　1．心理社会学的訴訟付添いの基本原則（第2条）
　　　2．心理社会学的訴訟付添人の適格性要件（第3条及び第4条）
　　　3．心理社会学的訴訟付添人の報酬（第5条から第10条まで）
　　第2条　基本原則
　　（1）　心理社会学的訴訟付添いは、特別な保護を必要とする被害者のための、公判手続の前、その間及びその後における、刑事手続における法的ではない特別な形態の付添いである。それ〔心理社会学的訴訟付添い〕は、情報の仲介並びに被害者の個人的な負担を軽減し、その二次被害化〔Sekundärviktimisierung〕を防ぐ目的の刑事手続全過程における特別な対応及び援助を含む。
　　（2）　心理社会学的訴訟付添いは、刑事手続に対する中立性と相談と付添いの分離を特徴とする。それ〔心理社会学的訴訟付添い〕は、法的な相談も事実の解明も含まず、証人への影響を与え、又は証人の供述を妨害することになってはならない。被害者は、そのことに関して並びに心理社会学的訴訟付添人に証言拒絶権がないことに関して、その心理社会学的訴訟付添人により、訴訟付添いの開始時に知らせられなければならない。
　　第3条　適格性要件
　　（1）　心理社会学的訴訟付添人は、専門的、人格的及び学際的に適格でなければならない。

---

53)　BT-Drs. 18/4621, S. 11 f. Vgl. BT-Drs. 18/6906, S. 12 f.

（2）　専門的適格性については、以下に掲げる事項が必要とされる：

1．社会教育学、社会労働学、教育学もしくは心理学の領域における大学卒業もしくはそれらの領域における養成教育の修了、又は、

2．州公認の心理社会学的訴訟付添人のための養成教育又は再教育の修了。

心理社会学的付添人は、第1文第1号に掲げられた領域における職業経験がなければならない。

（3）　心理社会学的付添人は、自己の責任において、必要な人格的適格性を持つことを確保する。それ〔人格的適格性〕に属するのは、特に相談能力、コミュニケーション及び協力能力、論争能力、負荷耐久力並びに組織化能力である。

（4）　学際的適格性については、特に対象集団に関連する医学、心理学、被害者学、犯罪学及び法に関する基礎知識が必要とされる。心理社会学的訴訟付添人は、自己の責任において、被害者に対する現場での支援提供の知識を持つことを確保する。

（5）　心理社会学的訴訟付添人は、自己の責任において、定期的な継続教育を確保する。

第4条　公認とさらなる要件

各州は、どの人物及び部署が心理社会学的訴訟付添いと認定されるのか、また、その〔認定の〕ための職業養成教育、実務上の職業経験、特別な再教育及び定期的な継続教育についてどのような追加要件を求めるのか、を決定する。

第5条　報酬　〔略〕

第6条　報酬の金額　〔略〕

第7条　請求権の発生　〔略〕

第8条　弁護士報酬法の適用　〔略〕

第9条　請求権の消滅　〔略〕

第10条　開放条項；命令への授権　〔略〕

第11条　経過規定

各州は、第3条第2項第1文第2号の要件にかかわらず、既にこの法律にいう州公認の職業養成教育又は再教育を開始したが、まだそれを修了していない者が、心理社会学的訴訟付添いを行うことができると、2017年7月31日まで決定することができる。

（5）　**施行日**　　第三次被害者権利改革法は、原則として公布の翌日（2015年12月22日）から施行された（5条1文）。ただし、心理社会学的訴訟付添い制度（刑訴法406g条、465条2項4文、472条1項2文、裁判費用法付属書1第3150号以下、刑事手続心理社会学的訴訟付添い法）は、各州の制度構築・改編と専門家養成等に準備期間が必要なため、2017年1月1日に施行されることとなった[54]。

54）　BT-Drs. 18/6906, S. 26.

Ⅳ　おわりに

　既に別稿[55]でも指摘したとおり、ドイツの近時の刑事立法は、EU や欧州評議会などの国際的組織からの影響がきわめて大きくなっていることが特徴である。第三次被害者権利改革法も、まさにそのような立法の一つに位置づけられることが、本稿での紹介・検討により、より明確になったものと思われる。他方で、ドイツ独自のより手厚い被害者保護・支援施策の展開も明らかになった。

　我が国の被害者保護・支援施策は、犯罪被害者等基本計画も既に第 3 次まで進んでおり、かなり充実してきている。それでも、2012年 EU 被害者保護指令や2015年ドイツ第三次被害者権利改革法との比較で、さらに改善できる／改善すべき点も散見される。また、EU 指令のドイツ国内法化のプロセスは、国際的な標準を従前の法制度に盛り込んでいく立法・施策実施プロセスの参考にもなるものである。

　本稿では、第三次被害者権利改革法施行後の実務の運用やそれを踏まえた学説等による評価[56]については、施行後あまり時間が経っていないこともあり、検討できなかった。これらについては、運用の状況が明らかになった後に、改めて検討の機会を持ちたい。

55）　拙稿・前掲注 6 ）45頁以下、49頁。
56）　立法作業過程及び立法直後の議論につき、前掲注 6 ）に掲げた意見表明及び論考等を参照。

シンポジウム：犯罪者処遇における犯罪者の更生と被害者の回復

シンポジウムの趣旨

小　柳　　　武（常磐大学）

　我が国の犯罪被害者等をめぐる状況は、この十数年間に大きく変化・発展してきた。とりわけ、2004年に制定された犯罪被害者等基本法（以下、「基本法」とする。）及び3次にわたり策定された犯罪被害者等基本計画に基づき改正された各種の法令など、法的整備は飛躍的に発展した。ここで改めて基本的理念について確認したい。基本法第3条第1項に犯罪被害者等の基本的権利として、「すべて犯罪被害者等は個人の尊厳が重んじられ、その尊厳にふさわしい処遇を保障される権利を有する。」ことが明記された。尊厳にふさわしい処遇は、基本法第3条第3項において、「被害を受けたときから再び平穏な生活を営むことができるようになるまでの間、必要な支援等を途切れることなく受けることができるよう、講ぜられるものとする」とされ、一時的な支援ではなく、必要性がなくなるまで、途切れることなく継続するものとされた。さらには、基本法第6条において、「国民は、犯罪被害者等の名誉又は生活の平穏を害することのないよう十分配慮するとともに、国及び地方公共団体が実施する犯罪被害者等のための施策に協力するよう努めなければならない」とし、犯罪被害者等の支援は、国民の理解と総意に基づいて実施することが規定された。

　この理念のもとに、刑事司法に関しては、刑事裁判の優先的傍聴、公判記録の閲覧・謄写が許可されたほか、刑事裁判への参加として一定の条件のもとに、以下の点が許可されることになった。①原則として公判期日に出席すること、②被告事件についての検察官の権限行使に関し、意見を述べ、説明を受けること、③情状に関する事項についての証言の証明力を争うために必要な事項について、証人を尋問すること、④意見の陳述に必要があると認められる場合に、被告人に質問をすること、⑤証拠調べが終わった後に、訴因の範囲内で、事実又は法律の適用について意見を陳述すること、などである。

　また、少年法も数次にわたって改正され、非公開を原則としていた審判にも、一定の要件の許に被害者等が出廷することが認められた。少年院送致後は、処遇されている少年院、少年院での処遇内容、仮退院に関する情報などが、必要に応じて通知されることになった。

　施設内処遇では、一般改善指導として、すべての被収容者を対象に、被害者感情を理解させる指導を実施することとなった。また、特別改善指導の一つとして、「被害者の視点を取り入

れた教育」が実施されている。

　更生保護の分野においても、様々な施策が実施されている。被害者等のみを専門に担当する保護観察官の配置、仮釈放・仮退院の審理に当たっては、被害者等からの申し出に応じて、意見等を聴取する制度が実施されている。また、犯罪被害者等の心情を加害者たる被収容者に伝達する制度も発足した。さらに、被害者等通知制度として、仮釈放・仮退院の時期及び帰住先について知らせる通知制度も実施されることになった。

　ところで、重要なことは、これらの改正が実際に運用されているかどうか、さらには、施策の実施が犯罪被害者等の回復にどのように機能しているか、そして加害者の円滑な社会復帰・更生に役立っているか、などを検証することであろう。

　そこで、今回のシンポジウムでは、この十数年間にわたる変化に注目しつつ、犯罪被害者等と犯罪者処遇に焦点を当てて、実務家、学者及び犯罪被害者支援の専門家に、それぞれの経験や展望について報告していただいた。犯罪者処遇が重要な観点であることから、矯正、更生保護の分野から報告者を選定した。また、テーマの特殊性から、実務にも精通した学者であることを条件に、早稲田大学の藤野京子教授、立教大学の小長井賀與教授に報告をお願いした。実務家として、交野女子学院溝口麻美首席専門官及び神戸保護観察所尼崎駐在官事務所の左近司彩子保護観察官に、犯罪被害者支援の専門家として公益社団法人被害者支援センターとちぎの和氣みち子氏に報告いただいた。

　報告の詳細は、各人の原稿をお読みいただきたい。ここでは、概略を記すことにする。

　藤野教授は、「刑事施設における被害者の視点を取り入れた教育の実状」について、矯正協会中央研究所の研究員として参加した全国刑事施設における調査結果を報告した。特に、刑事施設における教育の実態を詳細に報告したほか、教育効果の検討結果についても論じた。溝口首席は、「少年院における『被害者の視点を取り入れた教育』の実情〜ある女子少年院の取組みから〜」と題して、犯罪被害者に対する謝罪を含む環境調整に関して論じたほか、被害者の現状を考えさせ、加害者としての自覚を促す教育の実情、更生のための家族関係の在り方などを報告した。左近司観察官は、「更生保護における犯罪被害者」と題して、「意見等聴取制度」、「心情等伝達制度」、「被害者等通知制度」、「相談・支援」の実情を報告したほか、専任の被害者担当官の役割等についても論じた。和氣氏は、「被害者の視点を取り入れた教育に携わって感じること」と題して、矯正教育における自身の経験に基づいて、携わった経緯や携わって見えてきたもの、特に犯罪被害者の心情などを報告したほか、刑事施設に対する要望などにも触れた。最後に、全体を俯瞰しながら、小長井教授が「被害者の包摂と回復、並びに加害者の再統合」と題して、犯罪者処遇における被害者関連施策に関して「包摂」と「再統合」という二つの概念に基づいて考察した。

シンポジウムの趣旨——*111*

シンポジウム：犯罪者処遇における犯罪者の更生と被害者の回復

少年院における「被害者の視点を取り入れた教育」の実情
——ある女子少年院の取組から——

溝　口　麻　美（交野女子学院首席専門官）

Ⅰ　はじめに

　「指導者が、在院者Ａに対し、どのような謝罪をさせようとしているのか。在院者Ａの資質や能力の問題ではない。教育者としての姿勢が問題ではないか。」

　これは、今夏、職員暴行に及んだ在院者Ａに対する矯正教育の在り方を巡り、当院の職員間で協議を重ねていた際に、筆者が、暴行の相手方である非常勤医師（以下「医師」という。）から問い掛けられた言葉である。

　在院者Ａは、不快感を適切に解消できず暴力発散的に対処する傾向が高いところ、医務診察時に思いどおりの処方を得られずいらいらしたからとして、医師への暴行に及ぶ反則行為をじゃっ起したものである。時間の経過とともに、在院者Ａが、主体的に医師への謝罪を考えるようになり、自分の気持ちをまとめた謝罪文を作成したことから、在院者Ａによる医師への謝罪の実施に向けた事前調整として、医師、個別担任及び筆者で打合せを行っていたところ、医師は、在院者Ａが考えている謝罪の内容が、当該暴行場面に限定した内容であることを察知され、冒頭の指摘につながったものである。医師は、在院者Ａに対し、これまで様々な医療的措置を手厚くケアしてきた経緯があるからこそ、謝罪の内容が暴行場面に限定されているとしたら、謝罪を受ける側としては、不全感が拭えない謝罪となるのではないかとの不安がよぎったことなど、心情を吐漏された。医師の心情を踏まえ、在院者Ａに医師とのこれまでの関係を振り返らせたところ、それまで、在院者Ａにとって、暴行場面が「日常生活と切り離された点」であったものが、「日常生活とのつながり」の中で暴行場面を捉え直すことになり、「大変なことをしてしまった。」との気付きが、罪障感や自己の責任を果たそうとする姿勢に深まりなどの変化が生じる結果となった。特に「社会での被害者のことを考えきれていなかった。考えていかなければいけない。」旨、述べていたことが印象的であった。

　前述の事例は、在院中に反則行為に及んだ者に対する矯正教育を取り上げたものであるが、医師による冒頭の言葉は、「被害者の視点を取り入れた教育」に通ずる示唆を含んでいると考えられ、また在院者Ａが、在院中の反則行為を通して、自ら、本件非行の被害者に対する自

己の責任と結び付けたことは、当院における「被害者の視点を取り入れた教育」として実施している様々な働き掛けが、在院者の目に映り、浸透していることを裏付けることにもなるのではないかと感じているところである。

ところで、2015（平成27）年6月に施行された少年院法では、矯正教育の実施に際し、被害者及びその家族又は遺族の心情を在院者に理解させるよう配慮すべき旨が定められたほか、2012（平成24）年7月、犯罪対策閣僚会議で策定された「再犯防止に向けた総合対策」においては、『再犯防止のための重点施策』の基本的実施項目における具体的内容の一つとして、犯罪被害者の視点を取り入れた指導の着実な実施のほか、犯罪被害者の苦しみの理解、真摯な謝罪に向けた動機付けの強化等、少年院における修復的な取組等が示されている。「被害者の視点を取り入れた教育」は、その前進となる「しょく罪指導」の導入期を含めると、約20年間にわたり、試行錯誤を繰り返しながら取り組んできたところであるが、「再犯防止のための重点施策」との観点からも、その推進が要請されており、矯正施設の職員として、その重責を再確認しているところである。

本稿では、少年院における被害者を巡る諸施策の変遷を辿りつつ、当院における「被害者の視点を取り入れた教育」の取組状況について、「再犯防止のための重点施策」と関連付けながら整理するとともに、少年院において修復的な取組を検討するとした場合の課題等について明らかにしていくこととする。

なお、意見にわたる部分は、筆者の少年院勤務経験に基づく私見であることをあらかじめお断りしておく。

II　少年院における被害者の対応を巡る諸施策

そもそも、少年法は、保護主義の理念に基づき、審判は非公開が原則とされていた。そのため、被害者にとっては、知りたい情報を得にくい性質を有していた。しかし、少年矯正における被害者の対応を巡る諸施策と取組は、1997（平成9）年の神戸児童連続殺傷事件を境に、20年にわたり、めまぐるしい変遷を重ねることとなった。その軌跡について、主に5段階[1]に分けて整理することにしたい。

1　第1段階：各少年院における個別具体的な取組

少年院における矯正教育は、社会生活に適応させるため、非行の原因となった問題性を除去

1）　遠藤英明は、「少年矯正における被害者を巡る諸施策と取組」犯罪と非行164号（2010年）65頁において、3つの段階に分け、第1は神戸児童連続殺傷事件を契機とした被害者対応の重要性が意識化された段階、第2は少年院における被害者の視点を取り入れた教育の体系的理解・実施に至った段階、第3は被害者等通知制度の実施以降の段階と整理している。

するとともに、円滑な社会復帰を実現させることを目的としている。したがって、被害者を含む他者に及ぼした影響等について考えさせることは、必須の課題として取り組んできた経緯がある。とは言え、在院者本人の内面に対する働き掛けに主眼が置かれ、被害者については、その存在があることを念頭に置いて指導するにとどまり、具体的な謝罪等は、在院者本人と更生保護官署の問題であると考える風潮も少なからず見受けられた。

2　第2段階：少年院における被害者対応の重要性の意識化

　1997（平成9）年に発生した神戸児童連続殺傷事件を契機として、少年院の矯正教育において、被害者対応の重要性が意識化され、同年9月9日付け矯正局長依命通達「少年院の運営について」の一部改正に基づき、生活訓練課程の細分に、非行の重大性等により、在院者の持つ問題性が極めて複雑・深刻であるため、その矯正と社会復帰を図る上で特別の処遇を必要とする者を対象とした「G₃」課程が新設された。同課程では、処遇勧告を踏まえ、収容期間を原則として2年を超えて設定することとされ、その処遇指針及び処遇内容を示した同日付け矯正局教育課長通知「生活訓練課程の細分に新たに設けられた対象者の処遇方針、処遇内容等について」（以下「教育課長通知」という。）において、「罪障感の覚醒」及び「被害者及びその家族等に謝罪する意識の涵養」を目的とした教育内容として「しょく罪指導」及び「生命尊重教育」が掲げられた[2]。これを受け、全国の各少年院で、しょく罪指導のプログラムが策定・実施されることとなった。その後、「しょく罪」の定義等に係る議論[3]のほか、社会的に修復的司法に係る議論も盛んに展開されていたこともあいまって、「被害者の視点を取り入れた教育」との名称が用いられるようになった。受講対象者についても、「G₃」に限定せず、対象者の問題性及び非行性の深度等に対応させ、対象者を広げながら、「被害者の視点を取り入れた教育」として展開されるに至っている。

　神戸児童連続殺傷事件は少年保護法制全体を揺るがす影響があり、少年法においても、2000（平成12）年の少年法等の一部を改正する法律（法律第142号）第4条に基づき、16歳未満の少年についても、懲役や禁錮の言渡しを受ける可能性が生じたため、少年院法も一部改正がなされ、受刑者が義務教育年齢であり得る可能性も考慮し、16歳に達するまでの間は、少年院において当該刑を執行することができるとされた[4]。そして、被害者等への配慮の充実に関する規定が新たに設けられ、少年審判では、被害者等による記録の閲覧及び謄写、被害者等の申出による意見の聴取及び審判結果等の通知の制度が導入された。

　2）　村尾博司「矯正教育の方法と展開　現場からの実践理論　被害者の視点を取り入れた教育」（財団法人矯正協会、2006年）393-406頁。
　3）　所一彦「しょく罪と少年」刑政110巻5号（1999年）28-36頁。
　4）　小山定明　「少年矯正における法令と実務の動き」犯罪と非行179号（2015年）170-185頁。

3 第3段階：「被害者の視点を取り入れた教育」の体系化

2004（平成16）年は、犯罪被害者等基本法が成立し、2005（平成17）年は犯罪被害者等基本計画が策定された年であるが、ほぼ同時期に、矯正局において、「被害者の視点を取り入れた教育」に係る研究会が、被害者支援団体、大学関係者及び弁護士等の外部有識者を研究会構成員として開催され、構成員から様々な提言[5]がなされている。これらの提言を反映させる形で、2005（平成17）年3月28日付け矯正局教育課長通知「少年院における被害者の視点を取り入れた教育について」が発出され、同通知では、被害者の視点を取り入れた教育は、プログラムの実施のみならず、入院から出院までの全過程において、意図的、計画的、体系的に実施するものであると、その位置付けが明確に打ち出された。

4 第4段階：被害者等通知制度等、被害者等への配慮の充実

被害者等に対する加害者の情報提供は、1999（平成11）年から、検察庁において刑事事件に係る裁判の結果等に係る通知が、2001（平成13）年には、出所情報に係る通知がなされるようになり、これらを拡充した通知制度として、2007（平成19）年11月22日付け刑事局長、矯正局長及び保護局長の連名依命通達「被害者等に対する加害者の処遇状況等に関する通知について」が発出され、保護処分を受けた加害者も通知制度の対象となった。本制度の存在については、全ての在院者及び保護者に対して周知を行うこととしているため、在院者及び保護者にとっては、加害者であるとの自覚を促される副次的な効果も期待される（被害者による具体的申出の有無については、明らかにしないこととなっている。）。

2008（平成20）年には、少年法の一部改正がなされ、少年審判における被害者等の権利利益の一層の保護を図るため、被害者等による記録の閲覧及び謄写の範囲の拡大、被害者等の申出による意見の聴取の対象者の拡大、一定の重大事件の被害者等が、少年の健全育成に反しない範囲で、少年審判を傍聴することができる制度の創設及び家庭裁判所が被害者等に対し審判の状況を説明する制度の創設がなされ、司法における被害者等への配慮の更なる充実が図られた。

5 第5段階：再犯防止施策としての位置付け、少年院法上における規定

2010（平成22）年12月、少年矯正を考える有識者会議では、「被害者の視点を取り入れた教

---

5) 意見としては、「被害者の生の声を聞かせる機会を増やしてほしい。被害者の要望をしっかり受け止めてほしい。改善更生の判断の最も重要な案件は、謝罪の気持ちが芽生えてきているか、どの程度まで具体的な謝罪が行われているかである。謝罪の気持ちを持つことが、社会復帰のために超えねばならぬハードルであるとの意識作りが大切。全職員が被害者の視点を取り入れた教育の必要性を実感すべき。指導職員には、研修等が必要である。」等が挙げられた。

少年院における「被害者の視点を取り入れた教育」の実情——*115*

育」の充実に継続して取り組むとともに、被害者等の方々やその支援団体との連携強化を一層推進すべきである。」との提言がなされた。

2012（平成24）年7月、犯罪対策閣僚会議においては、「再犯防止に向けた総合対策」が策定され、『再犯防止対策の基本的考え方』の一つとして、「犯罪による被害の回復と犯罪被害者等の安全・安心な生活に配慮して進める」ことが掲げられ、『再犯防止のための重点施策』においては、刑務所出所者等（少年院在院者も含まれる。以下同じ。）が、健全な社会の一員としてその責任を果たすことができるよう、「犯罪被害者の視点を取り入れた指導、支援等の実施」が基本的実施項目として掲げられた。その具体的な内容は、「刑務所出所者等が社会復帰を果たす上で、自らの犯罪・非行と向き合い、犯罪被害者等の心情を理解させた上で、謝罪や被害弁償を行うことが重大な意義を持つことから、犯罪被害者の体験を聴く機会を持たせたり、その心情を対象者に伝えたりするなど、犯罪被害者の視点を取り入れた指導を着実に実施し、犯罪被害者の苦しみを理解させ、真摯な謝罪に向けた動機付けの強化を図る。また、これらの指導の効果検証等を踏まえ、犯罪被害者との関係における修復的な取組の導入について検討する。」となっている。この「再犯防止に向けた総合対策」に係る実施及び達成状況については、「再犯防止対策に向けた総合対策工程表」により毎年検証されることとなっている。

さらに、2015（平成27）年6月に施行された少年院法では、その第24条第3項において、「犯罪又は刑罰法令に触れる行為により害を被った者及びその家族又は遺族の心情を理解しようとする意識が低い」事情を有する在院者に対し、「生活指導を行うに際しては、その事情の改善に資するよう特に配慮しなければならない。」と規定された。つまり、法律において、「被害者の視点を取り入れた教育」の必要性が明記され、義務付けられるようになったのである。

Ⅲ　少年院における「被害者の視点を取り入れた教育」

1　全体像

「被害者の視点を取り入れた教育」は、非行の重大性や被害者の現状や心情を認識するとともに、被害者やその家族等に対する謝罪の気持ちを持ち、誠意を持って対応していくことを目的とした指導を指し、その全体像は、表1のとおり、中核プログラムと周辺プログラムから構成される。

2　中核プログラム

矯正局で策定された標準プログラム「償いに向けての特別プログラム（以下「特別プログラム」という。）」を使用して実施しており、小集団によって実施するグループワークプログラム（以下「GWプログラム」という。）と個別的な指導が必要な者を対象とした個別プログラムがあ

表1　少年院における「被害者の視点を取り入れた教育」の全体像

項目	指導目標・内容等	指導方法	（関連）
中核プログラム	自己の与えた被害を直視し、非行の重大性や被害者等の現状を認識するとともに、被害者等に対する謝罪等の気持ちを高めるための指導	○償いに向けての特別プログラム（集団／個別）	犯罪被害者等に対する謝罪を含む関係調査のための取組
周辺プログラム	被害者等の心情を正面から受け止めるための指導（3級及び2級の段階での実施が望ましい。）	○被害者心情理解指導 ○個別面接指導 ○課題作文指導 ○読書指導	
	罪障感を高め、謝罪等に向けた決意を固める指導（2級及び1級の段階での実施が望ましい。）	○ロールレタリング ○個別面接指導 ○課題作文指導 ○自己の非行に目を向けさせる指導	

る。個別プログラムは、グループワークがなじまない者を対象とするほか、GWプログラム受講者にさらなる理解を深めさせるために、個別的な指導を必要とする場合も活用できるようになっている。指導目標は、「自己の与えた被害を直視させ、自己がじゃっ起した非行の重大性や被害者の現状を認識させるとともに、被害者やその家族に対する謝罪の気持ちを持たせ、謝罪も含めた償いをするためにはどうすればよいかを具体的に考えさせること」であり、対象者は、重大事犯者（殺人、傷害致死等）及び身体犯（暴行・傷害等）のうち、犯罪被害者等の心情を理解しようとする意識の低い者、全在院者を対象とした指導のみでは、十分に犯罪被害者等の心情理解が及ばない者及び個別的な処遇の実施が必要な者である。

　指導計画は、GWプログラムは全12単元、個別プログラムは全21単元で構成され、GWプログラムは、原則としてクローズド形式（途中から新規の対象者を加えない方式）で行うこととしている。

　指導者は、職員のほか、ゲストスピーカーとして被害者及びその遺族、犯罪被害者支援団体、法曹関係者等の協力を得ている。指導職員については、指導期間を通して、できるだけ、主担当及び副担当を決め、固定した職員が継続的に指導することが望ましいとされているため、当院では、指導担当者が可能な限り固定となるよう専任メンバーを指定し、チームとして対応できる体制にしている。

　標準指導時間数は1単元100分となっており、当院では、週1回実施し、GWプログラムに

ついては、１クール約３か月コースで設定している。

なお、特別プログラムは、個々の少年院において、在院者の特性を踏まえつつ、丁寧に指導を重ねているところであるが、矯正局において、同プログラムの見直し作業が進められているという。

3 周辺プログラム

「被害者の視点を取り入れた教育」は、心からの罪障感の気付きの始まりを与えるものであり、特別プログラムを受講すれば、それで足りるものではない。そして、在院者個々により、事件の背景、事件に対する関与の仕方、被害者等の置かれている状況、事件に対する受け止め方、理解力等、様々な事情が異なることから、特別プログラムを受講させる前の準備として、受講前の様々な働き掛けが必要になる場合もある。そのため、特別プログラムの指導内容をより実効たらしめるために、様々な周辺プログラムと組み合わせて実施することとしている。

周辺プログラムとしては、被害者心情理解指導、個別面接指導、課題作文指導、読書指導、ロールレタリング等があり、被害者心情理解指導とは、被害者等の心情等の理解及び罪障感並びに慰謝の気持ちの涵養に関する指導をいい、具体的には、ゲストスピーカーによる講話及び視聴覚教材の視聴等が挙げられる。

Ⅳ 当院における「被害者の視点を取り入れた教育」の実施状況

Ⅱの５で触れた「再犯防止に向けた総合対策」における「再犯防止のための重点施策」として掲げられた「犯罪被害者の視点を取り入れた指導、支援等の実施」の基本的実施項目と照らし合わせながら、当院における「被害者の視点を取り入れた教育」の実施状況を整理していく。

「再犯防止に向けた総合対策」から抜粋
第３ 再犯防止のための重点施策
　　２ 社会における「居場所」と「出番」を作る
　（４）犯罪被害者の視点を取り入れた指導、支援等の実施
　　　　刑務所出所者等が社会復帰を果たす上で、自らの犯罪・非行と向き合い、犯罪被害者等の心情を理解させた上で、謝罪や被害弁償を行うことが重大な意義を持つことから、
　　　　犯罪被害者の体験を聴く機会を持たせたり、その心情を対象者に伝えたりするなど、犯罪被害者の視点を取り入れた指導を着実に実施し、犯罪被害者の苦しみを理解させ、真摯な謝罪に向けた動機付けの強化を図る。【Ⅳ１】
　　　　また、これらの指導の効果検証等を踏まえ、犯罪被害者との関係における修復的な取組の導入について検討する。【Ⅳ２】」

---

1 指導内容

（1）犯罪被害者の体験及び心情を聴く機会

（a）ゲストスピーカーによる講話　当院では、在院者等の社会復帰について賛同されている犯罪被害者や支援団体である大阪府被害者支援アドボカシーセンターに、ゲストスピーカーとして講話を実施していただいている。被害者が加害者に望むこととして、「加害者である責任の自覚を出院後も持ち続けること」、「被害者の存在を常に忘れないこと」、「誠意ある償い・謝罪をすること」及び「再犯・再非行をしないこと」などについて示していただく中で、償いは、自分のために許しを得ることではないことや、和解などという言葉は軽々しく使えるものではないことなど、在院者はもとより、職員にとっても、様々な気付きを学ばせていただく時間となっている。先日、講話を聴講した在院者が「審判前に書いた被害者宛ての手紙の内容は、今思うと、とても恥ずかしい。自分のための謝罪でしかなかった。付添人が保管してくれているけど、渡さないでほしいと伝えたい。」と涙ながらに話していた姿が印象に残っている。

また、ゲストスピーカーの方々には、可能な限り、講話を聴講した在院者の反応について、情報共有をさせていただくことにしている。

（b）生命のメッセージ展　「被害者心情理解指導」の中でも、当院において、特に力を入れているのが、特定非営利活動法人いのちのミュージアムによる「生命のメッセージ展」であり、毎年継続的に実施している。「生命のメッセージ展」は、犯罪等により生命を奪われた被害者の方々の人型等身大のメッセンジャーから伝わってくる様々なメッセージを通し、相手の心の痛みを思いやることの大切さや生命の大切さを考えさせられる展示会である。在院者にとっては、自己の非行に対する責任や被害者の存在を自覚させられる機会となる。在院者は、一つひとつのメッセンジャーの前にたたずみ、身体を震わせ、すすり泣きながら見入っており、心が揺さぶられる体験をしている。ある在院者は「自分は加害者なのに、被害者の家族から『メッセンジャーの思いを感じ取ってくれてありがとう。』と言われた。憎まれるのではなく、感謝されて驚いた。加害者なのに感謝されていいのだろうか。」といった旨の感想を述べていた。その在院者は、被害者の御家族が、被害者を亡くした悲しみや苦しみを経た上で、加害者に発してくださる言葉の重みは、他には代えがたい貴重な意味をなすと感じている。また、同メッセージ展の見学は、在院者のみならず、「保護者講習会」としても同時に開催し、在院者と保護者が被害者の心情を共有し、事件のことを改めて振り返り、謝罪又は被害弁済に係る進捗状況の確認や具体的な謝罪の在り方の検討を促す機会としている。さらに、矯正教育の担い手である職員にとっても、毎年、被害者の置かれている状況を肌で感じ取り、心情で理解する場を体験することは、「被害者の視点」の意味について、「在院者の目から見た被害者の視点」と「社会の目から見た被害者の視点」を取り違えていないか等、自己点検を行う場につながっ

ているように感じている。

（2）被害者の心情・苦しみの理解に必要な働き掛け

（a）本件非行の事実関係の直視　　在院者の中には、自分を正当化しようとする傾向が強く、本件非行及び自己の被害者と向き合うことには相応の心理的抵抗が生じる者が多い。本件非行との対峙は、自己の言動に対する責任感や罪障感を覚醒させるための出発点であり、欠くことのできないステップである。非行事実から目をそらし、忘れたい気持ちになろうとも、自身の非行によって被害が生じた結果を見つめさせる必要がある。その現状を知ることが、二度と同じことを繰り返してはならないという決意につながり、自己の責任の重大性を知らしめることになるからである。

　単独犯に比し、集団による共犯が存在する場合には、非行の事実関係の把握が他罰的であり、自我関与の意識が弱く、自己責任に結び付きにくい傾向がある。

　また、事件後から少年院送致として収容されるまでの間に、被害の状況を知る機会があった場合とそうでない場合、また、被害弁償等の手続に関与した経緯を有する場合とそうでない場合により、本件非行との向き合い方は大きく異なってくるため、指導に際しては、少年調査記録、生活環境調整報告書等の書面に目を通したり、入院後の進展等の有無について、調査・支援担当職員等に確認をするなど、情報収集をするなどしている。

（b）事件を時系列に整理させる　　事件と向き合おうとする姿勢は有するものの、大ざっぱに抽象化しようとする在院者も少なからず見受けられ、例えば、長時間にわたり、複数人数で被害者に執拗に暴行を加えていた事実について「暴行した」の一言で済ませようとする場合がある。このような認識では、被害者の痛みや苦しみを、心から理解するには到底及ばない。そこで、事件を時系列に区切り、丁寧に整理させ、被害者の心情と在院者自身の心情が交錯する中で、どのように自我関与を伴いながら事件が進行していったのか、直視させるようにしている。被害者の体験した恐怖・不安等にできるだけ近付いて理解することができるよう、被害者の視点から時系列で再整理をさせたり、ロールレタリング（役割交換書簡法）に取り組ませる場合もある。さらに内省を深めさせる方法として、審判時の決定書を職員とともに再読するなど、本件非行の事実関係を客観視させ、事実を正しく認知・受容できるような働き掛けを行っている。

（c）在院者自身の被害体験に対するケア　　非行事実の正当化や罪障感の乏しい在院者に共通する傾向として、自身の心の傷には敏感で傷付きやすいが、他者（被害者を含む。）の傷付きには無関心であったり、平気で傷付けたりするほか、自分は、加害者というよりは、むしろ被害者であるとの認識が根強い場合が見受けられる。家族による虐待、性的虐待及びいじめ等の被害体験を有し、被害者意識や被害感を慢性的に抱えている者は、本人自身の抱える被害体験が

整理されなければ、自分の心情や言い訳に固執するなど、被害感をベースにした感情から抜け出しにくい。そこで、特別プログラムでは、「自らの被害体験を振り返らせ、被害についての考えを深めさせる」ことを目的とし、誰からも否定されない安心・安全な空間を作り、対象者が自身の被害体験を見つめ、自己開示し、グループメンバーと共有し合う時間も設けている。被害者の苦しみを真に理解できるようになるために、在院者本人が抱える「苦しみ」や「傷付き」を他者と共有できる体験をすることの意義は大きい。在院者自身が自身の思いを受け止めてもらえたと実感したり、自身の内面の変化を体感できると、このプロセスが、被害に対する態度の変容に重要な意味をなすものとなる。ただし、在院者の被害体験が、自己の責任を回避する免罪符とならないよう、自己の責任と切り分けて考えているか、方向付けが欠かせない。

(d) 共感性の醸成　　在院者に多く見受けられる特徴として、認識している感情の種類が非常に少なく、自身の気持ち等を適切に表現することが不得手であることがうかがえる。感情の大半を「いらいらする」とひとまとめにする傾向にあり、自身の感情の動きや変化に鈍感であるため、ましてや、相手の感情の動きに気付かなかったり、無関心であったり、相手の感情を理解しようとする行動につながりにくい。個別担任の多くは、在院者に対し、その日1日に感じた感情の振り返りをさせるためのワークシートを理論に基づき、取り組みやすいように作成するなど工夫を重ね、感情の種類が豊富になり、適切に感情表出ができるよう導いている。また、様々な読書指導等と組み合わせながら，共感性を育むことにしている。

(e) 事件の矮小化防止　　当院では、いわゆる美人局による強盗致傷事件の被害者について考えさせる取組も行っている。加害者であるにもかかわらず、自らを「被害児童」と捉え、自己を正当化したり、「被害者は未成年の少女を買おうとしたのだから、被害者自身にも落ち度がある。」と主張する在院者が存在し、そのことを聞いて愕然としたことがある。被害を与えた事実は変わらないことを直視させ、事件に対する自己の責任を矮小化・わい曲してはならないことを指導する必要があると感じた瞬間であった。被害者でありながら、被害者であると主張できずに苦しみ、孤立している当事者も存在することを考慮に入れ、当院としては、このような事案にも焦点を当て、加害者としての責任について考えさせている。

(f) 保護者に対するエンパワーメント　　在院者の保護者は、加害者の親であることから、加害者としての側面を持ちつつ、家族の加害行為による被害を負っており、被害者としての側面を併せ持つ。在院者の保護者は、少年院職員に対する嫌悪感を露骨に示される場合も見受けられるが、加害者の親として社会の批判を受けるなど、自身の身内にも相談できず、孤立感を高めている様子もうかがえるため、保護者面談等では、保護者の抱える苦しみ等を傾聴することに努め、保護者が安心して来庁できるような配慮をしている。また、保護者講習会として、保護者同士が必要なときに相談可能なネットワークの存在について情報提供を行うことに努めて

おり、2016（平成28）年度は、「非行を考える親たちの会「あめあがりの会」」による講話を実施した。質疑応答では、参加した保護者から、活発な意見が出され、好評であった。今後も、保護者を支援することで、保護者の在院者からの相談に対する協力的な姿勢につながれば望ましいと考えている。

V 犯罪被害者との関係における修復的な取組の導入

法務省矯正局において「少年院における犯罪被害者等に対する謝罪を含む関係調整のための働き掛けに係るガイドライン」[6] が策定された。「少年院における犯罪被害者等に対する謝罪を含む関係調整」とは、在院者が、犯罪被害者等の同意を前提とした上で、過去の事例を踏まえ、現行制度の枠組みで実施可能な範囲で、ケースに応じて、在院者から犯罪被害者等への謝罪の手紙の送付、犯罪被害者等と在院者の対面及び墓参などの実施を検討していくことが想定されている。また、実施に当たっては、第1に「実施の前段階として、犯罪被害者等、在院者又は在院者の保護者やその関係者から、関係調整のための取組への申出があること」、第2に「犯罪被害者等と在院者が相互に交流できること」、第3に「犯罪被害者等と在院者が同意していること」が前提となっている。

「少年院における犯罪被害者等に対する謝罪を含む関係調整」の申出に当たり、留意すべきことは、申出者が、「犯罪被害者等（代理人弁護士を含む。）」、「在院者の保護者を含む親族」、「在院者」、「少年司法関係者（当該少年を指導する少年院関係者を除く。）」に限定され、少年院及びその職員が関係調整のための取組の申出者となることは、現在の矯正教育の枠組みでは想定していないことである。そのほか、「少年院における犯罪被害者等に対する謝罪を含む関係調整」の実施に際しては、対象となる犯罪被害者等が置かれている状況を詳細に把握し、その意向を十分に踏まえる必要があり、特に在院者である加害者側の都合によって行われるようなことはあってはならず、犯罪被害者等に二次被害を及ぼすことのないようにしなければならない。

なお、当院では、これまでに、「少年院における犯罪被害者等に対する謝罪を含む関係調整のための働き掛けに係るガイドライン」に基づいて調整した実績はない。

VI 現状の問題点

1 在院者にとって被害者に関する情報把握がしづらい

在院者にとって、在院中に被害者に関する情報を収集することは難しく、共犯者が存在する

6） 法務省矯正局「執務参考資料 少年院における犯罪被害者等に対する謝罪を含む関係調整のための働き掛けに係るガイドライン」平成26年。

事件の場合、更に事態は複雑になる。被害者に対する謝罪、損害賠償等の進捗状況等、正確な情報を入手したいが、保護者又は元付添人等を通じた情報入手に頼らざるを得ず、保護者の視点が加味されるなど、正確かつ客観的な情報と言い難いのが実情である。

　他方、更生保護における犯罪被害者制度の一つに、更生保護法第65条に規定された「心情等伝達制度」[7]がある。これは、被害者等から申出があれば、保護観察官が保護観察中の加害者の生活や行動に関する意見を聴取し、保護観察中の加害者に伝える心情等伝達である。非行の重大性により、在院者の持つ問題性が極めて複雑・深刻な事件の場合は、保護観察に移行する準備段階として、少年院在院中から本制度の活用等を可能にすることができれば、被害者の視点を取り入れた教育の内容もより実際的に深まることも期待されるところであるが、現行法上の対象者は、保護観察中の加害者のみとなっている。少年院在院者の場合、仮退院し、保護観察に移行した後から、この制度が活用されることになるわけであるが、保護観察期間として相応の期間を確保されているケースばかりではない現状もあることが危惧されるところである。

2　「少年院における犯罪被害者等に対する謝罪を含む関係調整」が実務的な運用につながりにくい

　「少年院における犯罪被害者等に対する謝罪を含む関係調整のための働き掛けに係るガイドライン」が策定され3年が経過するものの、実務的な運用につながりにくい面がある。要因としては、第一に、関係調整の方法が、少年矯正施設で勤務する法務教官はもとより、申出者となる少年司法関係者や被害者支援団体等に対して十分周知されていない点が挙げられる。

　「少年院における犯罪被害者等に対する謝罪を含む関係調整のための働き掛けに係るガイドライン」によると、少年院の職員は、関係調整の申出人にはなれない。おそらく、区々論じられている修復的司法に対し、被害者は加害者から話し合いを無理強いさせられるのではないか、被害者は加害者を許すのは当然だ等の世論を作り出す危険性があるのではないか等の懸念を抱かれ、幕引き[8]を望む声がある現実を考慮し、少年院の職員がイニシアティブをとるものではなく、被害者の選択の自由が保障される制度とするために、申出人から少年院の職員が排除されているのだと推察する。

　他方、少年院の職員が申出者から除外されることによるデメリットとして、「少年院におけ

7）　更生保護法第65条（被害者等の心情等の伝達）「保護観察所の長は、法務省令で定めるところにより、保護観察対象者について、被害者等から、被害に関する心情、被害者等の置かれている状況又は保護観察対象者の生活若しくは行動に関する意見の伝達の申出があったときは、当該心情等を聴取し、当該保護観察対象者に伝達するものとする。ただし、その伝達をすることが当該保護観察対象者の改善更生を妨げるおそれがあり、又は当該被害者に係る事件の性質、保護観察の実施状況その他の事情を考慮して相当でないと認めるときはこの限りではない。」

8）　諸澤英道「被害者関係的刑事司法と犯罪者の処遇」刑政113巻2号（2002年）28-36頁。

る犯罪被害者等に対する謝罪を含む関係調整」を必要とする場合に活用できる旨の情報提供を行う主体が存在しないことのほか、「犯罪被害者等（代理人弁護士を含む。）、在院者の保護者を含む親族及び少年司法関係者等」と「在院者」の間を仲介し、調整する人（機関・仕組み）が存在しないことが挙げられる。

Ⅶ　今後の課題

1　被害の状況に対する真摯な理解

冒頭のエピソードを通して実感したことであるが、在院者自身の被害者の心情を知り得る機会は、現実的に限られているとはいえ、被害者の声や気持ちについて、どれほど被害者の視点に近付いて考えさせられるか、指導者自身の視点の持ち方、アプローチの仕方の工夫等、指導者としての力量も問われていくことになるのではないかと考えている。

2　職員研修による周知の徹底

「少年院における犯罪被害者等に対する謝罪を含む関係調整のための働き掛けに係るガイドライン」は、被害者に対する謝罪ありきの構成にはなっていない。むしろ、被害者等からそのような申出がなされた場合に、適切に対応できるよう、加害者である在院者を指導する立場にある矯正職員として「被害者の視点を取り入れた教育」を実施するに当たり、配慮すべき事項が多岐にわたり盛り込まれており、日々の職務の在り方を見つめ直す機会になると考える。その結果、「被害者の視点を取り入れた教育」の指導内容がより一層充実し、在院者に還元されていくことになる。

3　関係機関に対する制度趣旨に係る説明機会を設ける

「少年院における犯罪被害者等に対する謝罪を含む関係調整のための働き掛けに係るガイドライン」について、申出人になり得る関係機関に対し、制度趣旨について説明する機会を設けることも一考の余地があると考える。「少年院における犯罪被害者等に対する謝罪を含む関係調整」の存在が広く認知されることで、同制度を活用したいと考える被害者等からの申出がなされた場合、被害者等及び在院者の調整役の担い手の在り方等、同制度の実務的な運用につなげるヒント等を得ることができるのではないだろうか。

Ⅷ　おわりに

本稿の執筆を通して、矯正教育に求められる社会的責任の重みを再確認することになった。「被害者の視点を取り入れた教育」のさらなる充実に向けて取り組む必要性は言うまでもない

ことである。とは言え、少年院で行う「被害者の視点を取り入れた教育」のみで、加害者に対する必要な教育が全て完結するわけではなく、社会生活との連続性を有している。加害者が、少年院在院中に果たすべき責任と出院後に果たすべき責任は同一なのか、異なるものなのか。もちろん、被害者に果たすべき責任は、忘れてはならず、出院後も持続していくものだと考える。他方、再犯をしない安定した生活を定着させていく、未来に向けた新たな責任も生じ得る。そのためには、加害者本人のたゆまぬ自覚が大前提となるが、社会の中で孤立しない状況を見出していけることが鍵になるであろう。

　最後に、太田達也氏によって紹介された「修復的矯正」の理念[9]を引用し、締めくくることとしたい。「犯罪者の更生や社会復帰は、自己の犯罪が被害者やコミュニティに与えた損害や影響を忘れることでなく、それを正しく認識した上で、被害者やコミュニティの人々も交えながら、犯罪者に損害回復の責任を果たす努力を促すとともに、それに必要な指導や援護を行っていくことによってこそ実現するものである。」

9）　太田達也「『修復的矯正』の実現に向けて～台湾・更生團契の試み～」刑政115巻2号（2004年）44-60頁。

シンポジウム：犯罪者処遇における犯罪者の更生と被害者の回復

被害者の視点を取り入れた教育に携わって感じること

和 氣 み ち 子（公益社団法人被害者 支援センターとちぎ）

Ⅰ　はじめに

今回、日本被害者学会のシンポジウムに参加させていただき「犯罪被害者の声」を伝えることができたことに感謝いたします。

毎日のように生まれている犯罪被害者は、事件、事故の内容がそれぞれ異なり、同じ事件の家族であっても一人一人向かって行く方向や考え方、行動が違います。今回は、私個人の体験・経験、感じたこと、考えなどを論文にしたいと思いますので、ご参考にしていただければ幸いです。

私は、2000（平成12）年に犯罪被害者となった。当時の社会はまだ犯罪被害者に対して無理解だった。犯罪被害者支援の形は作られ始めてはいたが、機能はほとんどしておらず、栃木県内にも犯罪被害者を支援する機関や窓口もなかった。そのため、つらい「二次的被害」を受けてきた。「一次的被害」だけでも、自分が生きていることで精いっぱいになるほど傷ついているのに、「二次的被害」によって、その傷をえぐられ、傷口に塩を塗られるような思いをした。潰されてしまうと感じるほどつらく悲しく怖い体験であり、地獄に突き落とされた思いだった。

しかし、娘のため、供養のため、地獄からはい上がろうと、必死に傷ついた心を奮い立たせた。犯罪被害者として「声」を上げ、社会に対して改善改革や「犯罪被害者支援」をお願いしてきた。その結果、おかげさまで被害者を取り巻く制度や公的機関の対応が改革改善されたところもある。一歩ずつ前を向いて歩むことができたため、徐々に被害回復が出来てきたように思う。

ただ、私の大切な娘の命を奪った加害者からの償い、謝罪、事故に向き合っての反省文は、13年間待ち続けているが、一向に果たされないままである。そのため今でも心の氷が溶けず、被害回復が出来ない部分があり、葛藤しながら生きている現実がある。

加害者が人として被害者に向き合い、長い時間をかけて被害者の心の氷を溶かして欲しいと

願っている。

そのような思いがあって、2006（平成18）年から法務省で始まった「被害者の視点を取り入れた教育」に参加している。

この教育は「旧監獄法」に代わって刑務所の受刑者に矯正教育の受講を義務づけたいわゆる「刑事施設受刑者処遇法」に基づくもので、しょく罪意識を高めるため、犯罪被害者などが受刑者に直接話しかけるプログラムである。

参加して10年が経ち、変わって来たこともあるが、いろいろ見えてきて改善が必要ではないかと思われる事例もある。このようなプログラム経験者の発表や検討会、意見交換、研修会なども必要ではないかと感じることもあり、まだまだ発展途上の分野であると感じる。

Ⅱ　娘を奪った交通犯罪

まず私の娘（和氣由佳　当時19歳8カ月）の命を奪った悪質事故の概要を記したい。その内容については2001（平成13）年6月に言い渡された刑事裁判の判決文の要旨を記載することにする。

（犯罪事実）

被告人は、平成12年7月31日午後6時38分頃、業務として大型貨物自動車を運転し、栃木県大田原市付近道路を西那須野方面から矢板市方面に向かい時速60㎞で進行。運転開始前に飲んだ酒の酔いのため眠気を催し、前方注視及び運転操作が困難な状態になったから、直ちに運転を中止すべき業務上の注意義務があるのにこれを怠り、直ちに運転を中止せず、同速度で運転を継続した過失により、同日午後7時頃、栃木県矢板市方面から現さくら市に向かい進行中仮眠状態に陥って、自車を左斜め前方に暴走させて道路左端に設置されたガードレールに衝突させた。びっくりして頭が混乱する中、あわてて右に急ハンドルを切ったところ自車を道路右側部分に進出させ、対向進行してきた和気由佳（当時19歳）運転の普通乗用自動車前部に自車前部を衝突させて右斜め前方に押しだし、道路右路外に設置されたコンクリート製電柱に衝突させ、同人に脳挫傷、両側血気胸の障害を負わせ、同日午後8時8分ころ、栃木県内病院で死亡させた。また、アルコールの影響により正常な運転が出来ないおそれがある状態で、同日午後6時38分ころ、大型貨物を運転したものである。

（量刑の理由）

本件は、職業運転手である被告人が酒酔い運転をしたあげく、死亡事故を起こした事案である。

被告人はユニック付き10トントラックを運転し、栃木県黒磯市内の工事現場でシートパイル（基礎工事の鋼材）をおろし、帰途、同僚の運転手とともにドライブインで3時間かけてビール大瓶4本（約2.5リットル、被告人1人の飲酒量。被告人は糖尿病を患っており、飲酒量が少なくても酔いやすいことを自覚していた：筆者注）を飲み、5分程度休んだのみで、約150km離れた会社に戻るべく運転を再開。国道4号を蛇行運転し、後続の同僚から携帯電話で3回にわたり、「ふらふらしていて危ないから止まれ」「事故ったら会社に迷惑がかかるから」などと注意警告されたにもかかわらず、「大丈夫、大丈夫」と答えるのみで意に介さず、ついに仮眠状態に陥り、被害者の乗用車に激突して死亡させたものである。交通量の多い国道上を大型車両で居眠り運転することは、極めて危険な悪質な行為であり、もしそのような車両に出会ったらと想像すると誰しも背筋が寒くなることを禁じ得ないであろう。被告人の過失の内容及び程度は、「未必の殺意」に準ずる極めて重大・悪質なものである。

被害者は介護助手として献身的に老人介護の激務をこなし、結婚を約束した者と将来の夢を語り合い、人生の希望に燃えていたわずか19歳の女性である。夕食の準備を整えて被害者の帰りを待っている家族のもとに向かうため、自らの走るべき車線を通常通り運転していた被害者に落ち度はない。善良に誠実に熱心に生きてきた者が若くしてなぜこのような理不尽な悲惨な死に方をしなければいけないのか、惻隠の涙なしには語ることができない。被害者の両親は、難産の末に生まれた被害者をことのほか可愛がり慈しみ、花嫁姿を楽しみにしてきたのに、成人式を迎えることなく、突如、娘を失い、婚約者ともども、深い悲しみと痛恨の思いに包まれるとともに、強い憤りを覚えている。

被告人のために酌むべき事情を十分考慮しても、本件は、この種事案のなかでは極めて悪質な部類に属する犯罪であり、被告人には厳罰を科すのが相当である。

そして2001（平成13）年6月13日に、宇都宮地方裁判所刑事部1係は、被告人に対し業務上過失致死等事件について、懲役3年6月の判決を言い渡した。

Ⅲ　犯罪被害者の視点

以上の様な判決だが、私たち被害者家族は、ただの業務上過失の交通事故ではなく、無差別殺人に匹敵する悪質な交通犯罪だと認識していた。

しかし、この刑事裁判で出された判決は、懲役3年6月というあまりにも軽すぎるものだった。裁判官は「未必の殺意に準じる」と断言したが、当時の法律は、どんなに悪質な交通犯罪でも「業務上過失」でしか裁けなかった。明治時代、日本の国に車が10台程度しかなかった時代に作られた刑法に位置づけられた罪名である。現代は各家庭で車を数台保有する時代になっ

ているのにも関わらず、2001（平成13）年まで誰も見直してこなかった。この罪名に私は非常に憤りを感じ、現代社会にそぐわない法律は変えていかなければいけないと強く思った。

　刑事裁判終了後、マスコミ記者さんの橋渡しで、同じ思いをした犯罪被害者からの情報提供があった。一つは「生命（いのち）のメッセージ展」への参加協力だった。生命のメッセージ展とは、理不尽に命を奪われた犯罪被害者の等身大パネルを作り、「命の大切さ尊さ重さ」を伝え、これ以上被害者が生まれない安全で安心した社会が築けるよう警鐘を促すための展示会である。もう一つは、「今の日本の法律は命の重みを反映していない。悪質交通事故加害者に厳罰を与える法律にしてほしい。そのために署名活動を行う」という報告だった。

　私はその日のうちに、活動の中心となっている被害者で、同じように飲酒運転のトラックに娘2人の命を奪われた千葉県在住の井上保孝・郁美さんと連絡を取り合い、活動に参加した。全国の悪質交通事故の被害者と共に27万5千名弱の署名を集め、歴代4名の法務大臣に手渡す活動を続けた。その結果、「危険運転致死傷罪」を新設する改正刑法が成立、2001（平成13）年11月28日に施行された。悪質交通事故で奪われた命の犠牲のもとに作られた法律である。

　この法律ができて「悪質交通事故（故意犯）」を起こす加害者がいなくなることを私は期待した。しかしどうだろう、いまだに飲酒運転で逮捕される悪質違反者は後を絶たない。まして社会の模範であるべき警察官までが飲酒運転をし、逮捕されているのだ。これは犯罪被害者にとって「二次的被害」そのものである。

　社会の中から徹底的に飲酒運転を根絶することが必要である。飲酒運転をする者がいなければ、飲酒運転で「流したくない涙を流す」犯罪被害者はいなくなる。便利な車を凶器に変えて車を走らせるようなことをなくせば、安全で安心な社会に近づくはずである。

Ⅳ　再犯防止こそ被害者支援

　危険運転致死傷罪が新設され初めて「危険運転致死傷罪」の判決が出された事例を紹介したい。

　2002（平成14）年に栃木県内で発生した交通事故で、「危険運転致傷罪」で裁判が開かれた。常々ルール違反をしていた運転者が事故当時、別の裁判で執行猶予がついていたのにも関わらず飲酒運転をし、赤信号で停車中の車に追突した。それだけではなく車から降りて追突した車の運転手に暴行をしたという事案だった。

　被告人は家族のある一家の主だった。その裁判を傍聴して、あることに気がついた。被告人の家族は、どうしようもない夫、父の犯した罪に対して一生懸命、被害者に謝罪し、誠意を示していた。私はこの場面を見て「加害者の家族も被害者になる」と感じた。刑務所の中にいる受刑者たちは、どれだけ自分の家族を思いやっているのだろうと思った。このことも踏まえ

て、受刑者には自分の家族のことや、自分が生んでしまった被害者を「自分自身に置きかえて考えることが必要だ」と伝えたいと強く思った。

そして、2006（平成18）年から「被害者の視点を取り入れた教育」の矯正教育に携わってきた。栃木県内の収容施設4箇所で年2回から3回、10名弱のグループワークを行っている。再犯する者が出ないようにしたいということも私の願いである。

2016（平成28）年2月28日、栃木県の地方紙・下野新聞の「日曜論壇」に法務省宇都宮保護観察所所長の論説「再犯防止へ多機関連携を」が掲載された。

そこには、「なぜ再犯防止が必要なのか。その理由は、再犯者が及ぼす社会への影響が、初犯に留まるものよりも大きいからである。日本における戦後約60年間の犯歴データ分析によると人数比で約3割の再犯者が、全体の約6割の犯罪をしていた。2回目以降の犯罪の防止ができれば、新たな被害者や社会的損失の発生防止に大きく寄与でき、特に多数回累犯者化の防止効果は一層大きい」と書かれている。

受刑者達が刑務所で十分に矯正教育を受けず、社会に復帰して罪を犯し、さらに犯罪被害者を生んでいる現状には心が痛む。私たち「被害者の声」が少しでも届き、更生してもらえること、これ以上、犯罪被害者を生まないことが最大の犯罪被害者支援ではないだろうか。

Ⅴ　伝わった思い

矯正教育に携わって受刑者たちがどの様に感じてくれたか、また、考えを改めてくれたか、二つの事例を伝えたい。

1例目は、私の地元で発生した事件だった。親族犯罪で、弟を殺害した加害者は、私が矯正教育に参加している刑務所にいた。当初は「弟は家族に迷惑をかけ続けていたので、殺害をして、自分は良いことをした」と思っていたそうだ。ところが、私の話を聞いて、「どうしようもない弟ではあるが、命を奪ってはいけない」ということに気づいたと言う。このことを、出所してから我が家を訪問して伝えてくれた。「大切なことに気づかせてくれてありがとうございます。由佳さんの仏壇に供えてほしい」とお花とお供え物を持ってきたのだった。

2例目は、論文の最後に添付した新聞記事を読んでいただきたい。

「自分の犯した罪がどれだけの被害者を生み、迷惑をかけてきたか、気づくことができた」というお礼の手紙が刑務所から私に届いた。その経緯を伝える記事である。

Ⅵ　最後に

本当は、娘・由佳の命を奪った加害者に膝をつき合わせて私の思いを伝えたい。でも、叶わないと諦めているところです。

しかし、受刑者たちに届くかどうか分からない、数字には表れない地道な活動ではありますが、私の話を聞き、何かに気付き、これからの人生に役に立てて、再犯を防止することができれば、命を奪われてしまった由佳の供養になると思うし、私自身の被害回復にもなるのです。
　私が由佳のもとに行ったとき、「お母さん頑張ったね！」と言ってもらえるような気がします。残りの人生、由佳のためにもう少し活動したいと思います。

注　下野新聞2007年5月6日（日）朝刊三面

シンポジウム：犯罪者処遇における犯罪者の更生と被害者の回復

刑事施設における被害者の視点を取り入れた教育の実状

藤 野 京 子（早稲田大学）

I 被害者の視点を取り入れた教育に対する認識

　刑事施設では、刑事施設及び受刑者の処遇等に関する法律（平成17年法律第50号）の施行に伴い、特別改善指導の一類型として、被害者の視点を取り入れた教育（以下、Ｒ４と略記）を実施している。このＲ４の対象者は、被害者の命を奪い、又はその身体に重大な被害をもたらす罪を犯し、被害者及びその遺族等に対する謝罪や賠償等について特に考えさせる必要がある者とされている。

　被害者の視点を包摂した犯罪者処遇の必要性は昭和の時代から主張され[1]、2004（平成16）年12月に成立した犯罪被害者等基本法に基づいて2005（平成17）年に閣議決定された犯罪被害者等基本計画では、その取組の一つとして、犯罪被害者等の意見等を踏まえた適切な加害者処遇の推進に取り組むこととされた。2016（平成28）年末に公布、施行された再犯の防止等の推進に関する法律（平成28年法律第104号）の第三条第３項でも、「再犯の防止等に関する施策は、犯罪をした者等が、犯罪の責任等を自覚すること及び被害者等の心情を理解すること並びに自ら社会復帰のために努力することが、再犯の防止等に重要であるとの認識の下に、講ぜられるものとする」と明文化されている。犯罪者の社会復帰を促すにとどまらず、自身の犯罪の責任等を自覚すること、被害者等の心情を理解することの重要性に言及している。この観点はＲ４の対象者に限定されるわけではないが、Ｒ４には特に求められよう。本稿では、矯正協会附属中央研究所が2009（平成21）年及び2010（平成22）年の２回、全国の刑事施設を対象に行ったＲ４の実態調査の結果[2]を参照し、このＲ４の実施の意義や問題点を明らかにしていく。

　1）「刑事司法関係機関は、将来とも、犯罪者に対し、被害者の痛みを感じさせ、被害者に対する償いをし、また、これを考えさせる機会を与える必要がある」と昭和61年版犯罪白書では記している。
　2）同調査結果の詳細は、佐藤良彦他「刑事施設における被害者の視点を取り入れた教育に関する研究（その１）」中央研究所紀要19号１-29頁（2009年）、佐藤良彦他「刑事施設における被害者の視点を取り入れた教育に関する研究（その２）」中央研究所紀要20号１-119頁（2010年）を参照。

Ⅱ　Ｒ４の実施状況

　2009（平成21）年９月末現在の在所受刑者は63,950名であり、そのうちＲ４対象者は6,744名と約１割（Ａ施設[3]は15.9％、Ｂ施設は7.1％）を占めている。2008（平成20）年度中に773名がＲ４の初回受講の機会を得ており、それは該当者の１割強に当たる。なお、この受講者の約７割の被害者が死亡している。

　Ｒ４の実施にあたっては、平成18年５月23日付け矯正局長通達「改善指導の標準プログラムについて（依命通達）」（以下、通達と略記）で規定されたものに基づいて、各施設の諸事情を考慮の上、展開している。調査結果によると、単元数は６〜19単元の範囲で、平均10.3単元、１単元時間は45〜90分の範囲で、平均58.6分、指導期間は、２〜22か月の範囲で、平均5.4か月、１回あたりのプログラム参加人数は、１〜13名で、平均5.3名であった。いずれも平均すると、ほぼ標準プログラムと同等である。

　なお、参加者のグループ編成に際しては、事件内容や罪名が近い者を集めてグループを編成している、交通事犯や過失犯を別に扱う、近親者への事犯を別に扱う、など約１/４の施設で、事件の内容や被害者について配慮していた。また、有期刑と無期刑を別扱いにしている、暴力団関係者を別に扱う、知的能力や理解力に配慮している、などとする施設もあった。

　通達で指導項目として示された「① 命の尊さの認識」、「②被害者及びその遺族等の実情の理解」、「③罪の重さの認識」、「④謝罪及び弁償についての責任の自覚」、「⑤具体的な謝罪方法」、「⑥加害を繰り返さない決意」ついて、６割近くがこの６項目すべてを取り上げており、３項目以下にとどまるとの回答は15％に満たなかった。そして、上記項目のうち、②を取り上げなかったとの回答は皆無であった。いずれの施設も、このＲ４の主旨を理解して実施していると言えよう。一方、⑤は約３割が扱っていなかった。また、Ａ施設とＢ施設を比較すると、Ａ施設では⑥を扱っていない比率が最も高く２割を上回っており、Ｂ施設のその比率を上回っていた。一方、Ｂ施設では、⑤を扱っていない比率が３割を上回り、次いで③が約２割であり、それらの比率はＡ施設を上回っていた。このほか、女子施設では、３割が①を扱っていなかった。また、Ｒ４実施の手引[4]では、上記①〜⑥の順に実施する「指導計画」例が示されている一方、約３割の刑事施設が③を②よりも前に、約１割が①を②の後に実施していた。

　各施設でのプログラム作成に当たっての工夫等についての自由記述では、「自己を見つめることを重視し、そこから指導を進める」、「最初から被害者問題をテーマにすると、対象者の精神的負荷を余計に高めてしまうので、前半の単元で命の尊さや罪の重さについて考えさせ、後

---

[3]　Ａ施設は犯罪傾向が進んでいない者、Ｂ施設は進んでいる者を収容する施設である。
[4]　法務省矯正局『刑事施設における被害者の視点を取り入れた教育の手引』（2006年）。

半の単元で段階的に被害者問題について考えさせることにより、対象者の指導に対する抵抗感を和らげるように工夫している」、「加害者の家族等の身近な人の心情理解から指導を進めている」、「被害者の心情理解を促すことで罪の自覚を促し具体的な謝罪を考えさせるという流れで進めている」、などがあった。また、女子施設では、対象者が抱える被害と加害の二重性への言及がみられた。「事件に至るまでの過程で何らかの形で被害者となっているケースが多い」として、「プログラム実施の前段階として、加害者の心の傷を整理させるよう配意している」とする施設、「対象者に被害者意識が強い者が多いため、早期の段階で、加害者であるとの自覚を促す指導をしている」とする施設があった。このほか、「刑期の長さ等に応じて指導期間や指導時期を工夫している」とする施設もあった。

　指導方法としては、刑事施設全体でみると、9割を超えて平均4単元の講義形式が用いられており、講話・講演形式も7割を超え、グループワーク、役割交換書簡法、感想文、ワークシート作成がそれに続いていた。

　また、R4の指導者について、刑事施設における外部講師の状況を見てみると、最も多かったのは、被害者団体関係者が約4割、次いで、被害者遺族が2割弱であり、被害者本人を講師としている施設もあった。

　ここまでをまとめてみると、全国での実施状況は、施設の実情を勘案しながら、ほぼ通達に沿って実施されていると言えよう。

Ⅲ　R4の処遇効果

1　実施施設側の見解

　R4の内容が浸透しやすく、教育の効果が期待できる対象者の特徴として、各施設が挙げてきたもののうち最も多かったものは、自らの罪について自覚があることや反省していることであり、それに続いて、引受人がいて保護環境がよい、出所後の生活の見通しがある、であった。また、知的能力や理解力、刑務所内の生活態度を挙げる回答も比較的多かった。

　反対に、R4の内容が浸透しにくく、効果が期待できない対象者として、最も多く挙がったのは、知的能力や理解力が乏しいことであり、次いで、暴力団関係者であった。加えて、他罰的な傾向があること、自分が事件の被害者であると考えていること、被害者に事件の原因があると考えていること、共感性が乏しいなども比較的多く挙がっていた。

　担当職員が教育の効果があったと感じる受講者の変化については、まず、謝罪や賠償に対して前向きの構えを見せるような変化が挙げられた。「当初は『本音で言うと被害弁済をするつもりはない』と言っていたが、指導終盤には『一生をかけても償う』と言った」、「被害者が死亡している事犯者の考えが、『償いようがない』から、遺族も被害者であると理解し、『償う』

という意志が感想文の中からも読み取れるようになった」などがあった。このほか、「自分の家族等に対して、面会や通信の機会を捉えて謝罪の方法を相談するようになる」、「被害者に直接謝罪の手紙を発信したいと意思表示した」など具体的な謝罪や賠償の方法を考えたりその行動をするようになったという内容があった。また、「『自分では十分に反省しているつもりだったが、単なる自己満足に過ぎず、全く反省も謝罪もできていないことに気付いた』といった内容の感想が得られた」など、被害者の立場に立って、自らの謝罪や賠償を見直しているとの回答もあった。

　事件のとらえ方に関する変化については、「自分の事件について、指導当初は仕方がなかったという考え方であったが、自分の非を認める発言をするようになった」、「自分の事件について、指導当初は『悪いと思っていない』と言っていたが、そのようなことを言わなくなる」など、事件に対する正当化をやめ、自分の責任を認識するようになったという回答が最も多かった。また、「自分の事件について、指導当初は、被害者側にも落ち度があったと言っていたが、そのようなことを言わなくなる」、「自分の事件について、最初は被害者の方も悪いところがあるとか、周りの人間が悪いといったような発言や態度が見られたのが、徐々に自分自身と向き合い、気持ちの整理ができるようになって、被害者に対する気持ちに変化が生まれてきた」など、被害者や周囲に責任や原因があるとする認識を改めたという回答があった。

　被害者に対する認識の変化では、「指導場面においては、『自分が被害にあったら相手を許せない』と述べる」、「被害者又は遺族の置かれている立場、現状について全く知らなかったが、自分の被害者がどのようになっているのか等について考えるようになった」など、被害者の立場や感情等について考えられるようになったとする回答や、「自分の事件の被害者のことを考えないような言動をしていた者が、被害者のことを口にするようになった」といった回答が見られた。

　ほかにも、受講していくにつれて、積極的に発言をするようになった、発言の内容が具体的になった、よく考えて発言するようになった、などの回答に加えて、受刑生活自体において、調査に付されることが減った、生活場面で些細なことでも手を抜かずに取り組んでいるなど、前向きな態度になったことを挙げる回答も多かった。また、他者の気持ちに配慮した生活をするようになった、人の話をよく聴けるようになった、周囲の者と人間関係が良くなった等、他者への配慮や他者を尊重する態度が見られるようになったり対人関係が良好になったりするなどの改善が見られたとの回答もあった。

2　R4受講者への調査の結果

2010（平成22）年の調査期間中に、R4を開始し、かつ、終了したR4受講者284名に自記式

の質問紙調査を実施した。

事件についての合理化・正当化の程度の測定には、Sykes & Matza が挙げた責任の否定、加害の否定、被害者の否定、非難者への非難、より高い忠誠の訴え、の5つの中和化の技術[5]に相当する項目を新たに策定の上、使用した。これらの項目を因子分析した結果、上記技術のうち、「今回の事件は、被害者が悪いから起こったのだと思う」、「今回の自分の事件での行動をやっていなかったら、自分が危なかった」などの項目で構成される被害者の否定と責任の否定を合わせた「被害者及び責任の否定」因子、「世の中にはもっと悪い人がいるのに、今回の事件で自分がこれほど責められるのはおかしい」などの項目で構成される「非難者への非難」因子、「仲間や大切な人のためなら、他人を傷つけても仕方がない」などの「より高い忠誠の訴え」因子が抽出された。このうち、「被害者及び責任の否定」及び「非難者への非難」の2因子では、受講前に比べて受講後の得点が低くなっていた。

また同調査では、償う理由として、「本当に傷つけてしまったので」などの項目で構成される誠実な謝罪、「自分の印象が良くなるから」などの項目で構成される道具的謝罪、に相当する項目を選定の上、測定したところ、道具的謝罪因子では、受講前に比べて受講後の得点が低くなっていた。

加えて、被害者及びその遺族等に謝罪・被害弁償を続ける自信や覚悟が揺さぶられる可能性がある様々な状況（「被害者やその家族にののしられたとき」など）を提示し、その状況下での自信の程度[6]を測定したところ、受講前に比べて受講後の得点が高くなっていた。

一方、罪悪感については、「被害者やその家族に対して、自分が生きていることについて申し訳なく思う」などの項目で測定したが、これについては、受講前後に、得点の差が見られなかった[7]。

このほか、同調査では、「被害者」又は「その家族（遺族）」のいずれかを手紙の相手方として、1通目に「あなたから相手へ」、2通目に「相手からあなたへ」、3通目に再び「あなたから相手へ」というロールレタリング（以下、RLと略記）という仮想の手紙のやり取りを一往復半させ、この記述内容を得点化し、それを受講前後で比較した。通達で示されているR4の標

5）　Sykes, G. & Matza, D., "Techniques of Neutralization: A Theory of Delinquency," *American Sociological Review*, Vol. 22 (1957), 664-670. 項目策定には、Ball, R. A., "Ball's Neutralization Scale," in Reckless W. C., ed., *American Criminology: New Directions*, Appleton-Century-Crofts, 1973, 26-36 を参考にした。

6）　状況ごとの薬物使用抑止の確信度を測定する Annis, H. H., Sklar, S. M., & Turner, N. E. による Drug-Taking Confidence Questionnaire（DTCQ）を参考にして調査項目を作成した。

7）　上記各尺度について、犯罪傾向が進んでいるB指標の者と進んでいないA指標の者を比較すると、B指標の方が中和化をし、誠実な謝罪をしない傾向がみられた。また、交通事犯者と非交通事犯者を比較すると、交通事犯者の方が中和化をせず、罪悪感が強く、誠実な謝罪をし、謝罪の実施意思も強いとの結果であった。

準プログラムの指導項目のうち、②被害者（その遺族等）の実情の理解、③罪の重さの認識、④謝罪及び弁償についての責任の自覚、⑤具体的な謝罪方法、⑥加害を繰り返さない決意をコード化の対象とし、さらに、R4実施の手引[8]に、同指導の実施評価のうち、「個別記録票（案）」記載例に、「事件を起こした自分の問題点について、具体的に考えられたか」が掲げられていることから、「自己の問題性の理解」もコード化の対象に加えた。

　得点化したものを分析したところ、上記「評価の6項目」の合計得点において、受講前に比べて受講後の得点が上がっていた。また、評価項目ごとでも、加害責任の受容及び罪悪感の表明、具体的な謝罪・弁償の決意、再加害防止への決意で、受講前に比べて受講後の得点が上がっていた。このほか、事件の重大性の認識、被害者等の実情の理解でも、受講後の得点が上がる傾向が見られた。一方、自己の問題性の理解については、受講前後で得点に有意差は見られなかった。R4は、時限数に制約もあることから、事件や被害者に焦点を当てており、その結果、自己の問題性の理解を十分に深めるまでには至らなかったからと推察できる。

　ここまでをまとめると、受講前後を比較してみると、測定した多くの側面において改善が見られるという結果である。

Ⅳ　R4実施の難しさや問題点

　上述のとおり、R4を終了することで、一定の改善が見られるという結果が得られたわけだが、R4の対象者全員がR4を終了するとは限らない。その点を調査したところ、R4を受講した者のうち、指導の終了に至らなかった者が約1割に上ることが明らかになった。中途になった理由について、A施設では、仮釈放が半数、反則行為による調査・懲罰が3割、移送が15％と続いた。一方、B施設では、反則行為による調査・懲罰等が半数近くにのぼっていた。

　このほか、R4の対象者がすべて編入されているとする施設は、3割程度にとどまっていた。出所までにR4に編入されない者もいる[9]ということである。その理由を複数回答で求めたところ、約半数の施設が、反則行為の累行などの本人の生活状況を挙げていた。次いで、約3割の施設が、本人の知能面で教育実施になじまないこと、約2割の施設が、教育を実施できる人数に限りがあることを挙げており、さらに、教育を実施することで、情緒が不安定になる恐れがあることを理由としている施設もあった。

　R4を実施することで一定の効果が見られる一方、R4の対象者全員に一律にR4を実施するのは困難であるとまとめられよう。

---

8)　脚注4と同。
9)　R4に編入されない者に対しても、一般改善指導の中で指導したり、職員等が個別に対応したりはしている。

V 施設収容中の心の流れ

　R4を終了できない理由の一つとして、仮釈放が挙がったが、仮釈放の可能性がない収容早期の段階でなぜR4を実施しないのであろうか。この点に関して、受刑者が収容期間中、どのように心が変わっていくかについて言及したい。以前筆者が少年院出院間際の少年に対して、9コマそれぞれに絵や文字を描いていく9分割法[10]を用いて少年院での生活を振り返らせたところ、少年院に収容されて以降の心の変化を端的に示した作品が描かれた。描いた少年は、複数人で、知人の男児に暴行を加え、死亡に至らしめた傷害致死事犯者であり、成人であるならば、R4の該当者である。そこで以下に、その内容を紹介する。

　一コマ目には、少年院の門を描写し、「少年院への不安」とのコメントが書かれ、二コマ目は、少年が少年院の教官と面接している様子を描写し、「先生が優しかった。面接中」とのコメントが書かれ、三コマ目は、出院を迎えた少年が壇上で話をしている様子を描写し、「初めて出院式を見た時、『すごいな』と思った」とのコメントが書かれていた。つづく四コマ目は、母親宛ての封筒と時候の挨拶が書かれた便箋を描写し、「手紙も初めての経験」とのコメントが書かれ、五コマ目では、しっかりと握り合っている二本の腕を描写し、「家族、そして、寮生との心と心の『ふれあい』」とのコメントが書かれ、六コマ目は、少年一人が正座し黙想している様子を描写し、「個室での内省、内観を通して、本件、人の気持ちを考え、反省の時間を過ごす様子」とのコメントが書かれていた。七コマ目は、少年院の農場で収穫されたジャガイモを描写し、「農場でジャガイモを収穫。上司のもとで、よりスムーズに仕事をできるようにする為に全力で……」とのコメントが書かれ、八コマ目で、少年院で作業着が汗になっている少年自身を後ろ向きで描写し、「作業の中で全力を尽くし、汗をかく事で償う姿を、いつ、どこで、見ているか判らない被害者に伝えようとした姿」とのコメントが書かれ、最後の九コマ目は、真っ暗なトンネルの出口からあまり強くはないものの光が差し込んでいる様子を描写し、「自分の未来に向かう様子。心の中で」とのコメントが書かれていた。

　この事例は、被害者や被害のことに向き合わせようという教育が、今日ほど積極的にはなされてはいなかった2000年代初頭に描写されたものであるが、ある意味、これが自然な心の流れなのであろう。事件を起こした結果、少年院収容に至っているのだから、入院当初から被害者のことを考えて当然と期待したいところである。しかし、少年院入院当初に考えることは、被害者のことではなく、自身が少年院で生活していけるか否かという不安が主である。Maslowの欲求5段階説[11]のとおり、第2段階の安全の欲求を満たすことが、上位の段階の欲

　　10）　九分割法の解説・実例は、藤野京子「少年院生活の経過の振り返りから―九分割統合法を用いて―」臨床教育人間学会編『臨床教育人間学2 リフレクション』（東信堂、2007年）を参照。

求を満たすことより優先されるのであろう。その後、その不安が少年院の教官とのやりとりを通じて軽減し、さらに、先に少年院に入院した在院生の成長ぶりをみて、自分も頑張ろうとの気持ちが喚起される。そして、少年院でどうにか生活できそうと思えるようになったところで、まず思い起こす他者とは、被害者ではなく、家族なのである。Maslow の第 2 段階の欲求が満たされた後に満たそうとするのは、家族や生活を共にしている身近な人の仲間入りを再びしたいという第 3 段階の所属と愛の欲求なのであろう。そしてその後、自身を見つめるに至り、自身の出院後をイメージ化する中で、やっと被害者への言及が出現している。加害者にとって被害者との心的距離は遠く、加害者自身の高次の段階の欲求を満たすに際して支障が生じると気づいて、初めて思いを巡らすというのが人間の性なのかもしれない。

これは、少年の事例であるが、成人の心の流れも、これに類似していると推察される。

VI 謝罪のプロセスや効用

人が謝罪に至るまでには、いくつかの段階を経る[12]。まず、その出来事を自分が引き起こしたと認めること、つづいて、その出来事が有害であると認めること、さらに、その被害の責任を自分が負う必要があると認めて、はじめて罪悪感が生じ、謝罪に至るのである。

謝罪は、相手に屈服することで、自分の地位を低下させ、体面を損なわせるもの[13]であり、その事実を認めることに伴う罰なり損害賠償なりのコストを引き受けることにもなる。世の中では、重大事件であるほど謝罪を期待するが、筆者の臨床経験からすると、実際、賠償の程度が低い場合の方が容易に謝罪する。コストを引き受ける覚悟ができるかどうかが、その一因なのであろう。

もちろん、謝罪することには、効用もある。まず、本当にその行為を悔いているならば、謝罪によって罪悪感や自責の念を軽減できるという心理的利益がある[14]。また、謝罪することで、「自分の都合ばかり考えている自己中心的な人だ」「言い訳ばかりで、潔くない人だ」などの印象を回避でき、そのような印象によってもたらされる被害者の怒りや敵意が和らぎ、罰や賠償請求が弱まる可能性もある。

ただし、罪悪感を伴った「誠実な謝罪」でなく、罰の回避や印象操作を目的として行われる「道具的謝罪」には効果がないとする研究もある。謝罪を通して、「悪いことをした」という加

---

11) Maslow, A. H., *Motivation and Personality. Second ed.*, Harper & Row, 1954.（A・H・マズロー著 小口忠彦訳『改定新版人間性の心理学：モチベーションとパーソナリティ』（産能大出版部、1987年）。

12) Itoi, R., Ohbuchi, K., & Fukuno, M., "A Cross-cultural Study of Preference of Accounts: Relationship Closeness, Harm Severity, and Motives of Account Making," *Journal of Applied Social Psychology*, Vol. 26 (1996), 913-934.

13) 大渕憲一『謝罪の研究』（東北大学出版会、2010年）。

14) 同上。

害者の気持ちが被害者に伝わって、被害者の共感を得ることが、被害者の応報期待や回避を抑制させ、被害者の加害者への許容が始まるとの主張[15]がある。また、恥よりも罪悪感によって動機づけられた謝罪の方が誠実と受け止められるとの実験結果[16]もある。このほか、謝り方についても、自発的でなく他者から促されて謝る場合、被害者は、謝られているのだから規範的には拒否すべきでないと判断しながらも、感情的には拒否したいと感じる、との調査結果もある[17]。

Ⅶ　加害者にとってのR4の意義

1993年に開催された本学会では、受刑者の多くは、受刑期間中、被害者に対する感情を忘れているというか、けろっとしていることが多いとの意見が提示され、その一因として、裁判過程で加害者側の弁護士と一緒に、被害者の方にも落ち度があったなどと自己弁護する経験が、加害感情を薄くさせているのではないかとの意見も出された[18]。そうした犯罪者に対して、刑が確定した段階で、自身の行った加害を見つめる場を提供しているR4の意義は大いにあろう。そして、今回ここで紹介した調査結果によると、R4の実施の処遇効果が認められたわけである。刑が確定しており、自身の加害のとらえ方を変えても変えなくても刑の軽重という実質的な利害がないのに変わったということは、それなりに有効な働きかけが行われていると評価できよう。

ただし、加害の現実を直視するよう一律に強制すればよいわけではない点に留意する必要がある。受刑者に加害の現実を直視させることは、心理療法の中では対決の手法とされ、これは、自尊感情が低い犯罪者にとって有害である[19]、変化しようとの気持ちに至っていない「前考慮」段階にいる者にはダメージを与え、抵抗や否認を強めてしまう[20]、などとされている。「実際、いきなり『被害者はこうなんだよ』という形でぱっと出してしまうと、少年側ははねつけるんです。一見反発はしなくても、心から受けとめるようにならないことが多いのです」との処遇観を語る者もいる[21]。

---

15) Macdonald, J., "Disclosing Shame" in Gilbert, P.& Andrews, B., eds., *Shame: Interpersonal Behavior, Psychopathology, and Culture*, Oxford University Press, 1998, 141-160.

16) Hareli, S., & Eisikovits, Z. "The Role of Communicating Social Emotions Accompanying Apologies in Forgiveness," *Motivation and Emotion*, Vol. 30 (2006), 189-197.

17) Risen, J. L., & Gilovich, T., "Target and Observer Differences in the Acceptance of Questionable Apologies," *Journal of Personality and Social Psychology*, Vol. 92 (2007), 418-433.

18) 瀬川晃「討論」被害者学研究4号91-101頁（1994年）。

19) Annis, H. M. & Chan, D., "The Differential Treatment Model: Empirical Evidence from a Personality Typology of Adult Offenders," *Criminal Justice and Behavior*, Vol. 10 (1983), 159-73.

20) DiClemente, C. C., "Motivational Interviewing and the Stages of Change" in Miller, W. R. & Rollnick, S., eds., *Motivational Interviewing: Preparing People to Change Addictive Behavior*, Guilford Press, 1991, 191-202.

対決によって、自身が攻撃され脅かされていると感じると、自分を守ろうとして注意が自身に向き、他者の情動に思いを馳せる余裕がなくなり、被害者への共感もしづらくなる[22]。加えて、その恥から生じる個人的苦痛を多少とも軽減しようとして、自身が犯した逸脱を少なく見積もったり、被害者に与えた害を否認したりしやすくなる。加えて、他者から攻撃されまいとして、自分を隠したいとの思いが治療に取り組みにくくさせ、さらにこの恥の感情が怒りなどの他の感情に変わっては、より一層、治療に対する困難さが増す[23]ともされている。望ましい矯正教育とは、被収容者が自らの非に気づき、自主的に改善更生の努力をし、被害者との関係改善に自主的に努力するよう促すものであるとの主張[24]は、上記を踏まえてのことなのであろう。

　他者に罪悪感を抱くと、その関係を修復しようとする一方、他者によって自分が傷つけられたという屈辱感を抱くと、その他者関係は修復されにくくなる[25]。すなわち、自身の行為に対する罪悪感を高める代わりに、被害者におとしめられて受刑させられた、被害者が今後の自身の人生の邪魔をしてくるなどと屈辱感を抱くようになっては、事態は改善していかない。

　自らが殺めてしまったという事実を、被害者やその遺族の情感をも想像し、その取り返しのつかないことをした責任を負いながら今後の人生を続けていくのが、社会的に望まれる加害者の真っ当な生き方であろう。しかし、元通りにできないことをしてしまったことの責任の大きさや、今後ずっと償い続けなければならないという現実に耐えられる自我の強さを、誰もがもっているわけではない。受刑が確定して、量刑等について裁判で被害者と争う必要がなくなった段階になって以降も、できることならば事件をなかったことにしてしまいたいとして事件に向き合おうとしなかったり、忘れてしまおうと処理してしまったり、事件についてあれこれ言い訳を並べてみたりする者がいるのは、自身が犯してしまった現実に圧倒されまいとして、自身を守ろうとしての反応と理解できる。

　本論文で紹介した調査結果では、施設側が、処遇効果が見込まれる対象者として、引受人がいることを挙げていた。周囲の支援者の支えによって自我が補強され、犯してしまった事実に向き合っていこうという気持ちになるのであろう。また、先に紹介した9分割法の事例では、

21）　中園武彦「家庭裁判所における被害者調査の実情」財団法人矯正協会編『犯罪被害者に関わる諸問題－講演録』31-81頁（財団法人矯正協会、2004）。
22）　Roys, D. T., "Empirical and Theoretical Considerations of Empathy in Sex Offenders," *International Journal of Offender Therapy and Comparative Criminology*, Vol. 41 (1997), 53-64.
23）　McCullough, M. E., Rachal, K. C., San dage, S. J., Worthington, F. L., Jr., Brown, S. W., & Hight, T. L., "Interpersonal Forgiving in Close Relationship: II. Theoretical Elaboration and Measurement," *Journal of Personality and Social Psychology*, Vol. 75 (1998), 1586-1603.
24）　橘偉仁「矯正における被害者の視点」被害者学研究4号59-69頁（1994年）。
25）　薊理津子「屈辱感、羞恥感、罪悪感の喚起要因としての他者の特徴」パーソナリティ研究18巻2号85-95頁（2010年）。

出院間近になって被害者に思いを巡らすようになっているが、少年院での処遇が進み、自身が身近な人々に支えられているという感覚が持てるようになるなど、自我の強さが形成されていった結果と解釈できよう。

このほか、犯罪者を観察していると、事件の被害者に対してよりも、事件を起こしたことで身内に迷惑をかけてしまったという思いの方が強く、その償いをしたいという思いの方が、本人の更生意欲にとって現実には大きな手立てになっているとの意見[26]もある。身内への申し訳なさを抱いていけないわけではないが、まずは被害者への申し訳なさを抱くのが筋であると、一般の人は思うであろう。しかし、先にも述べたように、自らを守ろうと自己防衛しがちな犯罪者の現実を鑑みると、身近な者に自身の行為が許され、あるいは許される可能性があると感知することで、更生できるかもしれないという心の余裕が出てきて、それがひいては、被害者に対する償いの気持ちの芽生えに通じるのであるならば、そのような方向づけも、あながち否定はできまい。

このように、被害者の視点を加害者に採り入れさせることは一筋縄ではいかないわけだが、既述のとおりR4では一定の効果が出ている。R4を行う側がしっかりと対象者を支え、上述のような罪悪感を抱くことができるタイミングを見計らって参加させた結果なのであれば、大変意義深い処遇を行っていると評価できよう。

ただし、この結果が、矯正職員に好印象を与えようとした反応である可能性も否定はできない。R4に参加することで、どのような反応が望ましいかを受刑者は学習する。望ましい反応をすれば、逃げることができない受刑生活が過ごしやすくなったり、仮釈放に有利に働いたりするのではないかとの計算から、そのような反応をするようになっている可能性がないかどうかを注視していく必要があろう。

加えて、今回の調査は、言語のみを用いたものである。言語化できるようになること自体、一つの進歩である。しかし、そこで表出したものが、上辺のもの、一時的なものであることも十分にありえる[27]。R4指導にあたって、指導する側として、この点にも留意すべきであろう。

取返しのつかないことをしたから、もう手の打ちようがないととらえるのではなく、多少であっても事態の改善に向けて自身に何ができるかを考え、それを実行していく力を養うことが望まれ、この点を見据えて、処遇を継続していくことが望まれる[28]。

---

26)　脚注18と同。

27)　早川貴子＝荻野美佐子「加害者による謝罪の言葉と情動表出行動が被害者の許しに与える影響」上智大学心理学年報32号67-75頁（2008年）では、言葉表現に情動表出行動が伴うことが肝要であると主張している。

28)　R4の望ましい在り様についての論考には、浅野正「被害者の視点を取り入れた教育の効果的な実践」

Ⅷ　被害者にとってのR4教育の意義

　R4の働きかけが功を奏して、加害者が本当に被害者に謝罪したいという心境になるとして、それは被害者にとってどのような意味があろう。加害者が自身の非を認めるのだから、その行為に伴う損害賠償を期待できること、加害者が悔悛していることから、今後同じ目に遭うかもしれないという不安が低減すること、にとどまるわけではない。そもそも、被害者は、自身が被害者であるにもかかわらず、その事案について後悔・自責の念を抱くことが少なくなく、加害者から謝罪されることで、その念が改善される効果がある。加えて、加害者に対する怒りや憎しみから、その体面を傷つけたいという願望が、加害者に謝罪させ、その地位を下げるという社会的罰を課すことで、満たされるとされており、謝罪を受けると怒りが早く低減することが、生理学的にも実証されている[29]。

　加えて、人は、他者から傷つけられると、その出来事自体で傷つくにとどまらず、その人が有していた根本的な信念体系、すなわち、自分、他人、世の中に対する認識、善悪の判断、今後も予測不可能な出来事に襲われるのではなかという不安を含む将来観などが破壊されることになり、その傷つきは、時間が経つにつれて、広がっていく傾向にある[30]。こうした中、刑事施設という国家機関が被害者の視点を加害者に伝えるべく真剣に働きかけているという事実、さらに、自身の加害者ではなくとも加害者の中に改善が見られる者がいるという事実は、たとえ自身の加害者が真の謝罪を示さない場合であっても、被害者側の社会一般に広がりかねない不信・不安の念を一定の範囲内に留める作用、すなわち、自身が受けた傷つきを放置したままにはしまいとする態度が社会に現存していると確認できる点で、有用であろう。加えて、その働きかけにおいて、被害者や被害者遺族をゲストスピーカーとして積極的に取り入れているという事実は、自身の経験を加害者に伝えたいとする被害者に、語りの場を提供することにも寄与しよう。

　侵害や被害を受けた際、相手を遠ざけたいと回避したり、罰があたればいいと思う応報期待が生じたりするのは正常で一般的な反応である一方、それをし続けると、被害者と加害者との関係性が中断したままになるということで、許容の概念が出てきた[31]とされている。すなわち、中断された対人関係を修復していくには、許容することが適当である。しかし、被害者の

　　人間科学研究文教大学人間科学部33巻137-144頁（2011年）もある。

29)　Anderson, J. C., Linden, W., & Habra, M. E., "Influence of Apologies and Trait Hostility on Recovery from Anger," *Journal of Behavioral Medicine*, Vol. 29 (2006), 347-358.

30)　Flanigan, B., *Forgiving the Unforgivable: Overcoming the Bitter Legacy of Intimate Wounds*, Turner Pub Co, 1992.

31)　McCullough, M. E., "Forgiveness: Who does It and How do They do It ?," *Current Directions in Psychological Science*, Vol. 10 (2001), 194-197.

印象悪化回避の程度を比較したところ、加害者と被害者との親密性が低い群では、印象悪化回避の程度が低いとの結果が得られており[32]、被害者の側で、今後、その対人関係を続けていこうと思わないならば、許す必然性は見出せない。とはいえ、被害者が、社会と接点なくして、生活を続けることはできない。被害者にとって、被害者の視点を包摂し、被害者に十分な配慮ができている社会であると体得できることは肝要であり、R4はその一助となる使命をも担っている。

---

32) 田村綾菜『謝罪と罪悪感の認知発達心理学』ナカニシヤ（2013年）。

シンポジウム：犯罪者処遇における犯罪者の更生と被害者の回復

被害者の包摂と回復、並びに加害者の再統合

小 長 井 賀 與（立教大学）

I　はじめに

　本稿ではシンポジウム当日の報告内容に加筆して、改めて本題について考察してみたい。

　国による犯罪被害者等への支援は、2004（平成16）年の「犯罪被害者等基本法」の制定をはずみとして、犯罪被害者等給付制度など制度の一層の充実が図られてきた。自治体でも自らの責務として被害者等への支援を行う体制を整備する趨勢にあり、関連条例を制定する自治体が増えている。

　このような気運の中で、犯罪者処遇においても、被害者等関連施策は確実に一定の領域を占めるに至っている。犯罪者処遇の一環であるので必ずしも被害者等のニーズに応えるわけではないと思うが、少なくとも、加害者に被害者等へ与えた害を認識させることが犯罪者処遇の重要な要素の一つとされていることは間違いない。

　本稿では、考察の範囲を社会内での事柄に限定し、被害者支援と加害者処遇の二つをどう位置付けられるか考えてみたい。犯罪者処遇において被害者の回復と加害者の更生を同じ局面で考えるのは現実には難しいというのが筆者の立場であるが、「コミュニティ形成」という枠組みから両者を捉えると、新しい地平が開けてくる。本稿では「修復的正義」や「社会的連帯経済」の観点を織り込みつつ、考えてみたい。

II　社会内での犯罪者処遇における被害者等関連施策

1　社会内での犯罪者処遇の目的と方法

　社会内処遇の基本法である更生保護法は、制度の目的として対象者に「適切な処遇を行うことにより、再び犯罪をすることを防ぎ、又はその非行をなくし、これらの者が善良な社会の一員として自立し、改善更生することを助けるとともに、（略）社会を保護し、個人及び公共の福祉を増進すること」を規定している（第1条）。本条には「適切な処遇」として具体的な記述はないが、犯罪者の再犯防止と改善更生に有効なものが想定されていると読める。

「適切な処遇」の内容は、現在多くの国で、大枠では標準化されたものとなっている[1]。再犯防止と社会防衛が犯罪者処遇の最も重要な目的であることから、厳密な統計的手法によって再犯防止に有効なことが検証されたものが用いられ、その結果、自ずと多くの国で似た内容の処遇が実施されていると思われる。標準化された処遇とは次のようなものである。

① 遵守事項や電子監視等によって、犯罪につながり得る行動を統制するとともに、認知行動療法と社会的学習理論に基づく体系的な処遇プログラムを行うことを通じて、対象者の再犯リスクを低減させる。処遇プログラムは、主にリスク要因のうち介入によって変容が可能である「歪んだ認知」と「反社会的な行動」を向社会的なものへと変容させることを企図している[2]。

② 社会内で対象者が現実に抱える課題に即してケースワークを行い、課題の解決や緩和を助けるとともに、対象者の人格上の問題の改善と成長を支える。

③ 住居と就労（又は生計）に照準を当てたソーシャルワークを行い、生活の安定を助ける。近年は支援的な関係性も着目されている。

2 犯罪者処遇における被害者関連要素

（1） 認知行動プログラム　　上記①のについて、性犯罪者対象プログラムではその目標を、「変化への動機付け、自らの犯罪行動のサイクルに対する洞察、否認と最小化の削減、認知の歪みの修正、対人関係スキルの習得、自己統制スキルの向上、被害者への理解・共感性、再犯防止計画の策定」としている[3]。他罪種の被害者のいる犯罪の処遇プログラムでも、同様である。認知行動プログラムでは、確かに「他者へ与えた被害の認識」は扱うべきテーマの一つとされている。

（2） 修復的正義的な取り組み　　国によっては、更に踏み込んで修復的正義（Restorative Justice）に関する実践を社会内処遇の一要素としている。例えばイギリスは、2014年に社会内命令及び拘禁刑の執行猶予命令の遵守事項の一つとして法に規定し[4]、運用手引書には修復的実践の類型として次のものを示している[5]。ただし、修復的な成果を必須のものとはせず、趣

---

1) 詳細は、小長井賀與「世界の保護観察の動向」今福章二・小長井賀與編著『保護観察とは何か』57-81頁（法律文化社、2016年）に論じた。

2) 処遇プログラムの基盤となっている RNR（リスク・ニーズ・応答性）モデルの参考文献は、Andrews, D. A. & Bonta, J., *The Phycology of Criminal Conduct, 5th edition*, LexisNexis, 2012; Bonta, J., "The RNR Model of Offender Treatment: Is There Value for Community Corrections in Japan?" 更生保護学研究第 1 号29-42頁（2012年）.

3) National Probation Service UK, *Community Sex Offender Groupwork Programme Theory Manual*, 2001, 54-64（日本語は筆者の試訳）. これは、2006年に更生保護が性犯罪者処遇プログラム導入した際に準拠した、イギリスの保護観察機関の執務文書である。

4) Offender Rehabilitation Act 2014, 15 (3).

旨は被害者へ与えた害の認識を最大化（to maximise）するためだと法に記している。

- 被害者と加害者のカンファレンス：被害者と加害者が訓練を積んだ仲介者の元に直接又は間接に集い、害の実態とその影響を確認し、加害者が被害を償う方法を協議する。
- シャトルミディエーション：仲介者が両当事者間に情報を伝達し、生じた害への対処について、非対面での被害者と加害者の合意達成を助ける。
- 修復的カンファレンス：両当事者とその支援者が訓練を積んだ個人の仲介で集い、加害者が与えた害を償う方法を協議する。
- 家族集団カンファレンス：通常18歳未満の加害者とその保護者が、独立の仲介者の元で被害者、その支援者、福祉機関や学校の代表者と会い、途中に其々の家族会議を挟みながら、加害者の行動の変容・改善の現実的な方策について協議する。
- 付託命令の一部：18歳未満の初犯対象者と保護者が、「若年犯罪者パネル」において同じコミュニティの住民である訓練を積んだボランティアに会い、自らの犯罪とその影響について話し、与えた害を償いその犯罪の要因を最小化することを約束する。適宜、被害者がそのパネルに招かれて意見を表明する。
- 間接的な修復的正義：直接的なミディエーションの代替として、被害者の意見を聞いて、加害者が非対面で修復的実践を行う。例えば、謝罪文や説明文の作成、賠償金の支払い、コミュニティのための無償労働を行うなどである。

一方、日本では被害者への謝罪や被害弁償を犯罪者処遇の規定の要素とはせず、従って特別遵守事項に入れていないが、①必要に応じて「生活行動指針」に明記して指導し、さらに、②被害者のある重大な犯罪を行った者については、「しょく罪指導プログラム」を生活行動指針に明記して実施することにより、謝罪や被害弁償等の責任があることを自覚させ、しょく罪計画の策定とその実施を働き掛けている。

なお、被害者等関連施策である「心情等伝達制度」も、適切な仲介や加害者の真摯な態度等条件が揃えば、副次的な効果として間接的修復的実践になり得る。

（3）　仮釈放審理における被害者等への配慮　　地方更生保護委員会が被害者等から意見等を聴取する仕組みには、「意見等聴取制度」と「被害者等調査」の二つがある。

前者は、「被害者等から、審理対象者の仮釈放に関する意見及び被害に関する心情（略）を述べたい旨の申出があったときは、当該意見等を聴取する」（更生保護法第38条）ものである。実務上は、「加害者の処遇状況の通知」を希望している被害者等全員に対し、仮釈放審理が開始された時に同審理が開始されたことを通知し、意見等の陳述ができる旨が伝えられてい

5）　NOMS Victim Team, *Victim Contact Scheme Guidance Manual*, 2014, 94. 引用箇所は筆者の試訳。

る[6]。

　後者の「被害者等調査は更生保護法第25条及び「犯罪をした者及び非行のある少年に対する社会内における処遇に関する規則」第18条に基づくもので、委員会が必要と認める場合には被害者等に連絡を取り、被害者等の加害者や仮釈放等に対する感情を調査している。調査を行う事案はケースバイケースだが、無期刑受刑者事案では被害者等が望まない場合以外は全事例で実施されている[7]。

　このように、国は犯罪者処遇において被害者関連事項を中心的な事項としていないまでも、少なくとも改善更生と再犯予防のために加害者に被害者等へ与えた害を認識させる指導を行い、また、仮釈放審理において被害者等の意見を考慮している。

III　被害者の包摂と回復

　周知のとおり、犯罪被害者等基本法は、前文に犯罪被害者等が置かれている状況への認識と国・自治体・国民の責務を表し、被害者等のための施策の基本理念と方向性とを明示している。同法によると、被害者等が置かれた状況とは「人間としての尊厳の尊重とそれに相応しい処遇を受ける権利が保障されているとは言えず、必要な支援を十分に受けず、社会において孤立することを余儀なくされ、さらに、犯罪等による直接的な被害にとどまらず副次的な被害に苦しめられること」であるが、このような状況は、二つの自治体が2010年と2017年に行った被害者等のニーズ調査でも裏付けられている[8]。そこから同法制定の基礎にある現実認識が正しいことが分かる。一方で、法制定後15年が経過し施策が整備されても被害者等のニーズに大きな変化がないことは、被害者等支援が奥の深い困難な事業であることの証左であると思える。

　そのような困難な事業に対して、基本法は、「国は犯罪の抑止と安全・安心な社会の実現を図る責務を担う以上、犯罪被害者等の視点に立った施策を講じ、その権利利益を保護すべきであり、国民も、誰もが犯罪被害者等となる可能性が高まっている中で、被害者等に必要な配慮をするとともに政府の施策に協力する責務がある」としている。このような国や社会の被害者等に対する姿勢は、正に「社会的包摂」といえるものである。基本法はあるべき社会建設と相互扶助の営みの中で、被害者等を等身大で受け入れ寄り添う決意を明示している。このような国と社会の姿勢が被害者等の回復の必須の前提条件であることは間違いなかろう。

　とはいえ、基本法が示すように、被害者等が受けた害に責任を負うべきなのは第一義的には加害者である。では、加害者はどのように責任を果たせるのであろうか。

　6）　法務省保護局総務課長への筆者の照会に対する、2017年11月9日付の回答に依る。
　7）　前掲注6）に同じ。
　8）　京都市「犯罪被害者等のニーズに関するアンケート調査 分析結果報告書」平成22年10月；名古屋市「犯罪被害者等ニーズ調査 結果報告書」平成29年7月。

Ⅳ　犯罪者の責任と社会への再統合

1　犯罪被害者等のニーズ

　2007年の京都市による被害者等のニーズ調査での自由回答の意見として、加害者に関し「加害者が近所に住み続けること、加害者の反省の見られない態度」に対する不安や怒り、また、制度に関しては「加害者家族に賠償責任がないこと、国の予算的措置による国選弁護人、未成年や精神障害者への減刑」に納得できないことが挙げられている。

　一方、2015年の名古屋市の同様の調査でも、「事件後の加害者の態度に傷付いたこと、加害者からの再危害の恐れ」を半数以上の被害者等が挙げ、また、自由回答では「賠償請求が認められても損害賠償金が支払われない、そのために加害者の反省や被害回復には繋がらない。謝罪よりもしっかりとした行動をとってほしい」との意見があった。

　この二つの調査は、加害者の真摯な反省と態度、賠償責任の履行が加害者と被害者等の関係を考える上で重要な事項であることを示している。

2　近年の犯罪状況と犯罪者の特徴

（1）　再犯者率の上昇が意味すること　　刑法犯検挙人数は2005年以降減少し続けているが、特に初犯者数の減少が顕著である。それが再犯者数の減少を上回っているために再犯者率が上昇する趨勢にあり、2015年には48％となった[9]。また、同年の起訴人員中の有前科者率は48.1％、新規受理保護観察対象者の有前科者率は仮釈放者では82.7％、保護観察付執行猶予者では59.6％である[10]。これらの数値は、新たに犯罪を行う者が大きく減少する中で、一群の者は刑事手続を経ても更生することなく犯罪者として固着していることを意味する。

　犯罪者が犯罪に対する刑事的・道義的責任を負うことは確かである。一方で、社会経済的に恵まれない状況の中で犯罪を行っていることも知られている。法務省の資料[11]によると、刑

表：平成27年新規受理対象者の特徴

	受刑者	保護観察対象者（仮釈放者と執行猶予者の計）
高校中退以下の教育歴	62.9%	40.0%
知能指数（相当値）IQ80未満	42.6%	34.9%
100未満	90.4%	88.5%
生計状況が貧困	―	42.93%
犯行時無職	69.7%	―

---

　9)　法務省『平成28年版犯罪白書』第5編第1章第1節1。

　10)　再犯者率と有前科者率の数値の出所：法務省『平成28年度版犯罪白書』第5編第1章第1節1および2。

　11)　法務省『平成28年度矯正統計年報』および『平成28年度保護統計年報』から筆者が関連情報を拾い、

被害者の包摂と回復、並びに加害者の再統合——*149*

罰執行中の犯罪者の特徴は前頁の表のとおりである。知的能力と教育歴に問題を抱えていることが分かる。これらは就職上の制約となり、貧困のリスクを高める。

　また法務省の同じ資料によると、同年の刑務所出所者のうち、家族・親族の元や自宅に帰住した者は47.5%である。それ以外の者は更生保護施設・社会福祉施設・雇主の元等に帰住しており、出所者の過半数で家族関係がないか破綻していることが分かる。

（２）　更生した犯罪者の更生要因と過程に関する調査で明らかになったこと　　我々が近年行った更生した犯罪者100名に対する半構造化面接調査[12] では、対象者の大半は年齢と教育歴に関わらず、月収20万円以下で生活していた。当調査の協力者を得る困難から調査対象者のほとんどは更生保護施設への帰住者であり、更生した犯罪者全体を代表していないが、現実の一端は示している。我々の調査での仮釈放者の典型的な更生モデルは次のようであった。

　ほぼ全員が自分への判決と量刑に納得し、受刑中に１）犯罪を重ねることの結末と自分の将来について底つき体験をし、２）自分の犯罪行為の要因に対する洞察を深め、３）就労による生活再建への動機付けを高めていた。そして、仮釈放後に更生保護施設で支援的な人間関係と就労機会を得て生活再建の契機とし、更生保護施設退会後も仕事中心の自律的な生活を継続させていた。大半は、犯罪前歴によるハンディキャップを自覚し受刑前より条件の悪い職に甘んじていたが、慎ましくとも自律的で安定した生活の価値をよく認識していた。更生要因は自らの犯罪とその要因及びその後に自分が置かれた生活環境に対する適切な現実認識と受容、意識と生活の純化、自らの更生を支援してくれる関係性の獲得にあるといえる。

　だが、更生への契機や要因として、被害者や社会に与えた害への認識を語る者はほとんどなかった。筆者の面接した71名中で３名のみである。生活を安定させることで再犯を回避するのがせいいっぱいで、物心共に被害者等に配慮する余裕がないというのが大方の現実であった。

3　再犯予防を目的とした犯罪者の「再統合」施策

　犯罪者が社会経済的な意味では弱者であることは、犯罪の原因であり結果でもある。そのために、地域社会の関係機関・団体と連携したソーシャルワークによって、住居や就労の安定を中心に犯罪者の社会生活の基盤を整える処遇が行なわれている。これは、加害者に生きるための力量と社会人としての責任能力を付けさせるための支援であり、国は社会防衛という責務を果たすために加害者を支援しているといえる。このような支援のあり方は、問題をもつ者であ

　　加工した。

12)　小長井賀與、川邉譲「犯罪者・触法者の地域社会への再統合支援における課題と地域福祉との連繋に関する研究」（2014年度〜2016年度、科学研究費補助金基盤研究（C）課題番号26380784：研究代表者小長井賀與）。日本司法福祉学会2016年大会、日本犯罪心理学会2017年大会、第３回世界保護観察会議で下位グループの分析は報告し、全事例の計量テキスト分析は継続中である。

っても足りない部分を助け何とか社会参加させようとする「再統合」支援であり、被害者等に対する無条件の「包摂」とは理念も趣旨も異なる。さらに、刑罰は過去に行った犯罪・社会への害に対する応報であるが、現代の犯罪者処遇の実質は再犯抑止を目的とした将来の社会再統合に向けた働き掛けであるから、犯罪者処遇と被害者等の社会的包摂を同じ次元で捉えることは難しいのではなかろうか。

V 「生きづらさ」を抱える者の「社会への包摂・再統合」の先にあるもの

1 「今の社会」の実相

2000年以降、先進国では所得格差や人々の分断化が顕著になったといわれる。1980年代から深化したグローバリゼーションの結果一群の人々の雇用が不安定なものとなり、さらに、地域社会の変質や家族規模の縮小も加わり、貧困世帯の増大や社会的孤立者の増加が生じていることが検証されている[13]。日本では、殊にひとり親家庭、高齢者単身世帯および教育歴の短い若者層で相対的貧困率が高いことが明らかにされた。

前述のとおり、犯罪者は教育歴や家族関係の点で、貧困のリスクが高い一群である。法務省の統計で保護観察に付された者中の貧困者割合の2006年から2016年までの歴年の推移を見ると、25.1%、24.9%、25.1%、26.1%、27.2%、28.6%、30.1%、29.8%、29.4%、29.8%、29.9%であり、増加傾向にある[14]。さらに、犯罪前歴を重ねるごとに一層安定した雇用から遠ざかるであろう。

EU・UN・OECD等国際機関で捉えられているように、元犯罪者や刑務所受刑者は社会的排除のリスクが高い類型である[15]。そこで、犯罪に対する刑事責任は問う一方で、生活面では公的資金による社会統合支援の対象とするのが、現在の刑事政策や社会政策の趨勢である[16]。最低限の生活保障や社会への再統合なしには、確実に犯罪を予防できないからである。

所得格差や社会の分断化は2008年のリーマンショック後に一層深刻さを増し、もはや従来の福祉国家のあり方（＝税制と社会保障により、活動人口から非活動人口へ所得を移転する）だけでは問題を解決できないとして、国家は種々の経済・労働・社会政策を実施している。さらにそれを補完するものとして、新しい思潮に基づく市民組織による活動が隆盛である。その中

---

13) 文献に、ジョセフ・スティグリッツ『世界に格差をバラ撒いたグローバリズムを正す』（徳間書店、2006年），橘木俊詔『格差社会—何が問題なのか』（岩波書店、2006年），土堤内昭雄「中高年男性の社会的孤立について」ニッセイ基礎研レポート2010年12月号などがある。

14) 2006年から2016年までの歴年の法務省『保護統計年報』から、筆者が数値を拾った。

15) 例えば、Eurostat, *Combating Poverty and Social Exclusion — A statistical portrait of the European Union 2010* の 9, 90頁には、元犯罪者や刑務所受刑者で社会的排除のリスクが高いと記載されている。

16) European Social Fund, The ESF in the United Kingdom, http://ec.europa.eu/esf/main.jsp?catId=381, 2017年11月15日閲覧。

で、移民・DV 被害者の包摂や元犯罪者の社会再統合施策も行われている。その例として、本稿では修復的正義と社会的連帯経済を取り上げてみたい。

2 「修復的正義」の理念・現代的意義

　周知のとおり、刑事司法領域で修復的正義は1970年代から導入されている[17]。ごく単純化すると、基本的なコンセプトは犯罪を含め紛争を国家の規範への違反行為や法的秩序への侵害行為としてみるのでなく、当事者間や当事者とコミュニティとの関係を害する行為と見て、コミュニティを舞台に、利害関係者が協働して関係修復を目指す営みを行うというものである。コミュニティが主要概念であり、コミュニティの成員は利害とケアし合う責任を共有する（Community of Interest、Community of Care）とされる。

　犯罪被害者と加害者との関係修復については、種々の立場から批判がある。実際、生命の損失を含め復元できない重大な被害を負った者に加害者との関係修復を求めるのは酷であるし、難しい。いろんな条件が揃った場合に、結果として稀に関係修復が達成されるのだと思う。しかし、現代の社会状況の中で今改めて修復的正義の意義と機能を考えると、新たな意義が見えてくる。イギリスの刑事法学者 Lucia Zender[18] の見解が示唆を与える。彼女は、犯罪を含め紛争はコミュニティの利益（Community Interests）を阻む何らかの逆機能の表れと捉え、望ましいコミュニティ形成を目指して住民が協働すべきだと訴える。そして、コミュニティを分断化・断片化した人々を結びつける場として捉え、コミュニティの成員が共有できる価値と規範を社会の実態とニーズに沿うものへと更新し続けることで、時代に適合する新たなコミュニティの福利を創出できるとする。このように考える場合の修復的正義とは、被害者と加害者のミディエーションといった狭義の修復的正義ではなく、種々の修復的実践を含む広義の最大化モデルによるものといえよう。

　Zender の見解は、グローバリゼーションで格差と分断化が進む現代社会に見合った解釈である。前述のとおり日本で犯罪を反復する「再犯者群」が固着し、多くは教育歴にも知的能力にも家族関係にも恵まれず、貧しく社会の底辺に沈殿して暮らしている。犯罪者には確かに刑事責任があるが、犯罪者を生んだのは社会である。多くの犯罪者は貧困の中で犯罪を行っている。グローバリゼーションの進展とともに政府による統治や経済運営が万能ではなくなって、

17）　刑事司法領域での修復的正義（司法）の理論的基盤となった文献には、Christie, Nils, "Conflict as Property", *British Journal of Criminology*, 17 (1), (1977) 1-14; Zehr, Howard, *Changing Lenses*, Herald Press, 1995（ハワード・ゼア著西村春夫他監訳『修復的司法とは何か 応報から関係修復へ』新泉社、2003年）; Ness, Daniel W. Van & Strong, Karen Heetderks, Restoring Justice: An Introduction to Restorative Justice, 5th Edition, Routledge, 2015 などがある。

18）　Zender, Lucia, "Reparation and Retribution: Are They Reconcilable?", *The Modern Law Review*, Vol. 57, No. 2 (1994), 228-250.

所得格差をはじめとする種々の問題現象が生じ、その結果貧困を背景に行われる犯罪があり、犯罪被害者も生じているといえる。貧困を理由に犯罪を免責できないが、従前よりも犯罪と貧困の相関は強くなっている事実は認識しなければならない。

　格差や分断化が進む現代社会にあって、傷付いた人々や他者との関係性を奪われた人々を救うための受け皿が必要である。それがコミュニティであるというのが修復的正義の主張である。コミュニティの機能を再評価し、コミュニティの成員で時代に見合った規範や社会正義のあり方を再構築する必要性を説いている。時代が動いている中で、修復的正義は現代に見合った統治のあり方を考える枠組みを提供してくれる。被害者も加害者も、国家の支援や介入に加えて、コミュニティの理解と支援があってこそ社会復帰が叶う。被害者と加害者とではコミュニティによる支援の趣旨も局面も方法も異なるが、両者ともコミュニティの理解と支援があってこそ、新たな生活へと進めるのではなかろうか。

　ただし、物心ともに傷ついた被害者等をどう住民や被害経験者が支援してコミュニティに包摂していくか、また、加害者が刑事責任の他にコミュニティに対して与えた害をどう償い、どういう方法でコミュニティの成員としての責任を果たしていくのか、責任を果たすに当たっての犯罪者の力量不足をどうコミュニティが補っていくのかは、当事者や利害関係者が住むコミュニティの決定に委ねられている。修復的正義論は、理念および方法の枠組みを提供するだけである。

3　「社会的連帯経済」

（1）　理念と現代的意義　　現代社会の歪みを補正する具体的なツールとして、社会的連帯経済（Social and Solidarity Economy）がある。社会的連帯を基盤として行われる経済活動のみならず、文化活動、社会活動を含む広義の経済活動を指す。失業や貧困が蔓延する中、公共部門が担うべき「社会の再生」を補助する機能を担うとされる。欧州、中南米、東南アジアなどで普及・発展し、フランスでは2014年にGDPの約10％の経済規模、雇用全体の10％の雇用を創出した[19]。以下、社会的連帯経済の機能等について若干の考察をしたい。

　フランスは、基本法として社会的連帯経済に関する法[20]を制定している。同法第2条は社

---

19)　文献に、服部有希「【フランス】！社会的連帯経済法─利益追求型経済から社会の再生へ─！」、国立国会図書館調査及び立法考査局、外国の立法（2014年11月）；在日フランス大使館「フランスと社会的連帯経済」、アクチアリテ・アン・フランス、41号、2013；アラン・リピエッツ『サードセクター「新しい公共」と「新しい経済」』（藤原書店、2011年）；Ripess Europe (Solidarity Economy Europe), *Co-building/co-designing public policy: a perspective for European SSE stakeholders — Concept Note*, 2017; Moulaert, Frank and Nussbaumer, Jacues, "Defining the social Economy and its Governance at the Neighbourhood Level: A Methodological Reflection", *Urban Studies*, Vol. 11 (2005), 2017-2088 などがある。

20)　LOI n° 2014-856 du 31 juillet 2014 relative à l'économie sociale et solidaire. なお、Article 2 の訳文は

会的連帯経済の目的と活動内容を次のように規定している。

「社会的連帯経済を担う法人は、主要な活動として次の三つの条件のうちの一つ以上を満たす社会的効用を追求しなければならない。

① 事業目的が、経済的・社会的又は健康等の個人的な事情で不安定な状況にあり、社会的・医療的な支援を必要としている者を支援することにある。これらの人々は、法人の被雇用者、顧客、会員又は事業の受益者として支援される。

② 事業目的が、社会的排除や健康・社会・経済・文化的な不平等への対策、さらに、市民教育（略）を通じての社会的紐帯、地域の凝集性や一体性の維持や強化に貢献することにある。

③ 法人の活動が①又は②に資するものであり、その事業が経済的・社会的・環境的・市民参加に関する局面で持続可能な開発、エネルギー転換又は国際的な連帯へ寄与するものである。」

また、社会的連帯経済の国際組織（RIPESS）は、現代社会の諸問題を補正することを目的として、その憲章[21]で社会的連帯経済の価値理念として次のものを掲げている。

ヒューマニズム、民主主義、連帯、持続可能性、多様性、創造性、平等・公平・正義、諸国や人々の統合への敬意、多元性と連帯を基盤とした経済

これらの理念は決して理想に走った単なる絵空事ではなく、フランスの例のように今や無視できない経済規模をもつ。事業形態は NPO、共済組合、協同組合、基金、有限会社、株式会社等多様であり、領域も農業、林業、環境保全、農産加工、建築、工業デザイン、社会福祉、教育、保険、金融、リサイクル、飲食など広域に渡る。

（2）　**対象**　　上述のフランスの基本法に規定されているように、社会的排除者・弱者を法人の被雇用者や事業の受益者とすることが社会的連帯経済の条件の一つとされている。環境保全や地域の凝集性の強化も事業目的とされているので、一般の地域住民対象の事業もあるが、「社会の再生」を標榜しているので社会的弱者を雇用する事業は主要な領域とされている。ただし、事業として採算を取るために、通常労働市場で不利な条件を抱えている人々の全従業員中の割合は一定に抑え、通常の労働者と補完的な協働形態を採ることが多い。また、売上による収入を補うために公的資金や寄附金が投入されている[22]。

　　　原文を「Google 翻訳」で英訳し、それを筆者が試訳して概要を示した。

21）　Ripess Europe, The Charter of Ripess, http://www.ripess.eu/about-us/ripess-charter/, 2017年11月10日閲覧。

22）　社会的連帯経済の一領域である「Social Firm」の欧州機構（CEFEL）の定義では、従業員の30%以上を社会的弱者とし、収入全体の50%以上を商取引より得る必要があり、すべての従業員に対し、各人の生産性の如何を問わず、仕事に応じて市場相場同等の適正賃金が支払われるとする。http://socialfirmseurope.org/social-firms/definition/, 2017年1月15日閲覧。

日本でも生活協同組合活動など社会的連帯経済が実践されているが、社会的弱者対象の事業では精神・知的障害者対象の就労支援が中心となっている。予算の裏付けも含め障害者福祉の枠組みの中で行われているためと思われる。しかし、本来経済活動の一領域なので、下記で示す欧州の実践例では、社会政策や環境政策のための公的資金・ソーシャルファイナンス[23]・寄附金等を活用して、（障害者、長期失業者、職業技能や資格のない若年者、ホームレス、シングルマザー、移民、DV の被害者、元薬物依存者、元犯罪者など）通常の労働市場で職を得難い多様な人々を区別なく一緒に雇用して、就労・心身の調整・職業訓練の機会を提供している。違う類型の困難を抱える者同士が交流することで、生きづらさの相互理解と相互扶助、さらに自己覚知が深まるとされている。ただし、元犯罪者については数を制限し、悪風感染を抑えているとのことである。

（3）　筆者が見聞した事例

①　パリの NPO "Tout Autre Chose"[24]　　住民の福利のためのレストランと地域活動センターを運営している。調理師は住民のボランティアで、家庭料理を供する。地域住民のための活動センターはレストランの収益・公的資金・寄附で賄い、次の事業を展開している。社会奉仕命令対象者も無償で清掃や補助作業を行う。時に、仏語教育を手伝うこともある。

- 教育ワークショップ（仏語の識字教育、コミュニケーション技能、PC 使用技能等）
- 日常生活支援ワークショップ（行政・法律相談、金銭管理、融資、高齢者世帯の訪問、傾聴のコーチング、孤立防止セッション、運動・身体表現等）

②　フランスの NPO "Jardins de Cocagne"[25]　　フランス全土130箇所の農場の運営と、ビオ（環境保護、無農薬、地産地消の野菜）の普及を行っている。地域住民は法人の会員として、定期的にビオ野菜を購入する。自らの食生活を豊かにする行為が地場産業の発展と地域の環境保全に寄与し、さらに社会的弱者や被排除者の就労を助ける。被雇用者は土に触れることで心身の疲れを癒し、就労経験を積み、生活再建の契機を掴む。

③　フィンランドの社会的企業, "Helsinki Metropolitan Area Reuse Centre Ltd"[26]　　リサイクルの 6 店舗とオンラインショップを運営し、環境保全教育も行う。環境・経済・社会の問

---

23)　ソーシャルファイナンスとは、貧困や環境汚染等社会問題の解決や地域活性化など、社会的・公共的な利益を生み出すことを目的とした資金調達を指す。例として、資金供給者から集めた預金を社会的な目的をもった企業や事業に投融資する「Social Bank」、地域や職域を同じくする者で相互扶助を目的に組織される「Credit Union」、貧困者向けに小規模金融サービスを提供する「Micro Finance」などの形態がある。大和総研「ソーシャルファイナンスについて」、2013 年 2 月28日、http://www.dir.co.jp/research/report/esg/esg-report/20130228_006879.pdf、2017年11月24日閲覧。

24)　http://www.toutautrechose.fr/, 2017年11月12日閲覧。

25)　https://translate.google.co.jp/translate?hl=ja&sl=fr&tl=en&u=http%3A%2F%2F, 2017年 1 月15日閲覧。同組織の収入は国の助成40％、自治体の助成30％、野菜の売上げ30％

26)　https://www.kierratyskeskus.fi/in_english, 2017年 5 月31日閲覧。

題を並行して解決しつつ、持続可能な社会の建設を目的とする。事業は廃品や不要物の回収・再生と加工・販売、環境教育・環境保護思想の普及と実践であり、労働市場に参加できない者に職業訓練・雇用・就労支援を行っている。2015年には70万人の顧客と3400万個の物に対応した。

④　北海道の農業組合法人「共働学舎新得農場」[27]　　バイオダイナミック農法で野菜を作り、生乳を傷めない生産・運搬システムでナチュラルチーズを製造している。チーズは国際コンテストで金メダルを受賞した。「新得農場」がNPO法人「共働学舎」に労働委託する形態を取っている。日本では珍しく、障害者・刑務所出所者・DV被害者・不登校者を含む多様な困難を抱える人々に、生活と就労の場を提供している。被雇用者が多様なのは、障害者福祉の予算には頼らず、事業収益だけで経営が成り立っていることに依ると思われる。

（4）　社会的連帯経済と修復的正義の関係　　社会的連帯経済と修復的正義はともに、国による公的な司法や中央・地方政府の行政からこぼれ落ちた事項、さらにはグローバル化した資本主義経済で生ずる副作用や犠牲となる人々を救うことを目的とした、コミュニティにおける「社会の再生」のための仕組みである。ともに、公的な制度を補完・補正する機能を担うことを目指している。

両者は価値理念を共有している。社会的連帯経済の国際組織であるRIPESSでは、社会的連帯経済の統治の手法として、会費による運営・コミュニティ主導の開発・コミュニティによる集合的な所有権などとともに、修復的正義[28]を挙げている。具体例として、筆者が視察したベルリンのコンサルタント業の社会的企業[29]はミディエーションを問題解決のツールとし、また、ミラノの有機農業普及・支援のNPO[30]は修復的正義を事業の思想的依り所としていた。両組織は草の根の民主的統治に価値を置いており、修復的正義の理念に通ずる。一方、修復的正義の側でも、被害者等のコミュニティへの包摂、あるいは加害者による害の修復や加害者の再統合の実際のツールとして、社会的連帯経済を活用できよう。

VI　おわりに

本稿では、犯罪被害者等の社会的包摂と加害者の再統合について考察をした。誰もが犯罪に

---

27)　宮崎望「あくなき競争社会でなく協力社会を目指して〜共に働く学び舎から〜」あるうず編『ソーシャルファーム』（創森社、2016年）111-136頁。

28)　RIPESS, Global Vision for a Social Solidarity Economy: Convergences and Differences in Concepts, Definitions and Frameworks, p 2, 2015年。

29)　社会的企業「INNOKI」（http://innoki.de/en/）。筆者は、2018年1月31日にベルリンの同事務所を視察し、CEOからヒヤリングをした。

30)　NPO「Deafal」（https://www.deafal.org/home-page-en/）。筆者は、2018年2月25日に技術指導者からヒヤリングをした。

遭うリスクがある以上、被害者等の抱える困難や痛みは誰にとっても他人事でない。社会は相互扶助の営みとして被害者等を包摂する道義的責務をもつ。その基盤を造るのが、国や自治体による種々の被害者関連施策である。一方、加害者は犯罪に対する刑事責任を負い、罰に服さなければならない。そこで国は応報的に加害者に罰を科する。同時に、国による犯罪者処遇では、加害者の被害者等への責任意識を涵養する働き掛けがなされ、社会人としての成長が促されている。

　このように種々の対策が講じられているが、それでも十分な成果を得るのは容易ではない。被害者等の回復も加害者の社会的成熟もともに困難な事業である。そこで、公的な制度を補完するために、修復的正義や社会的連帯経済が実践されている。

　社会的連帯経済において、現時点で対象として明示されている被害者は DV 被害者であるが、広義で捉えると移民も何らかの紛争の被害者である。「高技能外国人」を除き、現在先進国では経済難民の入国を制限しており[31]、原則、武力衝突や迫害を逃れてきた外国人のみを難民として認定し定住を許可しているから[32]、移民の一定部分は広義の紛争の被害者である。また、社会的連帯経済を広義の経済活動として捉えると、現在行われている雇用や就労支援に加えて、被害者等の話を地域住民が傾聴するサークルや被害経験者による当事者支援のセッションを開催したりなど、被害者等をコミュニティに包摂する活動を創出することも考えられる。加害者についても自らの被害者等のみならず他の被害者や害を与えたコミュニティへの影響を理解し、その修復のために応分に寄与することは可能である。このように、コミュニティを舞台にした大きな枠組みで考えると、同じ局面で、被害者の尊厳が尊重され、加害者も責任ある社会の一員として成長できるような新しい「社会正義」の道が開けるのではなかろうか。被害者も加害者も自らの体験に基づいて所属するコミュニティの形成に貢献し、潜在的可能性を発現・発展させていける。そのことが、コミュニティに新しい価値を創生する。

---

31)　参照：独立行政法人労働政策研究・研修機構「諸外国における外国人受け入れ制度の概要と影響をめぐる各種議論に関する調査」資料シリーズ No. 53、2015年。

32)　国連高等難民弁務官事務所（UNHCR）の難民と移民の定義に依った。http://www.unhcr.org/news/latest/2016/7/55df0e556/unhcr-viewpoint-refugee-migrant-right.html、2017年11月15日閲覧。

シンポジウム：犯罪者処遇における犯罪者の更生と被害者の回復

更生保護における犯罪被害者

左 近 司 彩 子（神戸保護観察所尼崎駐在官事務所上席保護観察官）

　地方更生保護委員会及び保護観察所は、法務省設置法により設置を定められた、法務省保護局下の地方支分部局である。

　その主たる業務は更生保護、すなわち犯罪者及び非行少年の社会内処遇及び犯罪予防活動であるが、犯罪被害者等に関する施策も実施している。本稿では、筆者が実務で関与した実例を交えて現状の制度を御紹介することを中心とする。なお、本稿中意見にわたる部分は筆者の私見であることをお断りしておく。また、実例については、プライバシー保護のため変更を加えている。

Ⅰ　更生保護に犯罪被害者等制度が導入された背景

　加害者の処遇を行う更生保護官署において、被害者等に対する施策が行われることの根拠は、2005年（平成17年）12月に閣議決定された犯罪被害者等基本計画にある。同計画では、①損害回復・経済的支援等への取組　②精神的・身体的被害の回復・防止への取組　③刑事手続への関与拡充への取組　④支援等のための体制整備への取組　⑤国民の理解の増進と配慮・協力の確保への取組　が挙げられているが、そのうち、②に関して「加害者に関する情報提供の拡充」という観点から被害者等通知制度が、③に関して「犯罪被害者等の意見を踏まえた仮釈放審理検討及び施策の実施」という観点から意見等聴取制度が、④に関して「更生保護官署と保護司との協働による刑事裁判終了後の支援についての検討及び施策の実施」という観点から心情等伝達制度及び相談支援が導入されることとなった。うち、意見等聴取制度及び心情等伝達制度については、2007年（平成19年）6月施行の更生保護法第38条及び第65条においてそれぞれ明文化されている。

　なお、上記の制度導入以前から、更生保護では、仮釈放や恩赦上申にあたって「被害者感情調査」が行われていた。しかし、それはあくまでも加害者側の必要性に基づいて行われるものであり、被害者の希望に基づくものでなかった。特に、仮釈放や恩赦という、いわば加害者に対する恩恵的な措置のための調査とあっては、かえって被害者等の感情を損ねることも少なくなかったと推測される。一方、上記の制度はいずれも被害者等の申出に基づいて行われる、被

害者側のイニシアティブによるものであることが大きな違いである。

Ⅱ　更生保護における犯罪被害者等制度

更生保護における犯罪被害者等制度は、以下のとおりである。

① 　被害者等通知制度

② 　意見等聴取制度

③ 　心情等伝達制度

④ 　相談・支援

①　被害者等通知制度

通知を希望する被害者等に対し、加害者が保護観察となった場合にその保護観察の状況等を伝える制度である。

刑事処分に付された加害者については、刑事施設で懲役又は禁錮の刑を執行され仮釈放になった者（３号観察）及び保護観察付の執行猶予に付された者（４号観察）が、保護観察所からの状況通知の対象となる。保護処分に付された加害少年については、家庭裁判所により保護観察処分に付された者（１号観察）及び少年院送致決定を受けた後仮退院が許された者（２号観察）がその対象である。

通知される内容は、以下のとおりとなる

・　保護観察開始日

・　保護観察期間満了日

・　保護観察を司る保護観察所

・　遵守事項（更生保護法で規定された一般遵守事項及び保護観察所長が定めた特別遵守事項）

・　保護観察所長が定めた生活行動指針

・　保護観察官及び保護司との面接回数（特定の事情で面接ができなかったときはその旨の記載を含む）

・　保護観察の終了事由（最終報告時）

特別遵守事項及び生活行動指針に変更があった場合は、その内容を通知している。

通知時期は、①保護観察開始時又は被害者からの申出受理時　②初回の接触月（以後毎６月経過時）③保護観察終了時である。

一方、加害者の住所や勤務先・通学先、具体的な保護観察の指導内容などは、当制度では通知していない。

制度を利用できる被害者等の範囲は、被害者本人及び親族であるが、加害者が保護処分を受

けた少年である場合は、本人及びその法定代理人並びにその委託を受けた弁護士、被害者が死亡している場合は、その配偶者、直系親族及び兄弟姉妹に限られている。また、被害者が法人の場合は、その団体の代表が申出人となる。通知手段は文書によることが原則であるが、申出人の希望により電話による通知も行っている。

② 意見等聴取制度

加害者の矯正施設からの仮釈放又は仮退院の審理にあたり、仮釈放及び仮退院の決定をする地方更生保護委員会が、被害者等の意見等を聴取する制度である。

制度を利用できる被害者等の範囲は、上記①の「加害者が保護処分を受けた場合」と同様である。

加害者が矯正施設に入っている期間であればいつでも利用できるというわけではなく、仮釈放又は仮退院の審理中に限られるというのが、この制度の特徴である。審理開始の時期は、上記通知制度によって被害者等に通知される。

意見聴取を希望する被害者等は、口頭又は書面により、加害者が収容されている矯正施設を管轄する地方更生保護委員会の委員に対して意見を述べる。また、意見等を述べる際は、保護観察所の被害者担当官の援助を受けることができる。

聴取された意見は加害者本人に伝えられることはない。この点が、次項の心情等伝達制度と異なっている。

基本的に当制度を利用する被害者等は加害者に何らかの不満を持っている場合が多いことから、「加害者に仮釈放・仮退院を認めるべきではない」とする意見は多いが、それによって仮釈放・仮退院の決定が直接左右されるという性質のものではない。また、仮釈放・仮退院の決定自体はやむを得ないとして、仮釈放・仮退院の時期（「特定の月まで出所してほしくない」やその条件（「近隣に帰住しないでほしい」）などについて意見を述べる被害者等もおり、その内容が仮釈放の期間や遵守事項に反映されることもある。まれにではあるが、経済事犯の場合等、「早く釈放して弁済を開始してほしい」という意見もある。

③ 心情等伝達制度

被害者等が保護観察中の加害者に対して心情等を述べ、加害者を担当する保護観察官が加害者にその心情等を伝達する制度である。

制度を利用できる被害者等の範囲は、上記②と同様である。

当制度においては、原則として被害者等が保護観察所に来庁し、保護観察所の被害者担当官に対して直接その心情等を述べることとされている。ただし、被害者が法人の場合や被害者の

来庁がきわめて困難な場合、既に同様の内容で心情等伝達や意見等聴取を行っている場合など、書面によることも認められている。

心情等を聞き取った被害者担当官は、加害者を担当する保護観察官（主任官）にその内容を文書で伝え、主任官は加害者を保護観察所に呼び出してその内容を伝達する。伝達を行った結果及び被害者等の問いかけに対する答え、その他伝達された内容について加害者が述べたことのうち被害者等に伝えるべきことは、文書で被害者等に通知する。

当制度の特徴としては、以下のようなものがある。

- ・　犯罪（脅迫など）や差別に該当するもの、直接犯罪被害に関係しないもの、逆恨みを招くおそれがあるものなどを除き、聴取した内容はすべて加害者に伝達する。
- ・　被害者から伝達の希望があれば、加害者はそれを拒むことはできない。
- ・　複数回の利用を妨げない。

被害者等が伝達を希望する内容は、被害者等の気持ち（「あなたのやったことを許すことはできない」「あなたを良い人だと信頼していたのに」「誠意のない態度によけい腹が立つ」）や現状（「今でも娘は学校に行けない」「一生通院を余儀なくされた」「老後のための積み立てがなくなって生活できない」）に加え、弁償に関するもの（「具体的な返済計画を教えてほしい」「以下の口座に毎月〇万円振り込んでください」）や加害者に具体的な行動を求めるもの（「今の気持ちを手紙にして弁護士に送ってください」「今の住所と連絡先を教えてください」）などが多い。ただし、弁償・謝罪や特定の行動の履行については、保護観察処遇の枠組内で加害者に指導を行うが、強制力はない点について留意する必要がある。

④　相談・支援

保護観察所の被害者担当官が、犯罪被害に関する相談に応じるものであり、利用にあたっては特に条件を設けていない。従って、加害者が保護観察になっていない場合のみならず、刑事・保護処分をまだ受けていない場合や、事件の直接の被害者以外からの相談も含まれる。

必要に応じて、他の相談機関への紹介等も行っている。

加害者が保護観察中の場合は、原則として相談内容を主任官に伝え、処遇の参考に供するようにしている。ただし、心情等伝達制度と違い、必ずしも加害者に直接伝えるわけではなく、どのように処遇に反映させるかは個々の事例により異なる。

Ⅲ　更生保護における被害者制度の実施体制

地方更生保護委員会においては被害者業務を行う保護観察官、保護観察所においては被害者担当官及び被害者担当保護司をそれぞれ1～4名ずつ配置している。

被害者担当官及び被害者担当保護司は、その任にある間は加害者の処遇業務には関与しない。このことは、被害者等の希望により犯罪被害者等基本計画で「専属の職員を置く」と明示されたことに基づいている。被害者担当官及び被害者担当保護司は、上記犯罪被害者等制度の業務を担当するほか、被害者支援機関との協議会への出席や、被害者制度の啓発活動などに従事している。

IV　更生保護における犯罪被害者等制度利用の実際
（法務省保護局による2016年（平成28年）統計に基づく）

- 被害者等通知発出件数　12089件（前年比824件増。過去5年間増加傾向にある）
- 意見等聴取件数　325件（前年比33件増。過去5年間増減はあるが、おおむね300件前後で推移）
- 心情等伝達件数　155件（前年比11件減。2014年（平成26年）に1.5倍に増加。以後は150件程度で推移。）
- 相談・支援件数　1681件（前年比122件減。2015年（平成27年）までは漸増。）

その他、以下のような傾向が統計で示されている

- 意見等聴取のうち、口頭によるものは116件、書面によるものが209件である。2015年（平成27年）4月から意見等聴取のための旅費が国費により被害者等に支給されるようになったこともあり、口頭による聴取の件数は増加傾向にある。
- 被害者等の心情等を聴取した保護観察事件171件のうち、最も多いのは詐欺で、47件に上り、その割合は年々増加している。次いで、自動車運転過失致死傷が32件、傷害が20件である。性犯罪（強姦、強制わいせつ）は計12件で、被害者以外による聴取の割合が高い傾向がある。
- 過去5年間で利用件数の大きな伸びはあまり見られないが、保護観察件数は毎年約2000件ずつ減少していることを考えると、相対的に利用者率は上昇しているとも考えられる。

V　保護観察の処遇における被害者の取扱

ここでは、上記被害者等制度を離れ、対象者の処遇において被害者の問題がどのように扱われているかを説明する。

更生保護法第51条第2項に特別遵守事項の選択肢として規定された「医学、心理学、教育学、社会学その他の専門的知識に基づく特定の犯罪的傾向を改善するための体系化された手順による処遇」のうち、「性犯罪者処遇プログラム」「暴力防止プログラム」「飲酒運転防止プロ

グラム」においては、被害者の受けた被害を考えさせる単元がある。内容は PTSD について
の学習や被害者の手記に基づく被害者の心情理解などが中心である。プログラムの一部である
以上、ある程度一般化された内容であることはやむを得ないが、極力個別事案に沿って理解を
深めさせるよう指導をしている。当然ながら、当該事案について心情等伝達が行われている場
合は、その内容も反映させている。

被害者を死亡させ又はその身体に重大な傷害を負わせた事件による対象者に対しては、しょ
く罪指導プログラムを実施している。しょく罪指導プログラムでは、「自己の犯罪行為を振り
返らせ、犯した罪の重さを認識させる」「被害者等の実情を理解させる」「被害者の立場で物事
を考えさせ、謝罪・被害弁償等の責任を自覚させる」「具体的なしょく罪計画を策定させる」
といった課題の記録を記載させている。

交通事件（直接的被害者のいる事案に限らない）の保護観察では、カリキュラムに基づいた交
通課題学習を実施している。カリキュラム中では、「運転者の責任」として、刑事上・行政上
の責任に加え、被害者に対する民事上・道義上の責任を考えさせている。

その他、保護観察の状況が良好であるとして、保護観察の解除・退院・仮解除等の良好措置
を検討する際には、被害者への謝罪・弁償の履行状況を確認している。

VI 事例

筆者が2014年（平成26年）度から2015年（平成27年）度にかけて、前勤務庁の大阪保護観察所
において被害者担当官の任にあった際に取り扱った事案を中心に、いくつかの事例を紹介す
る。なお、事例7、8は現在の勤務庁で処遇部門の保護観察官として関与した事案である。

〔事例1 少年加害者の交通死亡事案〕

家庭裁判所の審判時から加害者の対応に不満を持つ被害者遺族が、心情等伝達を実施した。

伝達時に本人は謝罪の意向を示すも、その保護者が「被害者側の過失割合が大きいこと」
「民事裁判を控えていること」を理由に反発したため、謝罪には至らなかった。

そのような加害者側の対応に、更に感情が悪化した遺族は、複数回にわたって心情等伝達を
実施したが、本人は保護者の影響を受けて徐々に態度を硬化し、最後には「民事裁判があるの
でお答えできません」と繰り返し返答するのみとなった。

なお、1号観察の良好措置である解除については、被害者感情が峻烈だという一点をもって
それを許可しないことは困難である。本件も、非行につながる問題性は除去されているとし
て、期間満了日以前に解除されている。しかし、当然のことながらその決定について被害者遺
族の感情は厳しく、保護観察所に対して強い非難が寄せられることとなった。

〔事例2　被害弁償についてのトラブル〕

　複数の少年による強盗事案で、加害者はいずれも少年院送致となった。捜査や審判の段階で被害者に対して被害者等制度の説明がなされなかったため、本人が少年院に入っている間に被害者等通知制度や意見等聴取制度を利用することができなかった。被害者が自ら調べて制度の利用を申し出た時には、本人が仮退院になって既に1年が経過していた。

　一切の弁償や謝罪のない本人に対して被害者は立腹し、本人に対して弁償を求める心情等伝達が実施された。しかし、本人や保護者にしてみれば事件後3年経ってからの請求に当惑と不満が大きく、特に保護者は他の加害者が既に弁償を支払っていることなどを理由に支払いを拒否した。

　その後、本人は分割で支払うと申し出たものの、その額に被害者側が不満を呈し、再三の心情等伝達を実施した。加害少年は精神的に追いつめられたと感じて、保護観察官や保護司との接触を避けるようになった。弁償の分割支払いも、最初の数回を除いて履行されることがなく、被害者側にも大きな不満を残す結果となった。

〔事例3　更生保護施設に帰住した性犯罪事案〕

　本件は家庭内での性犯罪であったため、仮釈放に際し、本人は事件地である自宅から遠方の更生保護施設に帰住した。

　被害者の親族は被害者等通知制度を利用していたため、期間満了時に終了通知を送付したが、期間満了後に「本人がまだそちらの更生保護施設に入っていると他の親族から聞いた。いつ更生保護施設から出るのか教えてほしい」と被害者担当官に相談があった。

　被害者等通知では、本人が更生保護施設に入所している事実を含め、居住地に関する情報は伝えていないため、通常であればその点を前提として相談を進めることは適切ではないが、当事案の場合は、親族内での事件という性質上、被害者親族が更生保護施設居住について知り得ていたと考えられる。しかし、保護観察期間満了後の更生保護施設への委託は、あくまでも任意の保護であり、被害者に退所日を伝える手段が存在しないばかりか、そもそも正確な退所日を事前に保護観察所で知ること事態が困難である。そこで、相談者の真意についてより深く訪ねたところ、「被害者が進学して家を離れるまでに加害者が自宅近辺に出没しないか不安があること」「管轄の警察署に定期的に相談していること」が判明したため、もし年度内に退所したことが分かればその旨警察署に情報提供し、近隣のパトロールを強化してもらう措置を取ることを提案したところ、相談者の安心を得ることができた。

〔事例4　短期間の仮釈放で心情等伝達を実施したケース〕

　加害者は、自動車運転過失致死の罪で受刑したが、そもそもの刑期が禁錮1年と短く、仮釈放期間は1月を切っていた。通常、被害者等からの連絡を待たずに保護観察所の方から制度の案内をすることはないが、当該ケースについては既に意見等聴取を行っていてその内容から心情等伝達のニーズが高いと思われたこと、保護観察期間の短さから利用できる期間がきわめて限定されることなどを考慮し、被害者担当官から心情等伝達の案内を行った。

　結果として、被害者遺族は心情等伝達の実施を希望したため、主任官とも協議の上、円滑に期間内に心情等の聴取・伝達・伝達結果の通知が行われるように配慮した。

　結果として、加害者は裁判時の誠意のない態度を反省し、遺族の求める謝罪や墓参をすることを約束し、一定の処遇効果を上げることができた。

〔事例5　多額の横領事件〕

　加害者の元勤務先であった被害企業の代表者から、仮釈放後も一切連絡をしてこない加害者について不満の相談を受けた。被害者担当官は加害者に連絡を求める旨の心情等伝達を行うことができる旨を説明したものの、相談者は、加害者の善意を信用したいことや、地域事情から極力加害者と対立関係になりたくないことなどを理由に、当面は心情等伝達の形を取らない保護観察による指導を希望した。

　その被害者の意を受け、被害者からの相談があったことは伏せて主任官が加害者に被害団体への連絡を促したところ、加害者は、その主任官の指導に背中を押されたように感じたとして、被害企業に連絡するに至った。

〔事例6　多数回心情等伝達を実施する事案〕

　自動車運転過失致死で4号観察に付された加害者に対し、遺族が謝罪を求めて心情伝達を行った。しかし、事件後被害者宅に謝罪に行った際に被害者遺族にきわめて厳しい態度を取られたこと、過失割合に不満があること、民事裁判を控えていることなどを理由に、加害者は謝罪等を拒否した。加害者と被害者遺族の居住地が近接していたことから、加害者の暮らしぶりが目に入ることもあり、被害者遺族はいっそう不満を募らせ、裁判時の態度や現在の誠意のない振る舞いについてほぼ毎月心情等伝達を希望することとなった。

　しかし、既述のとおり、心情等伝達では加害者の行動を強制することはできず、加害者の指導には自ずと限界が生じる。更に、心情等を聴取するのは被害者担当官であり、伝達するのは主任官であることから、そこにはどうしてもギャップが生じる。更に、主任官は1～2年に1回担当が変わることから、担当によって指導に温度差が生じることも否めない。その結果、そ

のような制度や保護観察所の体制に対して、被害者遺族が二次的な怒りを募らせる結果となった。

〔事例7　隣人とのトラブルの事案〕

　隣人に対する傷害事件で4号観察になった加害者について、刑事裁判で約束した転居を実行しないとして被害者担当官に相談があった。心情等伝達をすれば、当然自分からだということが分かり、更なるトラブルに発展しかねないことから、心情等伝達は希望しなかった。

　加害者の表向きの言い分としては経済的事情から引っ越せないとのことであるが、内心には今でも被害者への不満を引きずっていることから、直接的な指導はできず、面接で転居の意思を確認する程度にとどめている。

〔事例8　精神疾患を抱えた加害者の事案〕

　窃盗の加害者である1号観察対象者に対して、被害弁償の履行を求めて心情等伝達を実施したが、加害者は精神疾患・知的障害を抱え、家庭から見放されていたことから、弁償以前に自身の生活さえ安定しない状況であった。心情等伝達を受けて加害者は更に精神状態が悪化し、家出・再犯に至った。その後、加害者は居所を定め保護観察を続行することができたことから、主任官は加害者の精神状況に応じて、弁償に向けた働きかけを行っている。

Ⅶ　課題と考察

1　被害者等に対する周知の不足

　Ⅳで述べたとおり、被害者等制度の利用は、相対的には増えているものの、大きく数が伸びてはいない。もちろん、単純に利用数が増えれば良いというものではないが、本来ニーズを抱える人に制度が伝わっていないことは問題だと考える。

　しかし、事件直後の段階では、早期支援の情報が優先されるべきであることはいうまでもなく、かりにその段階で更生保護における被害者等制度の説明がされたとしても、被害者等の心には残らないであろう。そもそも、更生保護の制度の対象になるかどうかも、その段階では不明である。

　成人の刑事手続きであれば、検察庁段階で説明がなされることが少なくない。一方、少年の場合は、必ずしも家庭裁判所で被害者等に制度を周知するわけではなく、被害者等が制度を知る機会を逸する危険性がある。事例2がまさにそのケースであり、もしもっと早い段階で被害者が制度を利用できていたら、もう少し望ましい結果になっていた可能性もある。

2 相談支援機関の不足

　加害者が更生保護の対象となるのは、事件後短くて数か月、長くて数十年後に及ぶ。その段階で、中期・長期の被害者等支援を実施する機関はきわめて限られる。結果として、本来保護観察所で対応することが困難な事案の相談も受けざるを得なくなるが、そのような事案においては、相談者の満足度も当然低くなりがちである。

　地域や罪種によっても相談支援機関の数が異なる。Ⅳで詐欺事案の心情伝達の多さを指摘したが、そのことは経済事犯の被害者が相談できる場所の少なさが影響しているというのが筆者の所感である。詐欺の被害者の中には、経済的損失による悩みを抱えているだけではなく、周囲から「自業自得」「そんな話を信じた方が悪い」と非難されることをおそれ、家族にも相談できずに孤立している人も少なくない。その受け皿が保護観察所となっているのではないかと推測される。

3 更生保護官署内部での問題

　更生保護官署、特に保護観察所においては、被害者担当官は処遇部門から分離され、加害者処遇には一切関与しないということが規定されている。そのことはⅢで述べたとおりであるが、ともすれば被害者担当と加害者処遇担当の間で、対立関係を生じかねない。

（1）　被害者担当官側の問題　　対象者の処遇は権威的な処分である以上、法律で範囲が明確に定められている。一方被害者等制度については、制度を利用できる被害者の範囲など規定されている部分もあるが、その本質が「支援」に依るものであることから、明確に定められておらず、担当官の解釈が要求される場面も少なくない。筆者の所見としては、法や規定の範囲内において、極力被害者等の利益に沿う形で、制度を運用することが適切と考える。事例3〜5はそのような対応を行った例として挙げた。しかし、特に地方においては対応件数が少ないことから、適切な判断を行うために必要な事例の蓄積がなく、被害者担当官の負担となっている。

（2）　処遇部門の保護観察官の問題　　Ⅲで更生保護官署に置ける被害者担当の体制について説明したが、実際は、1名又は2名（うち1名は企画調整課長）体制となっている庁が大半である。いわば、被害者担当官は少数派であり、処遇部門で被害者担当を経験した保護観察官の数も限られる。その結果、処遇部門には被害者等制度の意義が理解されづらい。更には、処遇の業務が繁忙化する中で、ともすれば被害者関連の事項を「余計な仕事」と見なし、消極的な姿勢を示す主任官も少なくない。

　ただでさえ、加害者の更生と被害者の求める対応は必ずしも噛み合わない。そうなったとき、主任官と被害者担当官が、それぞれの利益の代弁者のようになって、対立する構造になり

かねない。残念ながら、そのことが、事例1や事例6のように、保護観察所全体に対する被害者等の不満や不信感につながることもある。

しかし、その一方で、事例8のように、加害者が資質的制約の多い少年であっても、主任官が寄り添って被害者の心情を理解させようと努めた事案や、事例4や5のように被害者担当と処遇の連携により、一定の効果を挙げた事案も認められる。

被害者等制度の実施がより効果を上げるためには、処遇部門の保護観察官に制度の理解を求め、事例に関する協議を密にすることで、より良い連携体制を図ることが必要と考えられる。

大会記事

1　理事会①（前日理事会）

学術大会前日の2017年6月2日（金）午後5時より、京都学園大学京都太秦キャンパスにおいて、日本被害者学会理事会が開催された。報告事項及び議決事項は以下のとおりである。

（1）出席者（敬称略）

安部　哲夫　太田　達也　小木曽　綾　奥村　正雄
河合　幹雄　川崎　友巳　後藤　弘子　洲見　光男
高橋　則夫　滝沢　誠　辰野　文理　中島　聡美
宮園　久栄　中空　壽雅　計14名

（2）報告事項

ア　第28回大会準備経過報告

辰野文理企画委員長より、第28回大会の準備経過が報告された。

イ　「被害者学研究」第27号編集経過報告

滝沢誠編集委員長より、「被害者学研究」第27号の編集経過が報告された。

（3）議決事項

ア　2016年度決算案について

太田達也理事長より、2016年度の年間活動の報告及び決算案の提案がなされた。中空壽雅監事から適切の旨の監査報告がなされ、日高義博監事による適切の旨の監査報告書が示された（代読）。決算案を原案どおり総会に諮ることに決定した。

イ　2017年度予算案について

太田理事長より、予算案が提示され、原案どおり総会に諮ることに決定した。

ウ　新入会員の承認

新規入会申込者7名につき、入会が承認された。このほか3名につき、持ち回りの審議により既に入会を承認済みであることが確認された。

エ　退会者の承認・物故者の報告

退会希望の意思表示があった7名につき、退会が承認された。太田理事長より、会員1名のご逝去が報告された。

オ　第29回学術大会の開催校及び今後の開催校について

第29回学術大会は東洋学園大学本郷キャンパスを開催校として開催すること、開催日時は2018年6月23日（土）を第一候補として調整すること、開催日時は決定後に学会ホームページに掲載すること、が決せられた。

今後の開催校につき、理事の所属校に限らない旨を確認した。

カ　「被害者学研究」寄稿倫理規程について

滝沢編集委員長より、「被害者学研究」寄稿倫理規程の改正案が示され、提案の経緯・趣旨が説明された。字句等を修正のうえ承認され、学会ホームページに掲載することと決した。

キ　学会の財政状況の改善について

太田理事長より、学会の財政状況について、支出が収入を上回っている状況が続いている旨の説明があり、会費の未納分がある会員から年会費の振込があった場合、まず過去の未納分に充当することなどが確認された。また、太田理事長より、「交通費及び謝金に関する覚書き」の改定案が示され、審議の結果、一部修正のうえ承認された。

ク　第30回学術大会・「被害者学研究」第30号について

第30回学術大会を記念大会とし、「被害者学研究」第30号を記念号とすることが決せられた。

ケ　国際被害者シンポジウムに参加する若手への補助について

太田理事長より、国際被害者学シンポジウムの日時・開催地等につき紹介がなされた（2018年6月、香港）。奥村理事より、同シンポジウムに参加する若手研究者に対して学会として補助を行うことが提案され、承認された。

2　理事会②（当日理事会）

学術大会当日の2017年6月3日（土）午前11時30分より、京都学園大学京都太秦キャンパス

において、日本被害者学会理事会が開催された。議決事項は、以下のとおりである。

（1）出席者（敬称略）

安部 哲夫　太田 達也　奥村 正雄　河合 幹雄
川崎 友巳　川本 哲郎　後藤 弘子　洲見 光男
高橋 則夫　辰野 文理　冨田 信穂　中島 聡美
宮園 久栄　中空 壽雅　計14名

（2）議決事項

ア　新規入会希望者の承認

新規入会申込者2名につき、入会が承認された。

イ　世界被害者シンポジウムに参加する若手への補助について

世界被害者シンポジウムに参加する若手への補助の詳細については、企画委員会・事務局に一任し、検討のうえ学会ホームページに掲載することを決した。

3　学術大会

日本被害者学会第28回学術大会を、2017年6月3日（土）に京都学園大学京都太秦キャンパス（京都市右京区山ノ内五反田町18）において、下記のとおり開催した。

大会プログラム

受付（9：00〜）

Ⅰ　開会の辞　（9：50〜10：00）

Ⅱ　個別報告　（10：00〜11：30）

（司会）辰野 文理 氏

1　「公立学校運動部活動内における重大被害と学校および司法の対応」

日本体育大学 南部 さおり 氏

2　「冤罪防止策の充実と犯罪被害者の関係」

佐賀大学 内山 真由美 氏

3　「犯罪行為者と被害者による自律的な紛争解決が有する刑事政策上の意義とその限界—ドイツ刑法46条aの導入は過剰な法律化であったのか？—」

北九州市立大学 土井 和重 氏

昼食（11：30〜12：40）

Ⅲ　総　会（12：40〜12：50）

Ⅳ　基調講演（13：00〜14：00）

「被害者学と被害者政策」

京都産業大学 田村 正博 氏

Ⅴ　シンポジウム（14：15〜16：55）

「犯罪者処遇における犯罪者の更生と被害者の回復」

オーガナイザー 常磐大学 小柳 武 氏

1　「刑事施設における被害者の視点を取り入れた教育の実情」

早稲田大学 藤野 京子 氏

2　「少年院における『被害者の視点を取り入れた教育』の実情〜ある女子少年院の取組から〜」

交野女子学院 溝口 麻美 氏

3　「更生保護における犯罪被害者」

神戸保護観察所尼崎駐在官事務所
左近司 彩子 氏

4　「被害者の視点を取り入れた教育に携わって感じること」

公益社団法人被害者支援センターとちぎ
和氣 みち子 氏

5　「被害者の包摂と回復、並びに加害者の再統合」

立教大学 小長井 賀與 氏

Ⅵ　閉会の辞（16：55〜17：00）

懇親会（17：15〜19：00）

4　役員名簿

理事長　太田 達也（慶應義塾大学）
理事　　安部 哲夫（獨協大学）
　　　　伊藤康一郎（中央大学）
　　　　小木曽 綾（中央大学）
　　　　奥村 正雄（同志社大学）
　　　　河合 幹雄（桐蔭横浜大学）
　　　　川出 敏裕（東京大学）
　　　　川崎 友巳（同志社大学）
　　　　川本 哲郎（同志社大学）
　　　　後藤 弘子（千葉大学）
　　　　小西 聖子（武蔵野大学）
　　　　椎橋 隆幸（中央大学）

洲見　光男（同志社大学）

高橋　則夫（早稲田大学）

滝沢　　誠（中央大学）

辰野　文理（国士舘大学）

冨田　信穂（常磐大学）

中島　聡美（福島県立医科大学）

宮園　久栄（東洋学園大学）

柳川　重規（中央大学）

監事　中空　壽雅（明治大学）

日髙　義博（専修大学）

50音順

5　新会員一覧

阿波　亮子　警察庁

射場　和子　弁護士

内山真由美　佐賀大学

河合　　潔　警察政策研究センター

小堀龍一郎　警察庁

小松　典子　司法書士

西川　直哉　警察庁

深町　浩祥　跡見学園女子大学

山梨　光貴　中央大学大学院博士後期課程

（持ち回り理事会にて入会が承認された新会員）

島田　貴仁　科学警察研究所

土井　和重　北九州市立大学

薮中　　悠　慶應義塾大学

50音順

日本被害者学会規約

（名　称）

第1条　本会は、日本被害者学会（Japanese Association of Victimology）と称する。

②　本会の事務局の設置については、理事会が定める。〔2001年6月23日本条改正〕

（目　的）

第2条　本会は、わが国における被害および被害者に関する学際的かつ総合的研究の水準を高め、同研究における研究者の相互協力を図ることを目的とする。

（事　業）

第3条　本会は、前条の目的を達成するため、次の事業を行う。

1．学術大会、研究会および講演会の開催
2．機関誌、その他の刊行物の発行
3．日本国内外の関係学会・研究機関との情報交換および協力
4．その他、前条の目的達成のために、理事会が適当と認める事業

（会　員）

第4条　本会の会員は、被害者学についての専門知識を有する者とする。

②　会員となろうとする者は、会員2名の推薦を得て、理事会に入会申し込みをし、その承認を得なければならない。

（名誉会員）

第5条　理事会は、わが国における被害および被害者に関する研究の水準を高めるのに功績があった者を、国籍を問わず、総会の承認を得て、名誉会員とすることが出来る。

②　名誉会員が、本会の目的に反するような言動をし、または本会の社会的信用を著しく損なうような言動をした場合は、理事長は、理事会および総会の承認を得て、名誉会員の資格を取り消すことが出来る。

（会　費）

第6条　本会の会費は、理事会で決める。

②　名誉会員以外の会員は、理事会の定めるところに従い、会費を納めなければならない。

（退会等）

第7条　本会を退会しようとする者は、理事会に届け出て、承認を得なければならない。

②　正当な理由がなく、会費を2年以上滞納し、督促を受けた後2ヵ月以内に納めない者については、理事長は理事会の承認を得て、退会手続きをとることができる。

③　本会の社会的信用または名誉を傷つけ、もしくは本会の目的に著しく反する行為をした者については、理事長は理事会構成員の3分の2以上の同意を得て、本会を除名することができる。この場合において、理事長は、この決定の後最初の総会において、決定の内容について報告するものとする。

（役　員）

第8条　本会に、次の役員を置く。

1．理事20名
2．監事2名

（役員の選出および任期）

第9条　役員は、選出年度の4月1日現在で満70歳に満たない会員の中から、総会において選出する。但し、再選を妨げない。

②　役員の任期は、3年とする。

③　役員中、理事については4名以上、監事については1名以上の欠員が生じた場合には、その後最初の総会において、後任者を選出しなければならない。この場合の後任者の任期は、前任者の残余期間とする。

④　役員は、任期満了後であっても後任者が選出されるまでは、その職務を行う。

⑤　役員の総会における選出方法については、理事会が定める。

（理事長）

第10条　理事長は、理事の中から理事会において選出する。

②　理事長の任期は、理事としての任期と同じ期間とする。

③　理事長は、本会を代表する。

（副理事長、業務別担当理事および委員会）

第11条　理事長は、本会の目的を遂行するために、理事会の承認を得て、理事の中から副理事長1名および業務別担当理事を任命することができる。

②　副理事長は、理事長を補佐し、理事長が欠けたとき、または理事長がその職務を遂行することができないときは、その職務を代行する。

③　業務別担当理事は、その任務遂行のため、理事会の承認を得て、会員によって構成される委員会を組織することができる。〔1994年6月24日本条改正〕

（理事会）

第12条　理事会は、理事長が招集し、議長となる。

② 理事長は、理事の3分の1以上の請求がある場合には、理事会を招集しなければならない。

③ 理事会は、全理事の2分の1以上の出席によって成立する。

④ 理事会において審議した事項は、理事会出席理事の2分の1以上の同意により、理事長が決定する。

（監　事）

第13条　監事は、会計および会務執行の状況を監査する。

② 監事は、監査の結果を理事会および総会において報告し、意見をのべなければならない。

（総　会）

第14条　会員による総会は、毎年度少なくとも1回開くものとする。

② 総会は、理事長が招集し、議長となる。

③ 総会の審議事項は、次のとおりとする。

　1．本会の規約、その他の規程の制定、改廃

　2．本会の役員の選出

　3．本会の予算および決算の承認

　4．その他、理事会で必要と認めた事項

④ 前項の審議事項について決議をする場合は、出席会員の2分の1以上の同意を得て、理事長が行う。〔2016年6月11日本条改正〕

（会計年度）

第15条　本会の会計年度は、毎年4月1日に始まり、翌年3月31日に終わる。

（改　廃）

第16条　この規約の改廃には、総会における出席会員の3分の2以上の同意を必要とする。

附　則

　1．この規約は、「日本被害者学会」設立のための総会（1990年11月17日）における出席者の2分の1以上の同意を得て成立し、同日をもって施行する。

　2．本会創設時の理事および監事は、第9条第1項にもかかわらず、「日本被害者学会設立発起人会」が提案する候補者の内、総会における2分の1以上の同意を得た者とする。

　3．本会創設時の理事および監事の任期は、第9条第2項にもかかわらず、1992年度の総会において、新役員が選出されるまでの期間とする。

　4．この規約の改正条項は、2016年6月11日より施行する。

【編集後記】

◇本号では、巻頭言を洲見会員にお願いした。ラオスの法整備支援に携わった筆者の経験から、課題解決先進国としてのわが国が、法整備支援の一環として刑事訴訟法における被害者の地位を改善することができるとされており、刑事訴訟における犯罪被害者の地位の改善も、今後、わが国が法整備支援を行うにあたっての1つの対象となることを示唆している。

◇田村会員による基調講演「被害者学と被害者政策」は、わが国における被害者支援の歴史を振り返りつつ、被害者学と被害者政策を概観し、今後の被害者学の意義を説かれるものである。

◇土井会員による論説「犯罪行為者と被害者による自律的な紛争解決が有する刑事政策上の意義とその限界——ドイツ刑法46条aは過剰な法律化だったのか？——」は、わが国でほとんど紹介されることのないドイツ刑法典46条aに規定されている行為者と被害者の和解の現状とわが国における加害者と被害者の和解プログラムを比較検討しつつ、わが国における立法化の可能性を模索している。

◇太田理事長からは、昨年ご逝去された伊藤会員への追悼文を頂いた。理事及び編集委員として本学会の運営に多大なご尽力をされた故伊藤会員の人となりや研究者としての姿勢が追悼文に過不足なく記されている。あらためて、ご冥福をお祈りする次第である。

◇シリーズ・被害者学各論では、柴田会員に、「批判的被害者学から見た改正性刑法の評価と今後の課題——3年後を目途とした検討に向けて——」を執筆していただいた。昨年、刑法典における性犯罪の罰則に関する整備が行われた結果、刑法典に新たな構成要件が盛り込まれた、法定刑が引き上げられる等の改正が行われた。批判的被害者学の立場から、従前の刑法典の規定と比較対照しながら、改正された性犯罪の諸規定について評価と課題を明らかにしているアップツーデートな論考である。また、池田会員は、法務総合研究所が過去4回にわたって実施した犯罪被害実態（暗数）調査を題材に、「被害（者）調査の現状と課題」において、被害（者）調査の意義と課題を丁寧かつ説得的に論じられている。調査研究をするにあたっては、参考にすべき論考であろう。

◇シリーズ・世界の被害者学では、千手会員から、「ニュージーランドにおける被害者支援団体（VS）の活動とワンストップ支援」をいただいた。筆者のニュージーランドでの視察を踏まえ、わが国の喫緊の課題ともいえるワンストップ支援の在り方を模索している。また、わが国でも近時問題とされるようになってきたリベンジ・ポルノにつき、隅田会員は、「アメリカ合衆国におけるリベンジ・ポルノに対する規制——連邦法による犯罪化の是非を巡る議論を中心に——」において、アメリカ合衆国における現状とそれに対する法規制を紹介されている。さらに、黒澤会員は、刑事訴訟における犯罪被害者の権利を強化する立法を行ってきたが十分に紹介されることのなかったドイツにおける現在について、「ドイツの被害者支援の現在——2015年第三次被害者権利改革法を中心に——」において、従前の立法及びEU法を踏まえながら、第三次被害者権利改革法等の内容が丁寧に紹介されている。いずれの論考も、わが国で解決されるべき問題を解決している外国の法制度を紹介するものであって、わが国の問題を解決するにあたって参照すべき貴重な論考である。

◇シンポジウム「犯罪者処遇における犯罪者の更生と被害者の回復」では、まず、司会を務められた小柳会員の企画の趣旨を踏まえて、溝口氏から、ある女子少年院の取組として、少年院における「被害者の視点を取り入れた教育」の実情が、藤野氏からは、刑事施設における被害者の視点を取り入れた教育の実情が、それぞれ紹介された。和氣氏からは、犯罪被害に遭われたご自身の体験から、被害者の置かれた状況は依然として厳しいこと、被害者の視点から再犯の防止が被害者支援であることが力説された。そして、小長井会員は、社会内での犯罪者処遇における被害者支援と加害者処遇の関連性を模索すると、さらに、左近司氏は、更生保護における犯罪被害者に関連する制度及びいくつかの事例の紹介を踏まえながら、更生保護における課題を明らかにされた。犯罪者処遇における犯罪者の更生と被害者の処遇という困難な問題につき、被害者、研究者、実務家の立場から議論が行われた結果、犯罪者処遇において犯罪者の更生と被害者の回復の意義が明らかとなるとともに、今後解決すべき課題も明らかとなった。

◇近年、わが国の被害者に対する法整備が拡充してきたこともあり、被害者に対する社会的及び学問的関心が低下しているようにも思われるところ、本号では、以上のように、多方面からの論考を掲載することができ、いずれの論考においても、被害者に対する問題は、依然として解決すべき問題が山積していることが明らかとなった。これらの問題の解決に当たり本号の各論考が参考になれば、学会としての社会に対する貢献の1つとなろう。本号の編集作業は、氏家委員、柴田委員及び隅田委員のご協力を得て、迅速に行うことができた。成文堂編集部の小林氏には、原稿の整理、編集作業で多大なご負担をおかけしつつも、丁寧なご対応をいただいている。この場を借りて篤くお礼を申し上げる。

（滝沢記）

編集委員会　滝沢　　誠（委員長）
　　　　　　氏家　　仁
　　　　　　柴田　　守
　　　　　　隅田　陽介

被害者学研究　第28号

Japanese Journal of Victimology

2018年3月20日発行

編集兼発行者　日本被害者学会

　代表者　太田　達也

　〒108-8345　東京都港区三田2-15-45 慶應義塾大学法学部内
　　　　　　　日本被害者学会事務局

発行所　成　文　堂

　〒162-0041　東京都新宿区早稲田鶴巻町514
　電話03-3203-9201　振替00190-3-66099
　http：//www.seibundoh.co.jp
　© 日本被害者学会　2018, printed in Japan